谷运如/
编著/

说天论地

——一个老天文爱好者、普通地理工作者的心声

首都师范大学出版社
CAPITAL NORMAL UNIVERSITY PRESS

图书在版编目(CIP)数据

说天论地：一个老天文爱好者、普通地理工作者的心声/谷运如
编著.—北京:首都师范大学出版社,2015.10
ISBN 978-7-5656-2550-3

Ⅰ.①说… Ⅱ.①谷… Ⅲ.①地理课－教学研究－中小学
Ⅳ.①G633.552

中国版本图书馆 CIP 数据核字(2015)第 222551 号

审图号:GS(2014)2697 号

SHUOTIAN LUNDI

说天论地
　　——一个老天文爱好者、普通地理工作者的心声

谷运如　编著

责任编辑　马　岩
首都师范大学出版社出版发行
地　　址　北京西三环北路 105 号
邮　　编　100048
电　　话　68418523(总编室)　68982468(发行部)
网　　址　www.cnupn.com.cn
印　　刷　北京集惠印刷有限责任公司
经　　销　全国新华书店发行
版　　次　2015 年 10 月第 1 版
印　　次　2015 年 10 月第 1 次印刷
开　　本　710mm×1000mm　1/16
印　　张　16.25　　插页　6
字　　数　228 千
定　　价　35.00 元

前排左一张凤霞　左五付秀山　左六谷运如

左起一张凤霞(76届)　二付秀山(61届)
三谷运如(61届)　四乔瑞敬(92届)
首师大地理系毕业生

望见了北斗星就找到了方向。用天文望远镜观测开阳，分辨辅星，让青少年兴奋不已。

为讲透荧惑"惑人"的故事伏案工作，精心设计绘制火星动态天象图

前　　言

"三才者，天地人，三光者，日月星"。"上知天文，下知地理"的人，在古代被看作是最有知识的人。中小学生、青少年要努力争作最有知识的人，打牢终身发展的基础。

本人自诩是一个老天文爱好者、一名普通地理工作者。自从选择了基础教育这一行业，当了一名中学教师，我的座右铭一直是"老老实实做人，踏踏实实做事"，生活上低标准，知足常乐；工作上、业务上高标准，不凑合，不糊弄，"知不足"不放过任何学习提高的机会。我生在旧社会，当时内忧外患、战乱不断，熬到新中国成立后才有机会走出穷乡僻壤，从唐山到天津再到北京，庄稼佬的孩子上了大学。正因为上学不易，所以我认真学习，学习期间一直享受人民助学金，一心想着报恩党和国家。

因为业务工作需要，组织调动，我从基层中学领导岗位回到本行专业，做了一名中学地理教研员，见证了改革开放三十多年的发展变化。在专业上我也有了更高的追求，在基础教育工作、学科教育教学研究、课内外及社会实践活动中不遗余力，不务空名，多做工作，执着于自己的研究项目、课题，并略有成果，小有"名气"。后来我在职称、工资、升迁等方面都有过很多机会，但我不改初衷，一直钟爱天文、地理专业，努力多做点学问，承上启下，承前启后，给地理学科正正名，也给后人留点什么。

关于基础教育，我的基本观点有三，一是中小学生应该文理并重学好各学科基础知识。重理轻文、重文轻理都不可取，在生产生活实践和社会活动中，每个公民都应该有必要的基础知识储备，所以我总想在天文、地理科学

专业与中小学生、青少年之间架起一座科普之桥，普及天文、地理知识。例如，我们国家的很多城市都有中轴线，而且往往和子午线一致，而北京城的中轴线却偏离了地理子午线，为什么？大得惊人的"天文数字"应该怎样解读？古今中外争论了两千多年的"辩日"课题也很值得研究探讨。

二是中小学多学科的教育、教学，特别是学科"教研"活动有必要跨学科进行。开展综合素质教育，提高中小学生的综合素质，也有利于提高全民族的科学文化素质。例如，《晏子使楚》，先是晏子不辱使命，"更道从大门入"维护了一国使臣的政治尊严，继而晏子为什么能义正词严地回敬，使楚王自讨没趣？古往今来有多少诗词歌赋描述"泾渭分明"，连同"仰望星空与脚踏实地"也都成了高考题目，你回答得怎样？月亮阴晴圆缺的变化，是地球上看到的最显著的天文现象之一，关于月相，有句老话："暮伴新月宿，晓随残月行"。区区十字，看似简单，实则有多少文人墨客、丹青圣手，因一钩弯月而在他们的作品之中留下遗憾。再有，正月剃头妨舅舅、阴历年无春寡妇年等，这些你相信吗？

三是课内外实践活动天地广阔。以地理学科为例，要学好地理，应注意阅读地图、运用地图和分析认知能力的培养，当然也包括观察、考察、观测记录和广泛的社会调查能力的培养，而这些能力都必须在实践活动中培养、训练和提高。通过各类实践活动，既可验证书本上所学的知识，又可为当地经济建设和社会发展服务，为领导对某些重大问题的决策提供一定的科学依据，这样的能力培养和智力开发，可能比单纯的物质资源开发（或投入）意义更大，教师也从中学到了不少东西。例如，通县（1997 年 4 月撤"通县"改设通州区，后文依所处时间定名）二中师生的气象观测就为国家"六五"攻关课题研究做出了具体贡献；通县一中师生通过十年的物候观测记录，读懂了"大自然的语言"；通县水文观测调查，帮助人们建立起科学的水资源观。只要认真参加这样的活动，你就一定会大有收获。师生的这些实践活动，绝对是对学生进行综合素质评价的重要参考指标。

本书可以作中学语文、政治、历史、地理、数学、物理、生物，小学自

然、社会、思想品德等学科教育、教学、教研参考用书。中小学师生、学生家长、一般读者可读。本书也对许多天文、地理科普知识问题排解疑难，可以使您得到较满意的答案。

contents 目录

第三章　地理野外观察、考察和社会调查等实践活动

第四章　讲科学　破迷信

第一章

天文、地理，
两大基础学科及天文科普知识

一、天文、地理，既古老又年轻的两大学科

"四方上下曰宇，古往今来曰宙"，"仰以观于天文，俯以察于地理"，"天有日月星辰谓之文，地有山川陵谷谓之理"。人类的祖先最先了解的知识范畴就是天空和大地，"上知天文，下通地理"的人，在古代被看作是最有知识的人。

现代人已经知道了天上地下的很多秘密，然而地球和宇宙仍然还有着无穷的内容和广阔的空间需要人类去探索和研究。地球是人类的摇篮，是永恒的研究课题，面对茫茫宇宙，人类永不满足地探索了两三千年。但是，已知的空间和未知的空间比起来，后者要辽阔得多、丰富得多，从这点而言，天文学和地理学又是两门最年轻、最有发展前途的科学。

二、天文、地理不分家

"天文"、"地理"两个名词最早出现在《易经·系辞》里，"仰以观于天文，俯以察于地理"，或曰"仰则观象于天，俯则观法于地"。古代包牺氏统治天下，"抬头观天，低头察地"。东汉王充解释说"天有日月星辰谓之文，地有山川陵谷谓之理"。许慎《说文解字》："天，颠也。至高无上。从一、大。""地，元气初分，轻清阳为天，重浊阴为地。万物所陈列也。从土。"

天文，即天空的现象（天象）；地理，即地上的山脉、河流走势、地势高

低起伏。

天文学属于理科，为什么叫天文呢？这是古语沿用的结果。在古代不仅通假字极多，连"文""理"的意思差别也很小，都是指纵横交错的纹路，有时干脆统称"纹理"。于是对天体排列的纵横交错，一开始就叫成了"天文"，而大地、山河的曲折走向，则叫成了"地理"。假如古人一开始就称天空的现象为"天理"，地理也就可以称为"地文"了。"地文"一词很拗口，而"天理"却常挂嘴边。"天理"是千百年来封建伦理客观存在的道德法则，丧德枉法，天理难容，什么"天才"、"天命"、"天使"、"天时"、"天数"、"天条"、"天子"不一而足；"地文"就没有那么"幸运"。

"天文"与"地理"，一"天"一"地"包含了宇宙世界的两大部分，又一"文"一"理"，成为古诗词中绝好的对仗内容：

"四载成地理，七政齐天文。……日月异又蚀，天地晦如墨。"（卢仝《感古》四首之一）其中"七政"即指日、月、五星。

"地理分中壤，天文照上台。寒依汾谷去，春入晋郊来。"（赵冬曦《奉和圣制答张说扈从南出雀鼠谷》）今大熊座前爪处两颗挨得很近的星，大熊座ι和κ星，即我国星宿系统三台（一说，在人曰三公，在天曰三台，上、中、下台，分别主管观天文、观四时、观鸟兽鱼鳖）中的上台（一、二）。

"幕府三年远，春秋一字褒。书论秦逐客，赋续楚离骚。地理南溟阔，天文北极高。酬恩抚身世，未觉胜鸿毛。"（李商隐《献寄旧府开封公》）说的是诗人在开封当幕府参赞，笔法过人，但天高地迥，只觉对恩公回报太少而发的感慨。

"神策究天文，妙算穷地理。"（隋朝高丽人乙支文德《遗于仲文诗》）则是赞扬上知天文、下通地理、神机妙算、总打胜仗的人。

如此类诗词，古代常有，可见古人早已对"天、地"有了较为感性的认识。到了近现代，随着人类科技的进步，天地、宇宙更是成为人类发展的基石。毛泽东说"天若有情天亦老，人间正道是沧桑。""天"，即指大自然，说的是宇宙或大自然是按照它的客观规律运行变化，不以人的意志为转移的。"人间正

道"，则指人类社会发展规律。《七律·送瘟神》之一"坐地日行八万里，巡天遥看一千河……"则指人类在地球上随地球自转日行八万里，而绕太阳公转，日复一日，年复一年，随太阳遨游在银河系和茫茫宇宙空间，从而把天文、地理、神话、历史和现实生活交织在一起，都讲的是天上、地下。天地、人间，历来紧密相连。今天的人说话时也常用谈天说地、开天辟地、天造地设、天经地义、地久天长、欢天喜地等成语。可见，天文、地理自古不分家。

三、"新千年第一缕曙光"之争和中国大陆新世纪首日照

对哪里能最先看到新千年第一缕曙光，国际上产生了激烈争论，答案牵涉许多国家人民的民族自豪感。斐济为了改善经济、环境和生活质量，建造了一面"千年墙"，如果游客认购了墙砖，可把自己对新世纪的祝愿写在砖上。此外，斐济还建立了"千年纪念罐"，参加千年庆典来宾的名字全列在其中，密封后放置在洞窟里，等到人类下一个千年庆典时再打开。基里巴斯则大肆宣传，发行纪念币和纪念邮票，邀请世界名人参加庆典活动和外国新闻媒体进行采访，希望通过世界上第一个进入新千年的国家的地位，提高其国际知名度，开发旅游资源，增加经济收入。

在国内，浙江省的温岭、临海两市围绕"新世纪首日照"的权属也爆发了一场争夺战。先是温岭市在2000年元旦举办世纪曙光节，全国各地赴温岭观看"新世纪第一缕阳光"的游客达16.96万人次，旅游收入1.2亿元。而后，关于新世纪始于2000年还是2001年的争论不断出现，最后取得"2001年是新世纪起始年"的共识，温岭乐了，他们还可以再举办一次"世纪曙光节"。

温岭、临海两市所依据的分别是国家天文观测中心和紫金山天文台的结论，后经反复观测、研讨，确定临海市括苍山顶米筛浪日出是6时42.9分，比吉林省森林山、浙江省北雁荡山倒石岩、温岭石塘金阿顶都早。①

---

① 参考杜敬：《走进2000年，千年庆典》一文。

1. "新千年第一缕曙光"之争

国际日期变更线，又称"日界线"。这条线标志着地球新的一天的开始和终结。位于日界线西侧最近处无疑是地球上每天最早见到阳光的地方。

"新千年第一缕曙光"之争，无疑紧邻日界线西侧的国家和地区最有竞争力。这个争论看似简单，其实复杂得令人吃惊。南太平洋岛国斐济、汤加、基里巴斯纷纷参加竞争；新西兰坚持"地球轴心倾斜说"。此外，还有人认为"新千年第一缕曙光"出现在南极洲。

斐济的塔韦乌尼岛处在180度经线上，斐济理所当然地认为，它是世界上迎接新千年黎明的第一个国家，尽管世界上有的国家声称是迎接新世纪阳光的第一个国家，但其论据是"人为的"、"行政性的"，因为"国际日期变更线由于人类出于需要而东移了"。从天文和地理的角度来判断斐济在地球上的位置，国际日期变更线只能由180度的经线来确定，全球只有西伯利亚半岛、斐济的塔韦乌尼岛和瓦努阿岛正处在180度的经线上。

汤加宣布其是全球最先迎接"新千年第一缕曙光"的国家的理由有二：首先，从地理位置上讲，汤加是紧靠国际日期变更线的、有较大陆地的国家，其地理位置在西经175度左右，国际日期变更线从其陆地东边擦肩而过。其次，1884年的国际子午线会议在确定日界线"弯曲"东移时，主要是考虑了汤加的实际情况，确认汤加是南太平洋地区穿越国际日期变更线的第一个大片陆地，并有附件说明，全球一致公认，从来没有人提出过异议。

横跨国际日期变更线的基里巴斯，主张把穿过境内的国际日期变更线东移，至最东端的加罗林岛（约152°W，10°S），距国际日期变更线有两千多千米，基本无人居住。争辩的理由是：1884年国际子午线会议在确定日界线"弯曲"东移时，基里巴斯还不是一个独立的国家，这才造成日界线拦腰而过的"一国两日"的状况，并认为当初划分国际日期变更线的原则也适用于基里巴斯。笔者说句公道话，基里巴斯于1979年7月12日独立，而汤加、斐济也是在1884年国际子午线会议后，分别于1970年6月4日和1970年10月10日才独立的，也就是说当时是不是"独立国家"不成其为"争辩的理由"。

新西兰天文学家经过潜心研究后认为，地球轴心与太阳射出的光线成负22度的倾斜，因此从理论上讲，地球上最早见到阳光的地方应在国际日期变更线的赤道附近，但实际偏到了东经179度，南纬45度的地方。新西兰宣布，有50个土著毛利人居住的皮特岛(查塔姆群岛中的一个岛屿)是全球有人类居住的地区最先迎接"新千年第一缕曙光"的地方。同时声称位于新西兰北

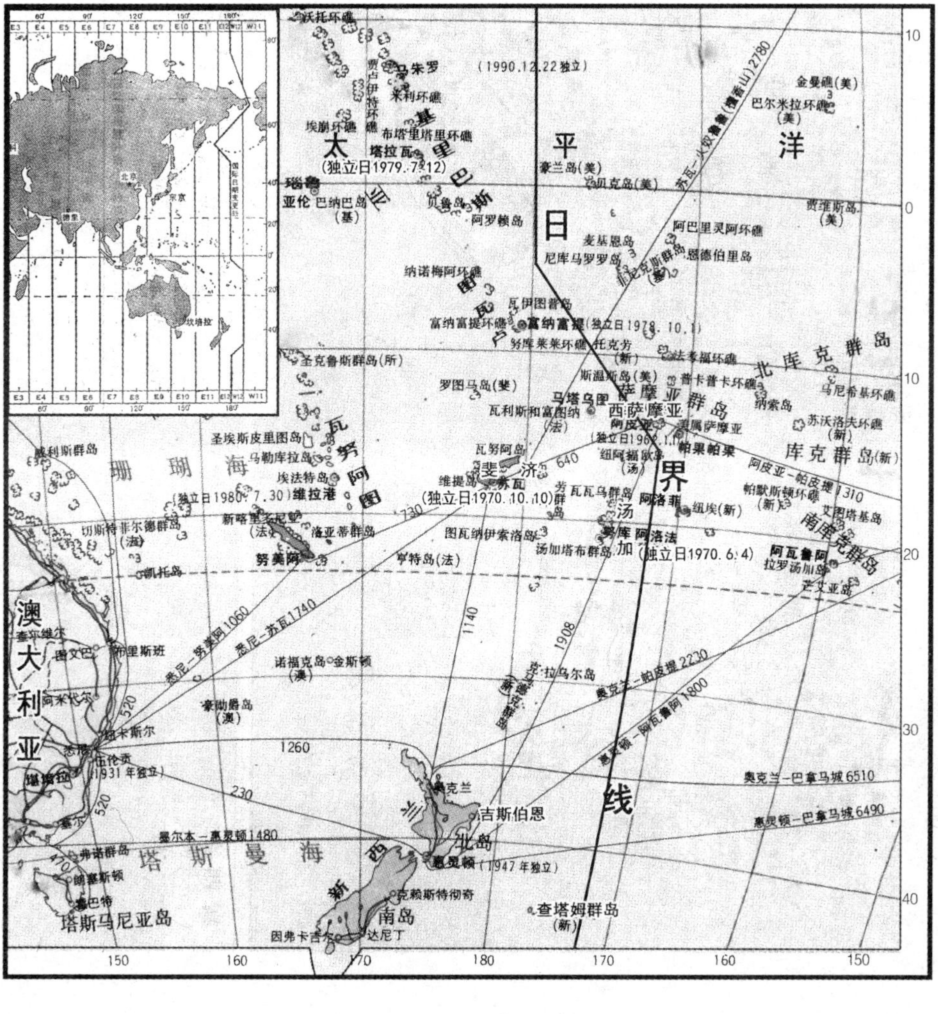

图1　日界线图

岛东海岸的吉斯伯恩市是"世界上第一个进入新千年的城市"（吉斯伯恩市建于1955年，现有人口5万，在新西兰是中等城市。）

认为南极洲是迎来"新千年第一缕曙光"的人也有更为复杂的理论根据。格林尼治皇家天文台每年宣布最早看到日出的地方是巴勒尼群岛，就在南极圈外。

2. 中国大陆新世纪首日照

2000年10月29日，中科院紫金山天文台宣布：浙江省临海市括苍山顶米筛浪日出时间为2001年1月1日6时42分54秒，从而结束了"新世纪第一缕阳光之争"。

中国大陆新世纪首日照问题要考虑的主要因素有三方面：

（1）经度位置。经度不同，地方时不同，东早西晚，但并非任何时候都是经度越靠东日出越早。

（2）纬度位置。元旦，冬季，北半球昼短夜长，纬度越高白天越短，夜越长，因而不能只考虑经度位置。

（3）海拔高程。站得高望得远，海拔越高，日出越早。

由此，可以否定我国最东端东经135度的位置，因其纬度太高，白天很短，应在中低纬度地区。也可以否

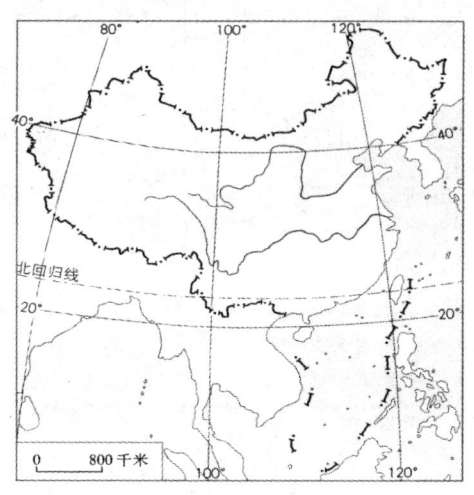

图2　中国地图

定最东部黄海、东海沿岸苏、沪平原、丘陵地区。选择最佳观测点还要考虑食宿、交通及观测条件等问题（此处未考虑台湾玉山及其他海岛）。

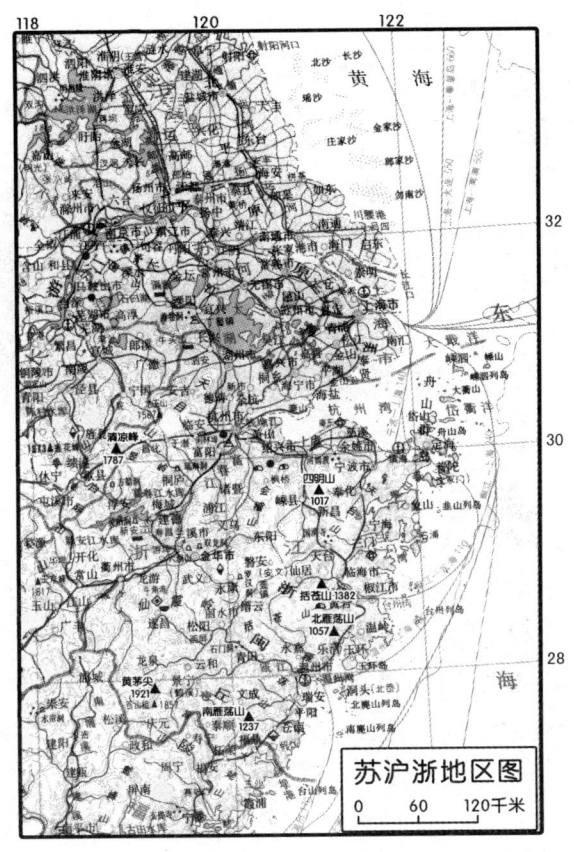

图3 苏沪浙地区图

四、对跖点与东西半球

人们习惯上常说，我们在生活中直立时头朝上，那么地球对面的人不是要头朝下了吗！也有人常说美国在西半球、我们的对面。前一种说法是误解，后一种说法也不够科学。

所谓地球的对面，人们称为"对跖点"。按地理坐标说，通过地心、地轴两端的南北两极点是对跖点。因为本初子午线和180度经线与赤道相交的两点为对跖点，经度值互补。所以在任何纬度上，两点的经度值都为互补。在

南北半球相同的纬度上，因为北纬度值到北极点和南纬度值到南极点都为互余，所以对跖点一定是一南一北纬度值相同，如同南、北极点，南、北纬各90度为对跖点一样。

由此可见，对跖点经度值互补，纬度一南一北纬度值相同。如北京：116°E，40°N，对跖点64°W，40°S。伦敦的对跖点在南太平洋上：0°，51°N，180°，51°S。

图4 对跖点示意图

中国和美国都在北半球，如北京和美国费城虽然都约处北纬40度，但不成为对跖点，北京的对跖点在南美洲阿根廷境内，北京、费城两地的实际距离比对跖点要近，而且纬度越高两地离得越近，可以想象，到北极点附近两国人真要面面相觑了。

地球上任何正相对（经度值互补）的两条经线组成的经线圈，都可以把地球平分成两个半球。例如：0°，180°和50°W，130°E，等等。为了避免把英国、法国、西班牙和许多非洲国家、地区划分在两个半球上，1884年国际子午线会议规定：以20°W和与其相对的160°E所组成的经线圈来划分东、西半球。因为这一经线圈基本从大洋上通过。

20°W以东至160°E是东半球，20°W以西至160°E是西半球。

曾有游人参观格林尼治天文台旧址时，骑跨在本初子午（标志）线上，后写文章说："我一只脚在东半球，一只脚在西半球；我一会儿在东半球，一会儿在西半球。"很显然，游人关于东西半球的概念是错误的，因为他在东半球，他向西距离西半球还有2000多千米，向东距离西半球至少还有160个经度。

五、北京城中轴线偏移之谜①

北京城自南向北，分别是永定门、正阳门、天安门、端门、午门、太和殿、乾清宫、坤宁宫、景山、地安门、鼓楼、钟楼。它们从永乐、嘉靖时代起，就占据着都城的轴心位置。从永定门到德胜门钟鼓楼全长就有7.8千米，是世界上现存最长的城市中轴线（见图5所示）。中轴线是一条抽象的线索，但它因这些建筑而有了具体的形迹。北京奥体中心、奥林匹克公园、奥运村都在这条中轴线上。中轴线南端有大红门、南苑节点。在北京"两轴两带多中心"②的城市规划中这一南北中轴线是最重要的一轴。

我们国家的很多城市都有中轴线，令人神奇的地方是，这一中轴线往往和子午线一致。子午线就是我们平时所说的连接地球南北两极的经线，子午线方向指示南北方向，城市街道、房屋建筑为了采光采暖的需要，要超平和找准南北方向。但是綦中羽老先生经过"日影竿法"反复测量、精确计算后，发现北京的中轴线并不是和子午线完全吻合，中轴线并非正南正北，而是偏离了子午线，从永定门到钟鼓楼中轴线已经向西偏离了子午线300米（如图5、图6所示）。

难道是古人错了吗？我国古代很早就有精确的测量技术，从河南考古复原的宋代皇城模型，就可以明显看到城中笔直的中轴线；唐朝时就有人在河南准确地测量了子午线。我国古代在天文、历法、数学等方面已经达到了相当高的水平，所以北京城中轴线偏离子午线不应是测量的错误。

---

① 北京教育科学研究院、北京出版社合编：《北京市义务教育课程改革实验教材·语文》第15册，北京：北京出版社、北京教育出版社，2003年版，第64页。

② 两轴：指沿长安街的东西轴和传统中轴线的南北轴；两带：指包括通州、顺义、亦庄、怀柔、密云、平谷的"东部发展带"和包括大兴、房山、昌平、延庆、门头沟的"西部发展带"；多中心：指在市域范围内建设多个服务全国、面向世界的城市职能中心，提高城市的核心功能和综合竞争力。包括：中关村高科技园区核心区、奥林匹克中心区、中央商务区(CBD)、海淀山后地区科技创新中心、顺义现代制造业基地、通州综合服务中心、亦庄高新技术产业发展中心、石景山综合服务中心。

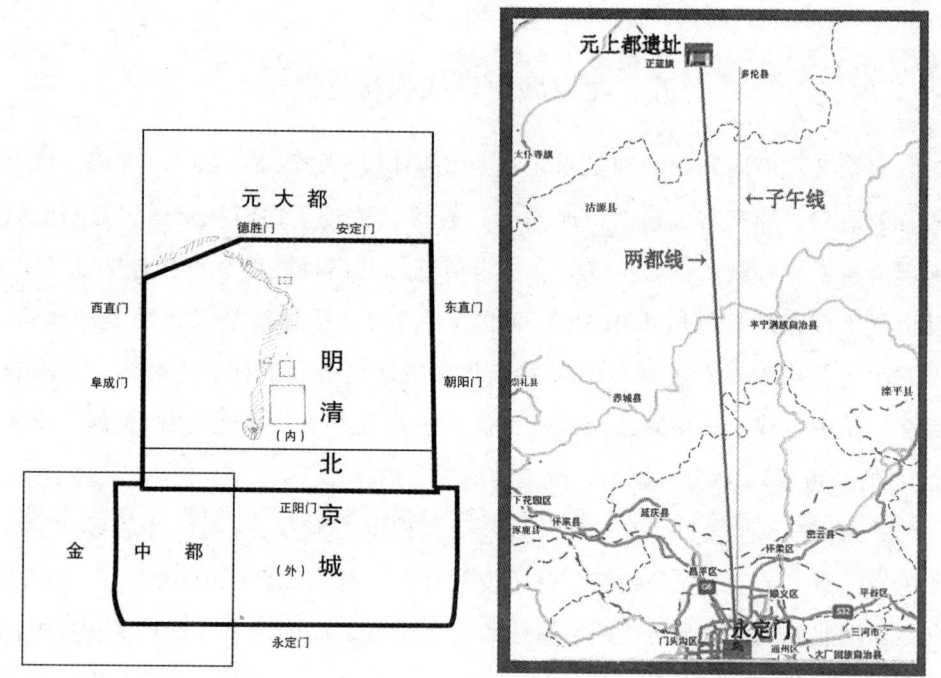

图 5　北京旧城城址变迁图　　　　图 6　永定门——古开平连线与北京

子午线夹角示意图

　　北京城中轴线的偏移是政治原因造成的。从西周到辽金中轴线不断漂移，直到元定都于此，北京才成为真正的政治中心，城市中心点和中轴线才得以确立，以后800多年，中轴线一直没有改变。这说明北京城中轴线偏离子午线是建元大都时就形成了的。考虑到古代很多建筑方向都和远方一些地物有一定关系，北京城的中轴线是否也和远方的建筑有一定关系呢？现在的北京城是在元大都基础上建立起来的，而元大都又是忽必烈建立的，那忽必烈以前会不会在别的地方建有什么与北京相关的建筑呢？从几张北京与内蒙古的地图上，夔中羽老先生惊奇地发现：北京城中轴线向北延伸它的延长线直指古开平元上都——元世祖忽必烈的发祥地。元上都遗址位于内蒙古自治区锡林郭勒盟正蓝旗上都镇东北面。经实地考察，使用GPS全球卫星定位系统显示其位置是116°12′E，而天安门广场为116°24′E。（在40°N地区，经线1′所

夹的纬线弧长为1423米，意味着中轴线已向西偏离子午线十几千米）因为当时元朝是两都制，所以夔老先生把连接元大都和元上都的这条线称为两都线，北京城的中轴线就位于两都线的南端。

这是中小学师生都能通过观测实践破解的疑难课题。

六、中学应开设天文选修课

天文学的研究对象是地球大气层以外的天体，也可以说是所有自然科学中研究得最"远"的学科。宇宙实验室为天文学家提供了丰富的、地球实验室里远不可能实现的各种极端物理条件。神秘宇宙作为天文学的研究对象，永远是激发人类好奇心和挑战人类想象力的重要源泉。提高对天文学的兴趣，掌握一定的天文知识，对开阔学生的眼界和思路很有帮助，对今后认识自然和社会，从而树立科学的人生观和世界观都将起到重要作用。通过学习，学生们会认识到天文学和其他学科密不可分，研究天文要有深厚的数学、物理、外语基础，可以激发学生学习其他课程的动力和兴趣。

但是，在"数理化天地生"自然科学六大基础学科中，天文学是唯一目前没有被列入我国中小学正式课程的学科。然而，当今小学地理或自然课中讲到四季星空，初中地理的地球、地理坐标、地球的自转公转，高中地理课本第一章"地球在宇宙中"（宇宙中的地球，行星地球），以及天体、天体系统、太阳、月亮、地球的运动、昼夜长短和正午太阳高度的变化等，都是普通天文学、地球天文学知识。中小学基础教育阶段需要天文知识教育，积极开展天文科普活动，高中应开天文选修课。

现阶段不仅中小学没有专门课程，即使在大学阶段，真正有机会了解和学习天文的学生人数也非常少。本人是一位天文爱好者，1957年报考南京大学天文系和北京农业大学农业气象系都未能如愿，后进入北京师范学院（今首都师范大学）地理系，是1961年北京师范学院第一届地理系毕业生。在师院上学时，按原教学计划，大学四年级要设天文选修课，但因没人授课而作罢。

　　大学毕业后，我曾从事过十七年农村基层中学学科教学和教育教学管理工作，曾教过初、高中七八门课。三十年地理教研工作需要，我努力自学，广泛涉猎自然科学，特别是天文学方面的书籍，到包括北京师范学院地理系图书馆，宋庄中学、翟里中学及本人筹办主抓的北寺中学图书馆和通县教师进修学校图书馆找寻有关专业图书。

　　个人建议中小学开设天文选修课内容。选修课内容应根据小学自然、社会课，初、高中地理学科的需求，介绍普通天文学、地球天文学和天文科普知识。如小学讲四季星空；初中地理讲地理坐标、昼夜、四季、五带；高中地理讲宇宙中的地球（行星地球）、太阳、月球、宇宙新探索，昼夜长短和正午太阳高度的季节变化以及地球公转速度、四季不等长、地转偏向力，等等。即使为高考文科应试，内容也应偏重介绍天文科普知识。

　　1977 年 10 月恢复高考，那一届学生，大学修业满四年，国家认定大本学历，自动取得学士学位。第二年，高等学校统一招生考试就出了一道地理试题，全面测试了普通天文学、地球天文学知识（见图 7 及引文）。要知道，直到 1982 年全国统一的课本问世，才在高二开设了以人—地关系为线索的综合地理学课，后又降到高一设课，更觉学生数、理等学科知识准备不足，而且原题只有文字，并无附图，可见试题难度很大。

图 7　高考地理试题配图

　　1978 年高等学校统一招生考试的一道地理试题就是关于地球天文学知识的，题目如下：

　　有人在冬至时从阿根廷首都布宜诺斯艾利斯出发，正好三个月后到达位于赤道上的厄瓜多尔首都基多，正好又三个月后到达

美国首都华盛顿。试问：(1)他出发时，布宜诺斯艾利斯是什么季节？(2)他到达基多时，布宜诺斯艾利斯、基多、华盛顿的昼夜长短如何？(3)他到达华盛顿时，华盛顿是什么季节？

七、天文科普

1. 时差与区时差

1884年国际子午线会议规定了区时制度，把全球划分为24个时区，每个时区跨经度15度。各时区都以本时区中央经线的地方时为该时区的区时（标准时），每相邻的两个时区，区时相差一小时，两地相隔几个时区，时间就相差几个小时，都是东早西晚。同时规定，大致以180度经线为国际日期变更线，简称"日界线"。从西向东过日界线，日期要减一天，相反加一天。这样世界各地记时的方法和日期就一致了。

现代社会国际交往频繁、交通便捷，时间、空间概念都发生了巨大变化，短时间内可以迅速从一地到达另一地，不仅钟表时间要改，时间差距过大，影响到饮食起居、生活节律都要调整适应。人们习惯上把不同时区的两地时间差，称为"时差"，把调整生活节律称为"倒时差"，也常称时间同步为"零时差"。实际上，"时差"应该称为"区时差"，它是由区时制度产生的，是人为制定的。

"时差"是纯天文学概念。

以太阳为标准而确定的时间叫太阳时。因为地球公转轨道为椭圆，因而太阳视运动的速度不均匀。为了得到以太阳视运动为基础，同时又与其运动不均匀性无关的时间计量系统，人们假想有一个"平太阳"（相应的太阳就称为真太阳），"平太阳"在天赤道上做匀速运动，其速度与"真太阳"的平均速度一致。用"平太阳"假想点作为基本参考点来规定的时间，称为平太阳时，即钟表时间（一昼夜24小时，1440分，86400秒）。

而实际上，真太阳时和平太阳时常有差值，即"时差"（时差＝真太阳时－

平太阳时)。时差值与观测者在地球上所处的位置无关,只与日期有关。时差每年四次等于零(在 4 月 16 日、6 月 15 日、9 月 1 日、12 月 24 日前后);四次为极值(极大和极小)。

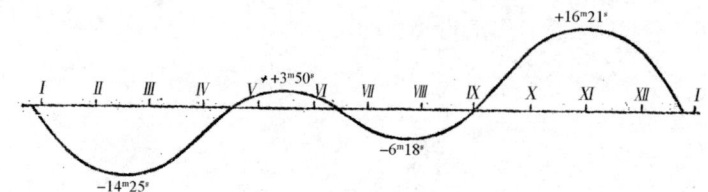

图 8　时差曲线图

时差值有正有负,不同年份稍有差异。如 2013 年的时差值见下表:

表 1　2013 年时差值

日期	2 月 11 日	5 月 15 日	7 月 26 日	11 月 3 日
时差	−14 分 13 秒	+3 分 41 秒	−6 分 31 秒	+16 分 27 秒

注:时差值可以在天文年历里查到。数据见《天文爱好者》,2012 年增刊,2012 年 12 月 20 日版

日常生活中还要注意不要把"北京时间"与北京地方时(天安门广场升降国旗所在地点时间)弄混。"北京时间"是北京所在的东八区的标准时,中央经线是 120°E。

天安门广场的经度为 116°24′E,经度差 3°36′,换算为时间差是 14 分 24 秒。(经度 1°=4 分钟,1′=4 秒钟。天安门广场每天日出升旗、日落降旗,时间都应该指地方时。升旗历时 2 分 7 秒,也自有其天文意义,在此不再赘述)。

不过,关于国旗升、降时间(日出、日没时间),北京天文台提供(北京地区)的资料和北京人民广播电台每天预报的数据,都是全国老百姓所熟悉、习用的钟表时间("北京时间",东八区标准时)。只是天安门广场并非"日出升旗,日落降旗"①。

----

① 参考紫金山天文台、北京天文馆编:《天文普及年历 1990》,北京:科学出版社,1990 年版。

2.《诗经》与天文

中国旧时私塾划讲背三、百、千，读四书五经，《诗经》就是其中一本。

《诗经》是我国第一部诗歌总集，收集了自西周初年至春秋中叶五百多年的诗歌 305 篇，其中有不少涉及天文知识的诗篇。这些诗篇中描写的天文现象，以及古人与天文密切相关的生活和生产活动，既给人以文学艺术上的享受，又具有了解和研究古代天文现象的科学价值。在中国河南安阳殷墟出土的甲骨文中，已有丰富的天文记录，表明公元前 14 世纪时，天文学已很发达。明末顾炎武在《日知录》里说：夏、商、周"三代以上，人人皆知天文。""七月流火，农夫之辞也。三星在户，妇人之语也。月离于毕，戍卒之作也。龙尾伏辰，儿童之谣也。""七月流火"、"三星在户"、"月离于毕"等都来源于《诗经》。"农夫之辞"指《七月》以农事和农夫生活为中心，以衣食住行为重点，全面、真实、具体地写出了农夫一年中的农事生活。"三星在户"，三星指参宿三星，《绸缪》连说三星在天、在隅、在户，妇人都思念心爱的"好人"。在"天"指闪亮的天空，在"隅"指远在天边，在"户"指闪亮的门庭。"月离于毕"，"离"指遭遇，"毕"指毕宿，古人常说"月离于毕风扬沙"、"月离于毕雨滂沱"，是说月亮走到毕宿那里就要刮大风，下大雨，表现戍边士卒的军旅生活艰险辛劳。"龙尾伏辰"是说有大星（疑似木星）正映照在东方苍龙的尾部，即"尾宿"。

"七月流火"出自《诗经·豳风》七月篇。"风"是指地方民歌，《诗经》中共有十五国风。本诗共八章，直叙其事，如泣如诉，诉说着农民一年四季的艰苦劳作和啼饥号寒的困苦生活，向我们展现了一幅按时令季节变化安排农事的画卷。

"七月流火，九月授衣"。"火"指的是天蝎座 α 星（中名"心宿二"，又叫"大火"，心宿三星之一）。七月、九月都指的是阴历月份。"流"指的是随着时间的推移，七月份"大火"逐渐西下。九月派人做寒衣。"一之日觱发，二之日栗烈。无衣无褐，何以卒岁？"是说冬月里北风劲吹，腊月里寒气袭人。粗布短衣没有一件，怎样度过这残年？

需要说明的是，《七月》篇是先秦时代的作品，由于地轴进动，现代春分点已从白羊座西移到双鱼座（西移了 40 多度），那时的阴历九月，相当于现代

公历的 11—12 月，已是深秋入冬了，不是人们以为的盛夏七月。

记得 30 多年前曾有一部电影《七月流火》。电影讲的是文艺界组织义演、募捐、筹集善款以便置办棉衣被服，支援浴血奋战的江南新四军抗日将士。电影中出现了《诗经》"七月流火，九月授衣"原文的特写镜头，当时《大众电影》等报刊纷纷发表影评，有的文章把"七月流火"解释为盛夏骄阳似火（"七月流火"这个成语曾一度被媒体关注。事情的缘起是：2005 年 8 月，北京一所著名高校的校长在欢迎台湾来宾的致辞中说："七月流火，但充满热情的岂止是天气……"很显然，他是用七月流火来表示天气炎热和心情的热烈，但并不知道"火"是一颗星星的名字。）同时也有不少人将火星与心宿二（中名"大火"）混为一谈，很少有人对"七月流火"做出科学解释，揭示其深刻内涵。笔者翻阅 2008 年某出版社出版的系列丛书，其中的《四书五经》选编了诗经 115 篇，每篇都选编原文，同时编著者译成白话。对《豳风·七月》篇，在译文中，编著者未经详察，将"七月流火"解释为"七月间火星向西移。"实际上"火星"（第一颗地外行星，是地球的近邻、"对门"。火星距离地球最近时只有 5600 万千米，最远时也只有 1 亿千米。心宿二距离地球 440 光年，据此推算今天我们见到的"大火"，还是明朝隆庆、万历年间的状况呢）和"大火"相去何止"十万八千里"，根本是风马牛不相及，火星哪能指示时令季节！

另，某出版社出版的《四书五经详解·诗经》也将"七月流火"译为七月火星向西移，文后注释中"流火，火星向下降落。"文学作品中误解这类自然科学知识的现象还是可以屡屡见到的。

我国是世界上天文学发展最早的国家之一。《诗经》中就记载了一系列恒星。如参宿三星，《召南·小星》篇首章："嘒彼小星，三五在东。"二章曰："嘒彼小星，维参与昴。"《唐风·绸缪》篇首章曰："绸缪束薪，三星在天。"《小雅·苕之华》篇末章曰："牂羊坟首，三星在罶。"都指的是参宿三星。在冬季的夜晚参宿三星位于天空正南，即曰"在天"，此时草木黄落，故伐薪为炭，诗云"绸缪束薪"；在冬季无鱼可捕，高挂的罶（捕鱼的工具笃）被三星直照，诗云"三星在罶"。而在《召南·小星》篇中，因所述的时辰是"夙夜"，即指早

晨和傍晚，无论是在早晨还是傍晚，参宿三星在人们的视野中都刚出现在天空（在早晨时，很快被太阳光辉淹没；在傍晚时，很快随太阳西落），不及夜晚在天空正南那么引人注目，故诗曰"小星"。《鄘风·定之方中》篇首章曰"定之方中，作于楚宫。""定"为古星宿名，即飞马座 α、β 两星，中名"室宿"，又名"营室"；"方中"是指黄昏时刻它在天的正中。"营室"原包括"室宿"和"壁宿"两宿，"壁宿"原称东壁，也有两颗星（飞马座 γ 和仙女座 α），就是飞马座四边形的东边，室宿就是西边，好像一座大房子的东西房山，两房山是南北方向；东壁就位于春分点附近。西周、春秋时代的秋分黄昏，室、壁四星出现在正南方的季节，恰是农事忙完、天又不是很冷，正是古人从事房屋营造或修缮的时间，因而四星统称"营室"又命为"定"，故诗曰"定之方中作于楚宫"（现代每年 9 月 1 日飞马座中心经过上中天。室宿、壁宿也分别于 9 月 7 日和 25 日经过上中天。通过飞马座 α→飞马座 β 和飞马座 γ→仙女座 α 连线向北延伸，都可以找到北极星。仙女座 α→飞马座 γ 的连线向南方向就是春分点）。如图 9 所示。

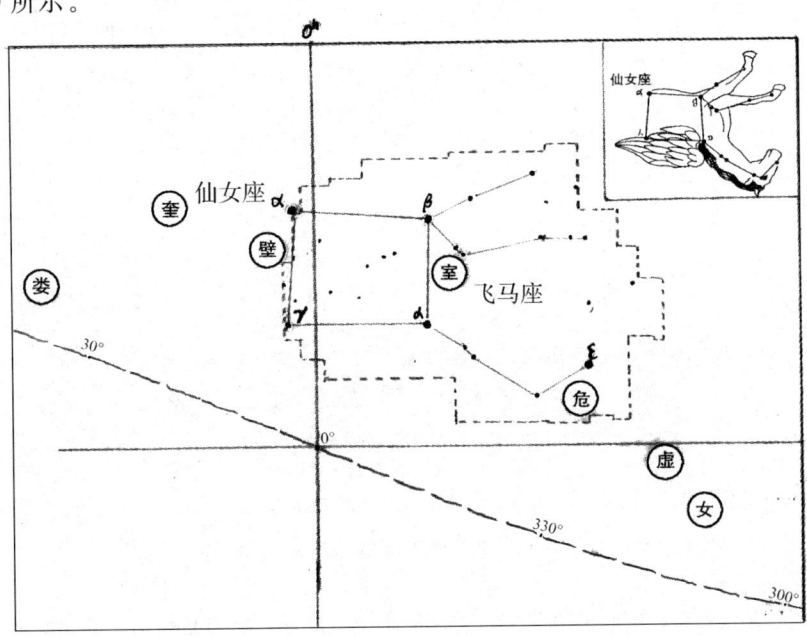

图 9　飞马座示意图

3. 拱北斗，参北斗？

《论语·为政篇》说："子曰：'为政以德，譬如北辰，居其所而众星共之。'"《国学经典》一书的译文中，"用道德来治理国家，就好像北斗星一样，在自己一定的位置上众多的星星都围绕着它。"其中的"北斗星"应为"北极星"①。围绕北极星（小熊星座 α 星，中名"勾陈一"）的大熊、天龙、仙王、仙后、鹿豹等星座称为"拱极星座"，北斗七星是大熊星座的一部分，北斗七星中的天枢、天璇称为指极星，可以用来找到北极星，并非众星共（拱）北斗，也非"天上的星星参北斗"，如图 10 所示。

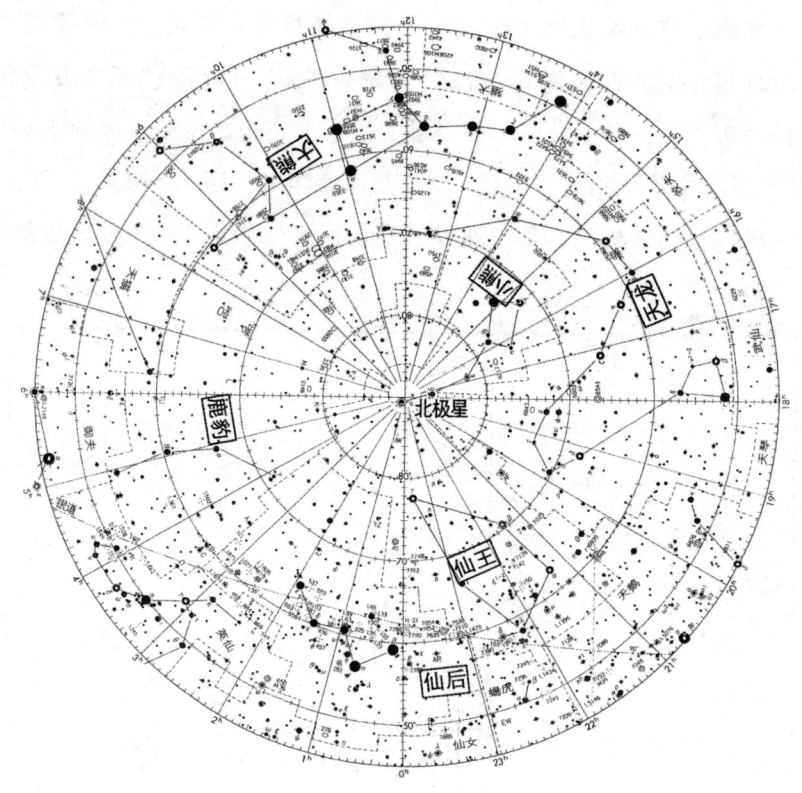

图 10　拱极星座示意图

① 公元前 5000 年至前 1000 年，北极距北斗星最近，人们直接用北斗星定季节，称之为北辰。殷周以后才改用其他星作为北极星。

4. 启明长庚

"天空的霞光渐渐地淡下去了，深红的颜色变成了绯红，绯红又变为浅红。最后，当这一切红光都消失了的时候，那突然显得高而远了的天空，则呈现出一片肃穆的神色。最早出现的启明星，在深蓝色的天幕上闪烁起来了。它是那么大，那么亮，整个广漠的天幕上只有它在那里放着这令人注目的光辉，活像一盏挂在高空的明灯。"①启明星、长庚星指的是一颗星——金星。"东有启明，西有长庚"，清晨在东方见到它叫启明星，傍晚在西方见到它叫长庚星。

从课文中"夕阳落山不久"、"红色的霞光"、"夜色加浓，苍空中的明灯越来越多了"和"月亮上来了"等内容看是晚上，"明灯"应是"长庚星"。教参课堂提问设计选录"你见过启明星吗？它像不像一盏高悬天空的明灯"、某著名文学评论家《祖国壮丽河山的颂歌》中"由又大又亮的启明星联想到悬挂在高空的明灯"，其中的"启明星"都应该直呼为"长庚星"。

5. 子午卯酉(北南东西)

地轴无限延长称为天轴。天轴与天球相交于两点，即北天极和南天极(Z、Z′)。以北天极和南天极为两极的大圆叫天赤道。相应的经线圈叫赤经圈(或时圈)，纬线圈叫赤纬圈，人们就用赤经、赤纬度数确定某恒星的位置。和地理坐标不同的是，赤经度数是从某个原点所在的赤经圈(也叫子午圈)起算，向一个方向度量，以 0°—360° 表示，而不分东、西经。赤纬度数则由天赤道向北、南天极两个方向计算，从 0°—±90°，天赤道以北为正，以南为负，也不分南、北纬。天球坐标有地平坐标、赤道坐标、黄道坐标、银道坐标等。

黎明，旭日东升；黄昏，夕阳西下。人类"日出而作，日入而息"，便以日出为东，日入为西，正午太阳所在的方向为南(北半球)，相反的方向为北。根据太阳出没来确定方向，实际上是根据地球自转来确定方向，以地球自转方向为东西，以自转轴的指向为南北。因此，除了两极点外，在地球上任何

---

① 见原初中语文课文《海滨仲夏夜》。

其他地点都有东、西、南、北四个基本方向。在此基础上还可以分出东北、西北、东南、西南等方向。地理坐标就是用方向和距离系统地表示任一点在地球表面的位置，因而人们划定了经线、经度、纬线、纬度，组成经纬网。如天津的位置是东经117°10′，北纬39°08′；南京紫金山天文台的位置是东经118°49′，北纬32°04′，而不能笼统地说天津在北京的东南方，南京在北京南方。

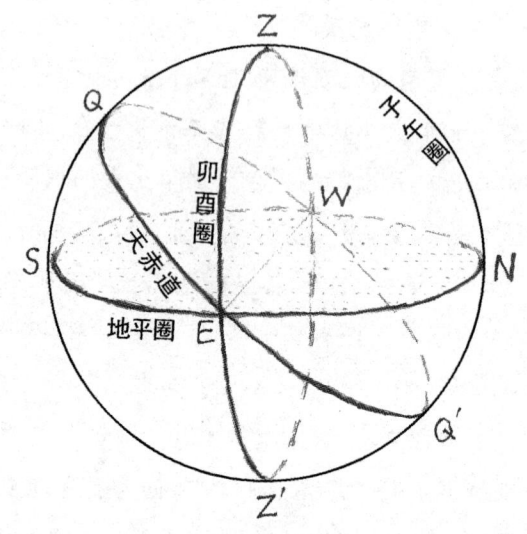

图 11　地平坐标系图

同样地，人们仰望星空，总是看到天顶最高，平视四野，则是天地相连，好像是一个巨大的半圆形天空笼罩住地球似的，人们把这个半球形天空叫天穹。日月星辰每天都在这个半球形的天空东升西落，不停地运行（北半球）。于是人们想象还有半个球形天空存在于地平面以下，地面上下两个半球形天空合起来，就是一个完整的球形，称它为天球。这样，日月星辰，所有天体，无论远近，无论如何运动，它们都镶嵌在（投影到）天球（内表面）上。和地理坐标一样，为确定天体在天球上的位置，也需要天球坐标，如地平坐标。

和（在南极）"找不着北"的笑话一样，在评书、曲艺、影视节目中又常将"知其然，不知其所以然"叫作"说不出个子丑寅卯"，这也是错话。子丑寅卯只是十二个地支，应为"说不出个子午卯酉"，指的是方位，我国古代用"子"表示北方，用"午"表示南方。子午圈意即通过正南方、正北方的圆圈。"卯酉"指东西。

6. 天文数字

日常工作生活中人们谈到所谓天文数字，指的是大得惊人的数字。从天文学的意义上说，天文数字可以从宇宙天体的距离远近、体积密度的大小、温度高低以及年龄等几方面体现出来。

(1)距离：日常生活中，距离单位小到分米、厘米、毫米，大不过米（百米、千米）。地月平均距离384400千米，虽然此数字已经不小，但月亮还是离地球最近的自然天体，太阳距离地球的距离更远。天文学上把日—地平均距离14960万千米称为一个天文单位，而"天文单位"这个距离单位也只能用来丈量太

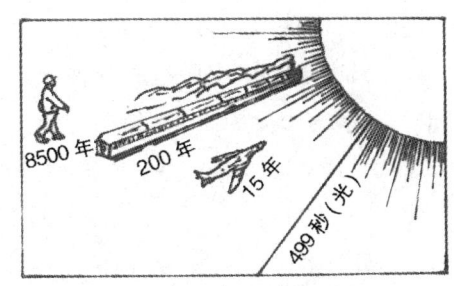

图12　从地球到太阳[①]

阳系，如几颗大行星到太阳的距离分别为：金星——0.723天文单位，火星——1.524天文单位，土星——9.576天文单位，海王星——30.13天文单位等。在宇宙中这个单位太小了，更大的距离单位还有光年、秒差距等。

光年：光在真空中沿直线传播一年的距离（光速每秒约30万千米）。

1光年＝63240天文单位＝94605亿千米。比邻星（距离太阳系最近的恒星）和地球之间的距离是4.22光年。人类若想去太阳，乘超音速飞机需要15年，搭特快列车需要200年，跑步日夜兼程需要8500年才能到达。而光线的传播只需要8分19秒。人类对月球进行激光测距，光线往返用不到3秒钟。

(2)体积：体积是指天体所占空间的大小。地球是一个庞大的天体，体积为$108×10^{10}$立方千米，也可以表示为$1.08×10^{21}$立方米。月球体积只有地球的1/49。太阳体积是地球的130万倍。宇宙中还有若

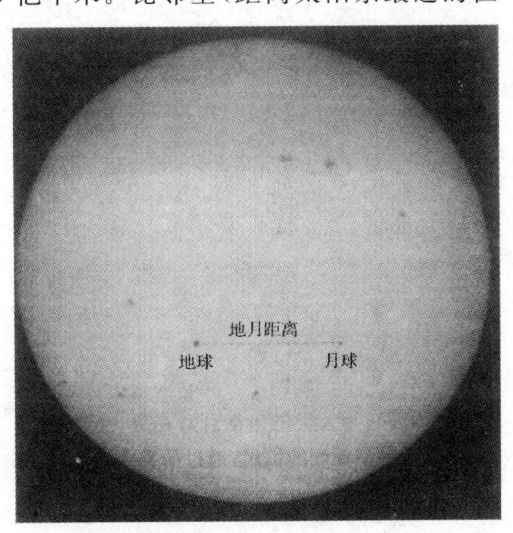

地月距离

地球　　　月球

图13　太阳的大小与地球、月球和地月距离的比较

①　引自李安福：《漫谈"天文单位"的测定》，《天文爱好者》，1965年第3期。

干大于太阳体积千万倍的超巨星。

（3）密度：单位体积的某种物质的质量称为密度。密度与质量、体积密切相关。水的密度为 1 克/厘米³。地球的平均密度为 5.52 克/厘米³。室内的空气密度为 $1.293×10^{-3}$ 克/厘米³。天空中最亮的红超巨星参宿四（猎户座 α）直径比太阳大 900 倍，可是它的质量只有太阳的 15 倍，因而它的密度只有室内空气密度的 1/46000，为 $2.9×10^{-8}$ 克/厘米³。但典型白矮星的质量为太阳质量的 1/2，而其半径只有太阳的 1/100 左右，故其密度为 10^6 克/厘米³ 量级，即一立方厘米的物质重 1 吨。而由简并中子组成的中子星，其密度为 $10^{13}\sim10^{16}$ 克/厘米³，即每立方厘米的物质重达千万吨以上。

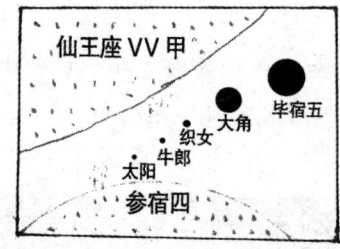

红超巨星（仙王座 VV 甲和参宿四）、红巨星（毕宿五和大角）、蓝矮星（牛郎星和织女星）同太阳大小的对比

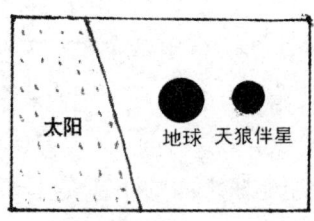

天狼伴星（白矮星）、地球同太阳大小的对比

图 14①

至于说到黑洞，其物质密度可高达 $10^{52}\sim10^{93}$ 克/厘米³。换句话说，一立方厘米的黑洞质量比千亿亿个太阳还要大得多（太阳质量为 $1.99×10^{33}$ 克）。②

（4）温度：常压下温度高于100℃水要沸腾，高炉炼钢温度只有一千四五百度，而太阳表面温度

黑洞：瞧，这么多个太阳都抵不上我一个

图 15　密度、质量极大的黑洞物质示意图

①　《中国大百科全书·天文学》，北京：中国大百科全书出版社，1981 年版，第 144 页。
②　参考许梅：《天体的密度》，《天文爱好者》，1985 年第 4 期。

6000k(k 代表绝对温度。绝对零度－273.15℃)。

(5)年龄:从地球的古老岩石和陨石的同位素年代分析得知,地球约在 46 亿年前形成,太阳约 50 亿岁。最近几年的一些研究推算表明,宇宙年龄在 130 亿年至 140 亿年之间。"其实,每一位天文爱好者都应该对这类天文数字(无论它是代表时间还是代表空间)敏感一点儿,而且还要善于对它们做形象生动的比喻。卡尔·萨根(1982 年 8 月 4 日,国际天文联合会以他的名字命名了第 2709 号小行星)为我们提供了一个榜样。他在自己的名著《伊甸园的飞龙》中写道:'据我所知,表达宇宙年表最有效的方法,是设想把宇宙的 150 亿年压缩成一年的时间。这样,地球历史上的每十亿年就相当于宇宙年的 24 天左右,宇宙年的每秒钟表示地球绕太阳公转 475 周。'他按照这一比例列了三份宇宙年表,我们稍做改编如下"。①

表 2　12 月份以前的大事记

重　大　事　件	时间
大爆炸	1 月 1 日
银河系形成	5 月 1 日
太阳系产生	9 月 9 日
地球诞生	9 月 14 日
地球上出现生命	约 9 月 25 日
真核细胞(最早的有细胞核的细胞)繁盛	约 11 月 15 日

表 3　宇宙年 12 月份的月历

时　间	重　大　事　件
1 日	地球大气中氧含量开始增加
5 日	火星上频繁的火山活动
16 日	原始蠕虫出现
19 日	第一条鱼。第一个脊椎动物
21 日	原始昆虫。动物开始登陆

---

① 　参考梦天:《时间趣谈》,《天文爱好者》,1985 年第 1 期。

时 间	重 大 事 件
26 日	原始哺乳动物
28 日	原始开花植物。恐龙灭绝
29 日	原始灵长目动物
30 日	原始类人猿。高级哺乳动物繁盛

表 4 宇宙年 12 月 31 日下午大事记

重 大 事 件	时间：时	分	秒
森林古猿和拉玛猿问世	约 1	30	
原始人类出现	约 10	30	
"北京人"学会用火	11	46	
埃及古王国；天文学的发生	11	59	50
特洛伊战争；指南针的发明	11	59	53
佛教诞生；中国的秦朝	11	59	55
阿基米德物理学；托勒密天文学	11	59	56
印度算术中发明"0"和小数	11	59	57
中国宋朝；十字军远征	11	59	58
文艺复兴；郑和下西洋	11	59	59
科技迅速发展；进入空间时代	元旦第一秒		

注：表 2、表 3、表 4 出自梦天：《时间趣谈》，《天文爱好者》，1985 年第 1 期。

如果把宇宙的 150 亿年压缩成 1 年(360 天)，则地球历史上的每 10 亿年就相当于宇宙年 24 天左右，宇宙年每秒钟表示地球绕太阳公转 475 周，即宇宙年每秒钟相当于 475 年。原始人类出现于宇宙年 12 月 31 日 22 时 30 分，距现代 1.5 小时(90 分钟，即 5400 秒)。

$$475(周) \times 5400(秒) = 2565000(年)$$

表明原始人类出现不过二三百万年时间。"北京人"学会用火在宇宙年 12 月 31 日 23 时 46 分，距现代 14 分钟(即 $14 \times 60 = 840$ 秒)。

$$475(周) \times 840(秒) = 399000(年)$$

表明"北京人"约四十万年前学会用火。①

人类文明史只是短暂的一瞬。天文数字真是大得惊人!

7. 月相有讲究

中国古人咏月、赏月,留下许多与月有关的千古绝唱。据统计《唐诗三百首》中,描写月亮的竟达 87 首。而诗仙李白留传下来的 1059 首诗中,直接或间接与月亮有关的也多达 341 篇。②

月有圆缺望朔,望月如"镜"如"轮",满月似"盘"称"盈",朔月分"新"、"残",弯月如"弓"如"钩"如"舟"如"镰",布景道具应该讲究月相区别。但常见电影、电视剧、戏曲、话剧等文艺作品在舞台布景上出差错。

说及中国现代文学艺术史上的大家丰子恺先生别具一格的漫画,在艺术上的造诣得到一致的称赞,只是白璧微瑕,也有四幅月相画错了。

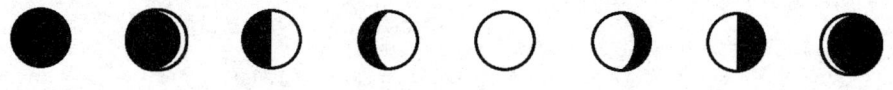

图 16 月相周期简图

夜晚明月当空,看月亮能判断方向,也可大致判断阴历日期。阴历月底、月初称为"朔";月半称为"望";月初一钩弯月叫"新月",月中叫"满月",月底叫"残月",半个月亮叫"上弦"、"下弦"。上弦→满月,满月→下弦,都叫"凸月"。"新月"一定是在黄昏时出现于西方,这时,月亮在太阳的东边,月牙亮面朝西(太阳照亮的部分),缺口向左朝东。"残月"一定是在清晨升起于东方,这时,月牙缺口朝西(向右),亮面朝东向左。一部电视剧的主题歌反复唱道:"都管月牙叫月老儿……天上升起一弯月牙……夜深啦,月牙出来啦……"实际上,月牙不会在深夜升起,南方高空永远不会有一钩弯月,子夜时,或月中满月当空,或月底、月初漆黑无月。

张斌在《丰子恺诗画》一书中曾盛赞"画家用诗人的眼光观察世界,用诗人的心灵体验世界,用诗意的语言表现世界"③。丰子恺先生的作品充满诗情画

---

① 参考梦天:《时间趣谈》,《天文爱好者》,1985 年第 1 期。

② 见张明昌编著:《天文开心辞典》,北京:科学出版社,2009 年版。

③ 张斌著:《丰子恺诗画》,北京:文化艺术出版社,2007 年版,第 234 页。

意，极富人情味，笔者深受感动。丰子恺先生的绘画作品存世的有4500幅以上，书中引用丰子恺绘画作品142幅。有17幅月相入《诗画》，其中7幅原画未显现（或隐含了）月相，3幅满月，3幅或新或残月。3幅满月中只有一幅可以肯定是"圆月"（取材自欧阳修《生查子·元夕》）："去年元夜时，花市灯如昼。月上柳梢头，人约黄昏后。今年元夜时，月与灯依旧。不见去年人，泪湿春衫袖。"6幅有月相的作品中有5幅或满月，或新月，或残月，无可考证，而两幅"新月"、"残月"实实在在画错了。还有一幅"卧看牵牛织女星"（取材自杜牧《七夕》）。七月初七本应为上弦月（半个月亮），却画了一钩弯月，方向也不对（见图17）。

图17 "卧看牵牛织女星"图①

　　"人散后，一钩新月天如水"是1924年丰子恺先生为朱自清、俞平伯办的不定期文学刊物《我们的七月》设计的封面，既是新月缺口就应该向左，而不应向右（见图18）。

　　"晓风残月"一图取材自柳永《雨霖铃》，却明显画的是傍晚的新月。（而《丰子恺漫画研究》"杨柳岸晓风残月"则改为残月，不知两幅画是否同一出处，为何不同？）残月缺口就应向右②（见图19）。

　　其实，残月、新月观察区分很简单。"残月"中文的"残"字汉语拼音cán，字头是C，而新月缺口向左，是反C形。

　　"黄昏独倚朱阑，西南新月眉弯"，新月是和黄昏联系在一起的。

①　张斌著：《丰子恺诗画》，北京：文化艺术出版社，2007年版，第197页。

②　陈星著：《丰子恺漫画研究》，杭州：西泠印社，2004年版，第44页。

图 18 "人散后，一钩新月天如水"图①　　　**图 19 "晓风残月"图②**

"暮伴新月宿，晓随残月行"，是贪黑起早赶路人的经验总结。

"悄悄新月偃，午醉醒来晚"，酒醉午睡，一直到黄昏新月西沉方醒。

"白露收残月，清风散晓霞"，"星斗移，钟声歇，帘外晓莺残月"，则是黎明景色。

古代的文人学士们，从来不会把新月和残月混为一谈，而现代人却常常弄出"傍晚新月东升"、"清晨残月西行"、"黎明或黄昏满月当空"之类的错误。在这方面，我们应该向古人学习。

八、仰望星空

1. 星座

古时候，人们为了便于认星，把全天分成若干小区域，好像世界被分成

---

① 张斌著：《丰子恺诗画》，北京：文化艺术出版社，2007 年版，第 31 页。

② 张斌著：《丰子恺诗画》，北京：文化艺术出版社，2007 年版，第 167 页。

大小不等、边界不规则的国家一样，这在现代天文学中称为星座。按照平行和垂直于天赤道的弧线，全天共分为 88 个星座。它们的名称一部分是根据星座中主要星星排列的形态，把它们想象成各种各样的人物、动物或器具等图形，并用这些人物、动物或器具等的名称来称呼这些星座，如猎户座、大熊座、圆规座等。同时，为了记忆和观测的方便，就把一个星座里的若干亮星用虚线连接起来。星座里各个恒星的命名是在星座名称的后面，加一个小写的希腊字母。一般字母顺序是按照星的亮度强弱来排列的，最亮的星用 α，次亮的用 β，其余依次类推 γ、δ、ε，等等。24 个希腊字母用完了，就用拉丁字母或阿拉伯数字，例如南门二 C 星、天鹅座 61 星，等等。

全天 88 个星座，其中有 29 个在天赤道以北，46 个在天赤道以南，跨天赤道南北的有 13 个。因此在北极点上可见 42 个，南极点上可见 59 个。

北京的地理纬度 40 °N，全年可见 73 个星座（即在天球上赤纬＋50 °以北的恒星是永远不下落的，赤纬－50 °以南的恒星是永远看不到的）。上海的纬度比北京低 9 °，能看到 79 个星座。而在海南省的三亚却能看到 84 个星座。只有南天极附近的南极座、蝘蜓座、山案座、天燕座终年看不见。①

2. 星等

反映天体亮度的等级叫星等。古代人把肉眼能看见的星分为 6 等，最亮的叫 1 等星，依此类推，肉眼能勉强看得见的叫 6 等星。1 等星比 6 等星亮 100 倍，因此，星等每差一等，亮度就差 2.512 倍。后来为了使这种划分更为详细和精确，人们就用小数和负数来表示星等。把比 1 等星还亮的定为 0 等星，比 0 等星还亮的定为－1 等星，满月为－12.6 等，太阳的亮度－26.7 等。目前用最大的望远镜经长时间露光能拍摄到暗达 23 等的星。为了画星图方便，人们把－0.4 等到 0.5 等的星算作 0 等星，从 0.6 等到 1.5 等的星算作 1 等星，从 1.6 等到 2.5 等的星算作 2 等星，依此类推。

这里所说的星等，是我们从地球上看到的恒星的亮度，并不是恒星本身的真亮度，所以称为"视星等"。要表示天体的真实亮度，必须把远近不等的天体统统移到相同的距离上进行比较。人们把这个标准距离规定为 32.6 光年

---

① 参见《高级中学地理教学参考资料》，北京：北京出版社，1985 年版。

(10秒差距)。一颗天体移到标准距离处所具有的视星等叫"绝对星等"。假如我们把太阳移到标准距离处，太阳的视星等约为4.8等，是一颗肉眼能看到的较暗天体。全天空有约1500颗恒星都比它亮，在21颗一等以上的亮星中，实际光辉最强的是天鹅座α星(中名"天津四")，它的视星等约为1.25等，而绝对星等约－7.5等，距我们约1740光年。

3. 认星

全天空肉眼可见的星星总共不足7000颗，而且同时只能看见一半。俗话说"天上星数不清"，如果一个星座一个星座地数，并且把它们的等级分别计数，不消几个晴朗的夜晚，就可以数遍全天空可以看得见的星星。如果我们用望远镜把自己的眼睛武装起来，情况就大不相同了。用一架小型望远镜也可以看到5万颗以上的星星。望远镜口径越大，看到的星星也越多。现代最大的天文望远镜可以看到10亿颗以上的星星。

黄道带的12个星座是双鱼、白羊、金牛、双子、巨蟹、狮子、室女、天秤、天蝎(蛇夫)、人马、摩羯和宝瓶星座(现在变成13个星座了，加了一个蛇夫座，北京天文馆也改成了13宫)，太阳就在这些星空背景上由西向东做周年视运动。全天著名的星座在夏季有天蝎座、北冕座，秋季有飞马座、仙女座，冬季有猎户座、金牛座、御夫座，春季有狮子座、牧夫座、英仙座等。织女星属于天琴座，牛郎星属于天鹰座。北斗七星是大熊星座的一部分。中国民间所指的"三星"最显眼的是猎户三星(中名"参宿")，其次还有心宿三星(属天蝎座，心宿二又名"大火")和牛郎三星(中名"河鼓"，"河鼓二"即牛郎星，"河鼓一"和"河鼓三"，是它的一对"儿女")。北斗七星除天权星为三等星外，其余六颗都为二等星，亮星集中，并各冠以专名，相邻两颗星各相距约5°，天枢距北极星约30°。距离我们最近的恒星半人马座α星(中名"南门二"，又叫比邻星)，在北京是看不到的。

4. 三垣二十八宿(xiù)

我国是北半球中低纬国家。我国古人为了认识星辰和观测天象，把天上的恒星几个几个的组合在一起，给每个组合取一个名称，就是三垣二十八宿，也就是在星空中划分出了31个区域(不包括南天极)。

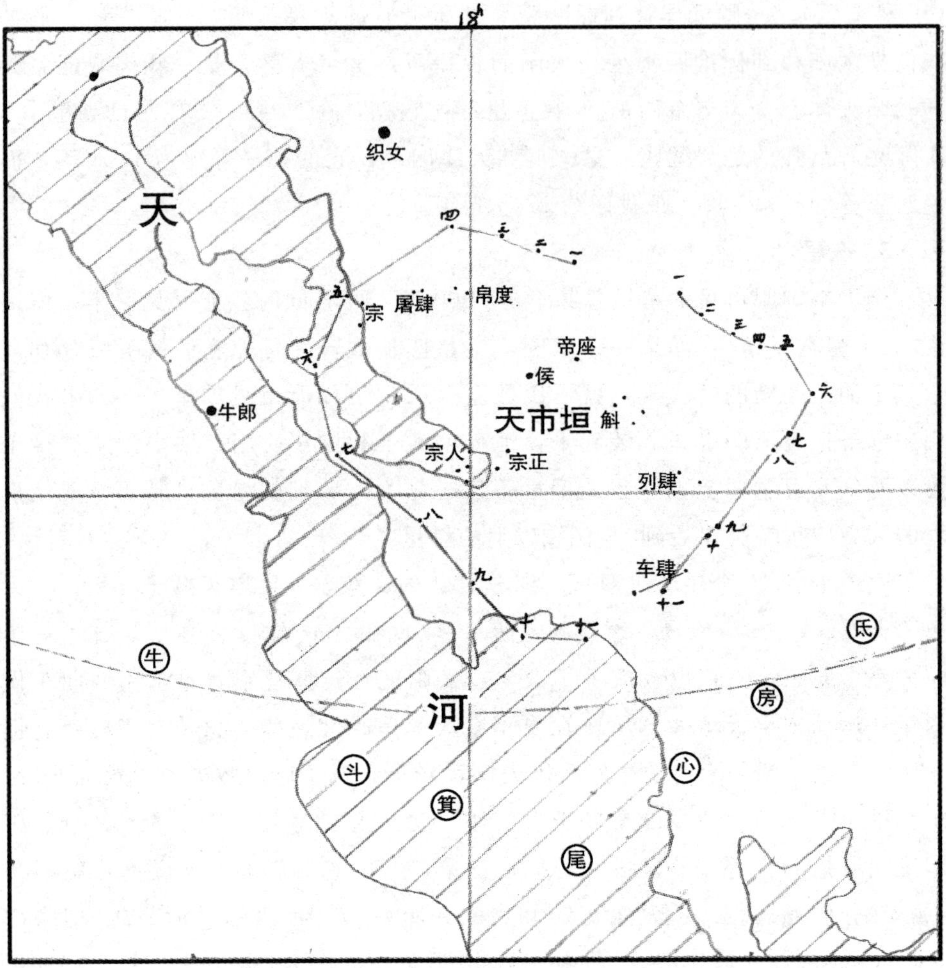

织女

天

四

五

宗

屠肄   帛度

帝座

侯

天市垣   斛

牛郎

宗人   宗正

列肄

车肄

氐

牛

房

河

心

斗

箕

尾

注：天市右垣——河中、河间、晋、郑、周、秦、蜀、巴、梁、楚、韩；天市左垣——
魏、赵、九河、中山、齐、吴越、徐、东海、燕、南海、宋等

图 20   天市垣星图①

---

① 天上应有，地上尽有。天上垣、宿，地上分野(古代占星家们将地上州、国与星空
的区域互相匹配对应，称为分野)天上垣宿(星座)，地上按人间模式几乎重新仿造了一个九
州大世界。天上不仅有皇宫、百官和朝廷行政机构，而且有一个庞大的天上街市。天市垣中
帝、宦坐镇、商铺摊点、厂店作坊、百货日杂、斗斛帛度、计量监督、市场管理。右垣有
晋、郑、周、秦、蜀、巴、梁、楚、韩，左垣有魏、赵、中山、齐、吴越、徐、燕、宋等。
天下诸国州郡，四面来朝，八方来归，熙熙攘攘，俨然一个全国性的综合贸易市场。

三垣就是三个大的天空区域，有"紫微垣"、"太微垣"、"天市垣"。"垣"是城墙的意思。"紫微垣"象征皇宫，有帝王、后宫、太子、庶子、上丞、少卫、弼、辅、宰、枢等。"太微垣"象征行政机构，有东西上将、次将、上相、次相、左右执法等。"天市垣"象征繁华街市，有河中、河间、中山、东海、南海、魏、赵、吴越、徐、燕、宋、韩、秦、楚、巴蜀和帛度、车肆、列肆、屠肆等。

这三垣环绕着北极星呈三角状排列，占据了很大的天区。"紫微垣"包括北天极附近的天区，大体相当于拱极天区。"太微垣"包括室女、后发、狮子等星座的一部分。"天市垣"包括蛇夫、武仙、巨蛇、天鹰等星座的一部分。

二十八宿是另外划分的28个小一些的天空区域，最初是古人为比较日、月、五星（水、金、火、木、土五颗大行星）的运动选择划分，直至哥白尼发表《天体运行论》创日心说以后两百多年，人类还只知道太阳系有六大行星（包括地球），以致古今中外，不少国家和地区长期沿用的星期纪日法，都把日、月、五星分配给星期，如中国、日本、韩国都把星期日至星期六分别称为日曜日、月曜日、火曜日、水曜日、木曜日、金曜日、土曜日。

二十八宿都在黄道附近，从角宿开始自西向东排列。与日月视运动方向相同。

东方七宿：角、亢、氐、房、心、尾、箕。

北方七宿：斗、牛、女、虚、危、室、壁。

西方七宿：奎、娄、胃、昴、毕、觜、参。

南方七宿：井、鬼、柳、星、张、翼、轸。

以上东、北、西、南四组分别与四个地平方位、四种颜色、四组动物形象匹配，叫作"四象"，即东方苍龙：青色；北方玄武（龟蛇）：黑色；西方白虎：白色；南方朱鸟（或朱雀）：红色。

我国古书中有不少按天象定季节的记载，如：《尚书·尧典》中的"日中星鸟，以殷仲春"，从其所记天象来推算，在公元前十二三世纪殷周时代，南方七宿昏中正是春分时节。其他如："日永星火，以正仲夏"，"宵中星虚，以殷

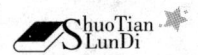

仲秋"，"日短星昴，以正仲冬"等。"火"就是东方七宿中的"心宿"（天蝎座 α 星，心宿二，中名大火），"虚"、"昴"则分属北方、西方七宿。还有"七月流火"、"三星在户"（在"天"，在"隅"）。"月没参横"、"月离于毕"、"龙尾伏辰"、"定之方中"等都是讲的时令季节。

5. 牛郎织女七夕相会？

"银烛秋光冷画屏，轻罗小扇扑流萤。天街夜色凉如水，坐看牵牛织女星。""迢迢牵牛星，皎皎河汉女，纤纤擢素手，扎扎弄机杼。"像这样牛郎、织女七夕相会的民间故事在我国家喻户晓、妇孺皆知，还是与天文学关系最为密切的故事。

牛郎、织女一"河"之隔，看来相会并不难，但七夕一夜之间根本不可能相会。

织女星位于银河西岸的天琴座，它和旁边的四颗暗星，组成一个小菱形（古人想象为织女织布的梭子），它是天琴座最亮的一颗恒星，因此也叫天琴座 α 星。

牛郎星在银河东岸与织女星遥遥相对的地方，它就是天鹰座 α 星（中名河鼓二），它和天鹰座 β、γ 星的连线正指向织女星，我国古代把 β、γ 星看作是牛郎用扁担挑着的两个孩子。

牛郎星和织女星是两颗像太阳那样能够自己发光发热的恒星，但它们都比太阳大得多、亮得多。牛郎星的半径为太阳的 1.68 倍，质量相当于太阳的 1.6 倍，辐射出的能量相当于太阳辐射能的 10.5 倍；织女星的半径为太阳的 3 倍，质量为太阳的 2.4 倍，辐射能相当于太阳辐射能的 60 倍。

既然牛郎星和织女星都比太阳大许多，但为什么看起来只是两个小点儿呢？那是因为这两颗恒星比太阳离地球远得多。牛郎星距地球 152 万亿千米，比太阳远 100 万倍；织女星距地球 250 万亿千米，比太阳远 170 万倍。

织女星比牛郎星大，比牛郎星亮，又比牛郎星重，但我们看到的两颗星差不多一样亮，是因为较大的织女星距离地球远达 26.3 光年，较小的牛郎星距离地球 16 光年。牛郎、织女两星不是在同一方向，我们在织女星中天前后

（北京地区 7 月初子夜中天）观测到它们的夹角约 35°，用几何余弦定理可以近似算出它们之间的距离约为 16.1 光年（宇宙空间的直线距离）①。

计算方法如下：

设：织女星到地球的距离为 a，牛郎星到地球的距离为 b，织女星、牛郎星之间的距离为 c。

则：$c^2 = a^2 + b^2 - 2ab \cos C$，

$$c^2 = 26.3^2 + 16^2 - 2 \times 26.3 \times 16 \times 0.8192$$

$$c \approx 16.1（光年）$$

即使牛郎跑得快，每天能跑 100 千米，要跑 42 亿年时间才能与织女相会。即使改成每秒飞行 11 千米的宇宙飞船，也要 44 万年才能飞到织女身边。无线电波的速度和光一样，假设牛郎想打一个无线电话给织女，得等 32 年才有收到回电的可能。就算没有银河阻隔，七夕一夜相会，也只能是在梦中！

每年的七月初七上弦月，半个月亮正漂在银河附近，月光使我们看不清银河，古人便以为这时天河消逝，牛郎、织女于此时相见了。

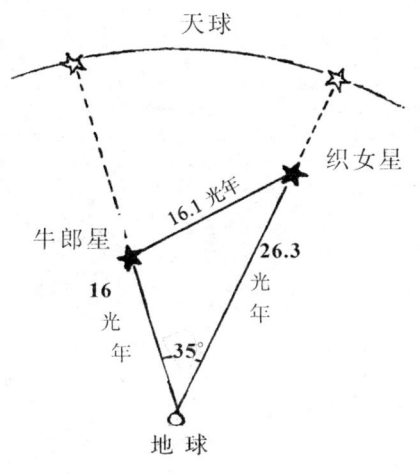

图 21 七月初的牛郎、织女星

许多神话传说都反映了人们的美好追求或善良的愿望，《诗经·小雅》中《大东》篇就有："惟天有汉，监亦有光。跂彼织女，终日七襄。虽则七襄，不成报章。睆彼牵牛，不以服箱。""维南有箕，不可以簸扬。维北有斗，不可以挹酒浆。"说明诗中拟人地、神话般地描绘星宿，但未见织女织出什么花样，牛不能驾车，簸箕不能扬糠，北斗也不能盛酒浆。

————————

① 参见马星垣等编著：《美丽星空》，北京：中国青年出版社，2004 年版。

现在关于古诗词歌赋"解"、"译"的通俗读物很多，在引导读者欣赏古代文学作品的同时，还要对古文中涉及的天文学、地理学、物理学、生物学等自然科学现象做出科学的解释，只有这样才能够更深层次地感受古代诗词歌赋的魅力。

6."天河分叉，单裤单褂；天河掉角，棉裤棉袄"①

晴朗无月的夜晚，在天空中可以看到一条轻纱般的光带，它的形状不甚规则，亮度大致均匀，柔和轻盈，星光若隐若现，那就是"银河"，又叫"天河"。

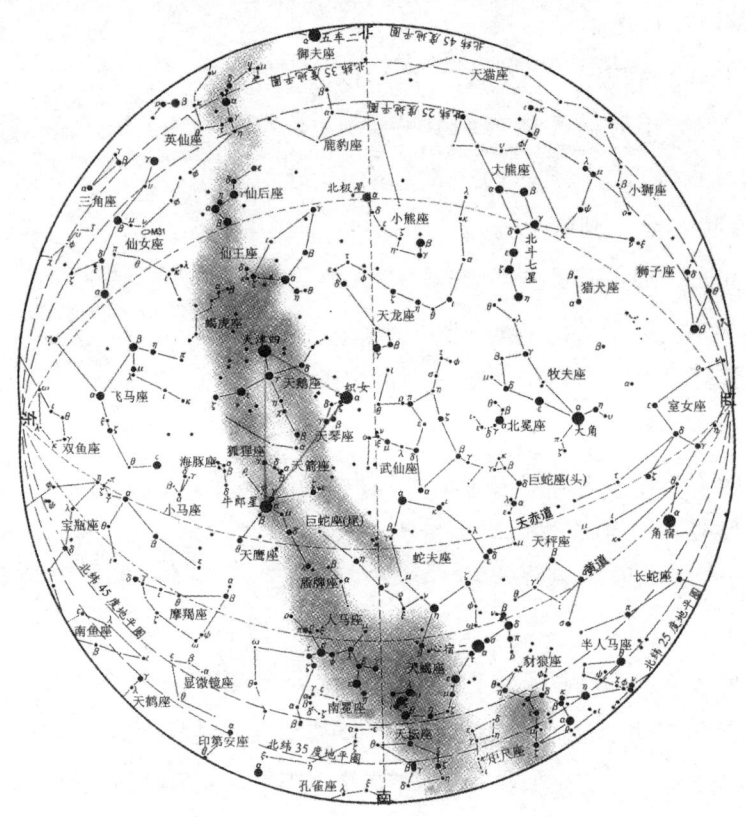

图 22　夏季星空图

———————

①　此处特指北半球，夏季看到的是东北—西南走向、明亮宽阔、分叉的天河，此时人们穿的是单衣；冬季天河来了个大掉角，成了西北—东南走向，此时人们穿的是棉衣。

我国古人很早就注意到了银河的存在，春秋时期成书的《诗经》中就已经不止一次地提到它了。此后，人们又陆续给它起了许多富有诗情画意的名字。除了天河、银河之外，还有明河、长河、星河、秋河、绛河、河汉、银汉，以及星搓、银横、银湾等。"银河"那白茫茫的颜色很容易让人想起"银"，其外貌也会使人们觉得活像天上的一条"河"。

"银河"不是河，用望远镜可以看出它由许多密密麻麻的恒星组成。银河环天空一周经过的主要星座有 24 个：天鹰、天箭、狐狸、天鹅、仙王、仙后、英仙、御夫、金牛、双子、猎户、麒麟、大犬、船尾、船帆、船底、南十字、半人马、圆规、矩尺、天蝎、蛇夫、人马和盾牌。我们看到的银河只

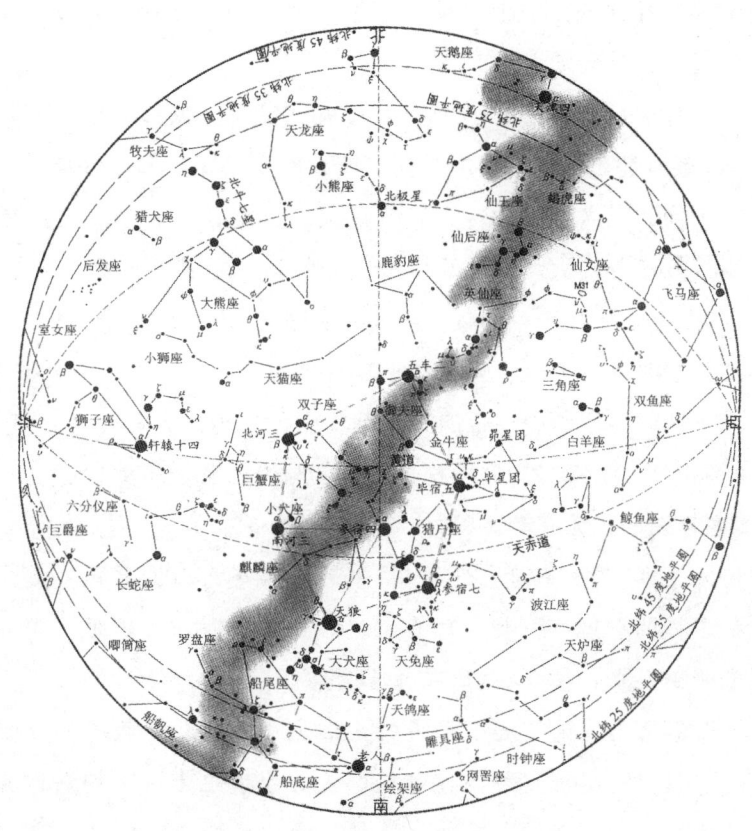

图 23　冬季星空图

是银河系在天球上的投影。银河在天空明暗不一、宽窄不等，最窄只 4°~5°，最宽约 30°。银河为什么是白茫茫的呢？伽利略发明天文望远镜以后，带着这个不解之谜，把望远镜指向银河，原来银河是由密集的恒星组成的。为什么只有这一"带形"天区的恒星最密集呢？原来是由 1000 多亿颗恒星组成一个透镜形的庞大的恒星体系，我们太阳系就在这个体系之中。我们从太阳系向周围看到盘状的边缘部分呈带形天区。地球一年绕太阳一周。夏天地球正转到银河系中心与太阳之间，银河系最阔、最密、最亮的中心部分正好在夜晚出现在空中，因而夏天看到的星星特别多；冬天，地球转到银河系边缘与太阳之间，白天才能看到银河系中心部分，但由于白天里阳光强烈，我们看不见星星，晚上我们看到的是银河薄薄的边缘，那里的星星就特别少了。所以冬天夜空里的星星比夏天稀少。

银河斜贯长空，从一方地平线一直伸展到另一方的地平线。但看（北京，40°N）夏季的银河是东北——西南走向，所在的主要星座是：仙后、仙王、天鹅、狐狸、天箭、天鹰、盾牌、人马、蛇夫、天蝎、矩尺等。银河显得明亮宽阔，不少区域还分出大大小小的枝杈。而冬季的银河是西北——东南走向。所在的主要星座是：仙王、仙后、英仙、御夫、金牛、双子、猎户、麒麟、大犬、船尾、船帆等。由此可见，夏季和冬季的"天河"，来了个大掉角。

观星座、认亮星活动中经常谈到四季星空、黄道十二宫、飞马横空"银汉斜"、参商不相见、牛郎织女鹊桥相会等，都与银河密切相关。

7."海内存知己，天涯若比邻"

初唐诗人王勃《送杜少府之任蜀州》中有句脍炙人口的名句"海内存知己，天涯若比邻。"指朋友同心同道、情真意切，突破了时空的界限，或去天涯海角，或远隔千山万水，都心心相印，如同近邻。

在天文学意义上讨论宇宙中最近的天体也用"比邻"。我国古代就把离地球最近（除太阳以外）的恒星称为比邻星。比邻星属二十八宿的角宿，中名南门二，属半人马座。在我国，昆明、桂林、台北一线以南地区才能看到比邻星，海南则终年可见。

近在咫尺的南门二，是全天第三号亮星。比邻星之所以被人类关注，还因为它是离太阳最近的恒星之一，用一架望远镜就能发现南门二是一对相距不到20″的双星，其中 A 星的物理性质与太阳相近，像太阳一样发着黄白色光，直径、质量也差不多，亮度比太阳稍大。通过望远镜对南门二进行仔细观测，还能找到一颗 11 等的小星，这是南门二家族的第三个成员 C 星，它在大约一万个天文单位之外绕 A、B 两星运转，估计一百万年才能绕过一圈。目前，它正好跑到 A、B 两星与太阳系之间，因而有幸成为最靠近我们的一颗星，因此，天文学家给 C 星取了一个亲切的雅号——"比邻星"。A、B 两星离我们 4.35 光年，C 星却只有 4.22 光年。有人专门研究后得出令人兴奋的结论：在南门二三合星系统内，可以存在稳定的近似圆周的轨道。有可能是一个类似太阳系的天体系统。南门二的质量、年龄和化学组成非常类似太阳。目前人类了解这些数据的精确性比对其他恒星要高得多。因此，研究南门二有助于我们认识类似太阳的恒星，了解太阳是不是一颗典型的恒星。同时因为南门二距离足够近，对实现恒星际旅行是"可以想象"的，南门二无疑会成为"飞出太阳系"的头一个目标。

8. 仰望星空与脚踏实地

《仰望星空与脚踏实地》是 2010 年北京高考作文题目。

星空是美好的，它高、远，浩渺而美丽。这些特点象征了人生目标、人生境界、人生理想，也可以是我们所熟知的历史伟人。

怎样理解"脚踏实地"呢？2007 年五四，北京大学哲学系学生李丹琳把自己写下的"仰望星空"赠送给温总理后，温总理挥毫相和的便是"脚踏实地"四个大字。"脚踏实地"是一个过程，实现"仰望星空"的过程，是一种方法，实现"仰望星空"的方法。温总理是希望祖国的接班人通过"脚踏实地"的努力，实现祖国的富强、民族的复兴。也可把通过"脚踏实地"的努力，实现人生目标的立意诉诸笔端。

写到这里，也使我回想起温家宝总理的《仰望星空》一诗（发表于 2007 年 9 月 4 日《人民日报》）：

　　我仰望星空，它是那样辽廓而深邃；那无穷的真理，让我苦苦地求索追随。

　　我仰望星空，它是那样庄严而圣洁；那凛然的正义，让我充满热爱、感到敬畏。

　　我仰望星空，它是那样自由而宁静；那博大的胸怀，让我的心灵栖息依偎。

　　我仰望星空，它是那样壮丽而光辉；那永恒的炽热，让我心中燃起希望的烈焰、响起春雷。

　　温总理在同济大学的演讲中也曾说过"一个民族有一些关注天空的人，他们才有希望；一个民族只是关心脚下的事情，那是没有未来的。""希望同学们经常地仰望星空，学会做人，学会思考，学会知识和技能，做一个关心世界和国家命运的人。"

　　著名学者金克木生前有言：看天象、知宇宙，有助于开拓心胸。心中无宇宙，谈人生很难出个人经历的圈子。他还说"古时读书人讲究上知天文、下知地理，我看今天也应当是这样。不必多，但不可无。"

　　可见仰望星空与脚踏实地关系密切。

　　日月经天，星辰隐现，四季交替。所有的天文现象既错综复杂，又精巧微妙。仰望星空，首先是用肉眼，然后用探求星辰运动规律的内在之眼，古希腊人甚至说，人类直立的姿势之所以是独有的特征，乃是因为人与四足动物不同，不是向下盯着大地，而是举目自由凝视天空。哲学家康德说："世界上有两件东西能够深深地撼动人们的心灵，一件是我们心中崇高的道德准则，另一件就是我们头顶上灿烂的星空。"

　　人类的想象和智慧，创造了一个面貌千变万化的"天"。天文学诞生以来，在人类自然观的发展中发挥了特殊的作用。今天，人们已经认识到，天文学的新问题和新发现，有可能就是自然科学的突破点。它的发展，使自然科学别开生面，并使得人类对宇宙的认识越来越深刻。

"脚踏实地"是比喻做事踏实、认真。"仰望星空"使人遐想，你的生命每天都走过 86400 秒，地球不停地运动，"坐地日行八万里，巡天遥看一千河"，从北京到纽约，从喜马拉雅到奥林匹亚，你是与它同步还是止步不前。要用你的思维让世界旋转，人类只有一个地球，把地球人的事情做好，实现我们两个百年的中国梦，这些都给莘莘学子、未来的大学生们留下了自由驰骋的广阔空间。

九、《两小儿辩日》

"辩日"出自《列子·汤问》。故事中两个小孩儿争辩的是：早晨和中午比较，太阳离我们远近的问题。用天文学、物理学和生物学观点解释，两个小孩儿见到的和感受到的只是现象，他们解释的理由都值得研究。

其实肉眼观察事物常会产生错觉。例如下面四幅图：

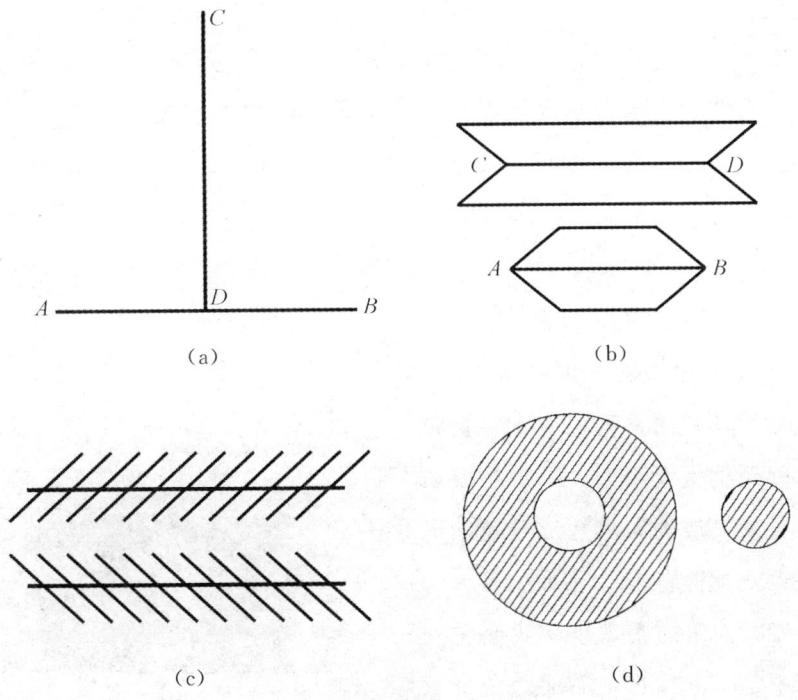

图 24 人眼错觉示意图

图 24(a)看起来竖线 CD 比横线 AB 长些，实际上 $CD=AB$

图 24(b)平放的两条长度相等的直线也使人感到 $CD>AB$。

图 24(c)两条平行线由于两组斜交平行线的交叉而似乎不平行了。

图 24(d)同样大小的两个圆，看起来大圆中的小空白同心圆也似乎比有阴影的小圆大些。

同样，凭肉眼估计天穹上物体大小也会产生错觉。

首先，因为同一个物体，放在比它大的物体群中显得小，而放在比它小的物体群中显得大。同样道理，早晨的太阳，从地平线上升起来的背衬是远方的村庄、山丘、河湖，太阳和它们一对比，觉得如此遥远，太阳的光盘还呈现出这样的尺度，太阳好大啊！而中午太阳高高升起，太阳位于天顶附近，这时在天穹上没有物体和它比较，低下头来看看眼前的房屋、树木都比太阳大得多因而觉得太阳小。可见肉眼看到的太阳在地平线上比在天顶大些，是一种错觉。

其次，同一物体白色的比黑色的显得大些，这种物理现象叫作"光渗作用"（光亮物体的边缘看起来是模糊的，这有效地被大脑放大，从而使整个物体看起来比实际大）。当太阳初升时，背景是黑沉沉的天空，太阳格外明亮；中午时，背景是万里蓝天，太阳与其亮度反差不大，就显得小些。

同时，地球表面包围着大气，高空稀薄，下层稠密。早晨时太阳光线来自地平线，通过大气层的距离长，大气中悬浮着许多微粒尘埃和水汽等，使空气透明度减弱，看上去有些朦胧不清，因而觉得太阳远。中午时太阳光线通过大气层的距离短，看起来更清楚，也就觉得它近。（见图 25）

再者，肉眼的错觉也使我们看到的天穹不是半圆球形，而成为一个压扁了的弧形。

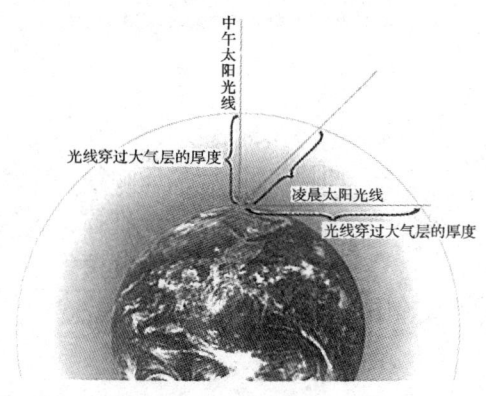

图 25 光线穿过大气层的厚度（距离）示意图

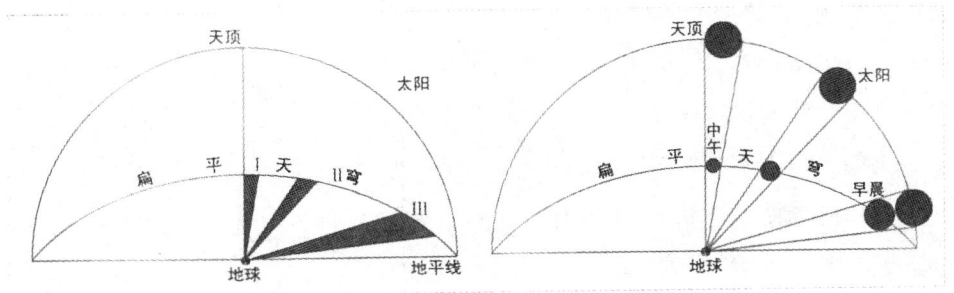

图 26　在扁平天穹上看天体张角示意图　　**图 27　在扁平天穹上看天体大小示意图**

　　图 26 中有阴影的部分，在观测者眼中所张开的角度是相等的。但它们和扁平天穹所交的弦却大小不同。Ⅲ＞Ⅱ＞Ⅰ。

　　图 27 所示就是在扁平天穹上太阳视大小的差别。早晨大、中午小，原因却不是早晨近、中午远。（据天文学家研究，只有当日、月的真实高度角在 35°～45°时，

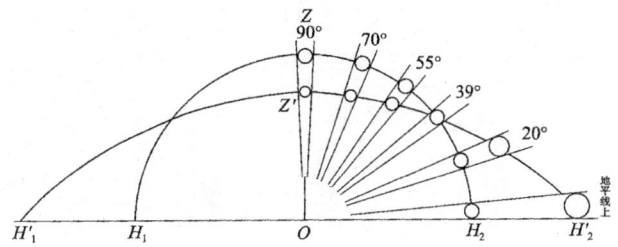

图 28　扁平天穹上天体角直径大小对比示意图

它们在天穹上角直径的大小，才与相应的角直径相仿。早晚比太阳本来面貌大，中午则看上去小些①。见图 28）俗话说"耳听为虚，眼见为实"，由此可见眼见也不一定"实"。

　　为什么早晨凉而中午热呢？因为地球的表面热能主要来自太阳。地球是一个不透明的球体，又不停地自转，总是一面朝向太阳，一面背向太阳，因而昼夜有温差。夜间冷，凌晨最冷。太阳刚出地平线时，地面空气温度仍然较低。早晨阳光斜射，阳光在大气里走过的路程较长，热量被吸收得多，所以早晨较凉。随太阳高度逐渐增加，中午阳光直射，阳光在大气里走过的路

---

　　①　参考王玉民：《以尺量天》，济南：山东教育出版社，2008 年版。

程较短，热量被吸收的较少，所以中午较热。可见早晨凉、中午热的原因也不是早晨太阳远，中午太阳近。

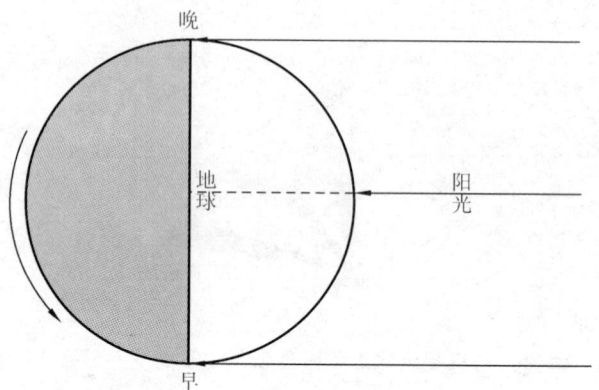

图 29　中午离太阳较近、早晚较远示意图

而实际上地球距离太阳的远近，是随着季节不同而变化的。如果地球只有自转，或地球依正圆轨道绕太阳公转，我们中午离太阳较近。确切地说处于中午时刻比早晨（或黄昏）离太阳大约近地球半径的距离，约6400千米，见图29。

但是，地球环绕太阳运行的轨道是一个椭圆轨道，地球距离太阳的远点距约为15210万千米，近点距约为14710万千米，两者相差500万千米（每年7月初地球处于远日点，1月初处于

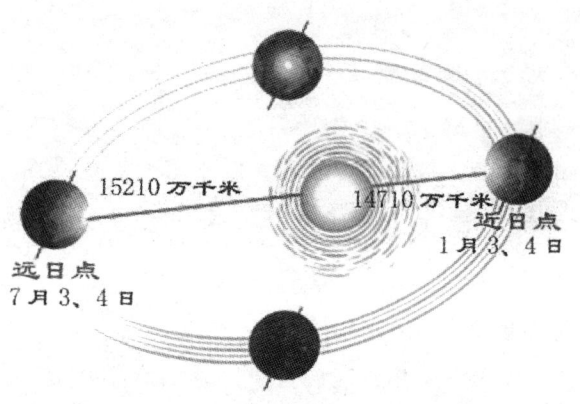

图 30　地球公转轨道示意图

近日点）地球绕太阳运行一周用时约365天，其沿径向运动的距离为1000万千米，沿径向运动的平均速度约为1140千米/小时，从早晨到中午的时间按6小时计，则地球距离太阳由于地球沿径向运动速度产生的位移约为6840千米，比地球自转所造成的距离变化还略大一些，见图30。

因此，两个小孩儿争论的太阳远近问题的答案是：地球从近日点往远日点运动过程中，每天早晨的太阳总会比中午的太阳离我们近。而从远日点到近日点运动的过程中，每天早晨的太阳则总比中午的太阳远。具体地说，从1

月初经春分、夏至到 7 月初的日子里，我们在早晨比中午离太阳近些，近约 440 千米（6840－6400 千米）。而从 7 月初经秋分、冬至到 1 月初的日子里，我们却是早晨离太阳远，中午近，近约 13240 千米（6840＋6400 千米）。

诚然，距离的远近，可以造成视大小的差异。如太阳半径约 70 万千米，月亮的半径只有 1738 千米，太阳半径是月亮半径的 400 多倍，在同样远处看太阳要比月亮大得多；但是日地距离 1.5 亿千米，月地距离只有 38 万千米，太阳也比月球距地球远 390 多倍，所以肉眼看太阳和月亮大小差不多。500 万千米的距离差别造成太阳视大小的差异，肉眼是不好分辨的。谁曾注意过冬天的太阳比夏天的太阳大些！也无法放在一起比较。早晨到中午距离差别最大只有一万多千米，更是不可能看出大小差别的。距离的远近，也可以造成地球获得太阳热量多少的差异。500 万千米的距离差别能造成 7％左右的热量差异。若以在近日点地球获得热能为 100％，则当远日点时，地球获得太阳热能为 93％左右。比如 7 月，地球过远日点时，太阳直射点在北半球，地球获得的太阳热能有 70％分配给北半球，则北半球的热量为 93％×70％＝65.1％（与近日点的 70％相比差 4.9％）。而 1 月份，地球过近日点时，太阳直射点在南半球，北半球获得的热量为 30％（与近日点 93％×30％＝27.9％相比只差 2.1％）。可见一年内因距离太阳远近使地球获得热量变化的幅度是不大的。人类也很难区别由此造成的凉热差异。早晨到中午的距离差别，最大的时候不过一万多千米，造成的热量差异是微不足道的。何况就北半球而论，寒冷的冬至后十多天，地球恰恰处于近日点，可见太阳的视大小和感觉凉热与太阳距离地球的远近没多大关系。

因看起来早晨大、中午小，而认为太阳离我们早晨近、中午远是错觉，事实上有时却是早晨远、中午近。

因感觉早晨凉、中午热，而认为太阳离我们早晨远、中午近也无科学依据，因为有时是早晨近，中午反倒远些。

总之，"辩日"是一个很有趣的传统题目。看起来早晨大、中午小，是地球大气物理现象或肉眼错觉造成的，并非因为"近者大，远者小"。早晨凉、

中午热，是气象等因素造成的，也并非因为"远者凉，近者热"。

"辩日"的故事是虚构的，但它提出的问题却是耐人寻味、值得研究的科学问题。古今中外对这个问题讨论了几千年，一些著名的专家认为用现代科学的观点看"这个问题并不像表面上那样简单"。问题产生的原因，不仅与地球的自转、公转、昼夜交替、四季变化有关，还与观察者所处的经纬度位置有关，或许还包含着深刻、丰富的哲学问题（如人们的经验是否绝对，推论合不合逻辑；圣人知不知？是知而不言，还是不知为不知，不知是否就不算有大学问，等等）。

对"辩日"的研究与思考，可以有效地引导学生文理并重的学习知识与文化，养成独立思考、善于"全面观察事物"的思维习惯并能"透过现象看本质"。利用所学的科学知识，力争对问题探个究竟，可以不断提升学生的探究意识与能力。

十、天文观测实践活动

在日常生活中，人们习惯于把立刻见到功效比喻为"立竿见影"。立，就是树立，指在日光下把竿子竖起来，立刻就看到影子。

司空见惯的日影，曾是古代人用以测量时间和季节的标准。原来古代人在长期的生活实践中早就注意到：太阳每天东升西落，日影也由西向东不断地更换着位置，日影长短也在不断变化着，影子的方向与长短和时间可以联系起来。夏季，中午时树影就在树干附近；冬季，中午时光秃秃的树干在地上投下了长长的影子，这就将中午太阳影子的长短变化和季节变迁联系起来了。我国古代的圭表和日晷就是利用日影测定时间和季节的工具，实际上就是最早、最简单的天文仪器。早在春秋时代就有"立表下漏"的记载，根据正午表影长度可以推定节气，从表影长度的周期性变化可确定回归年日数。古代没有钟表，长期采用漏刻（或水漏，或沙漏）记时，漏刻记时的校正（准）也靠圭表，表影在正北的瞬间就是当地真太阳时的正午。

由于科学技术的发展，人们早已不用日影去计量时间和判断季节了，但日影和时间季节的关系是普通的天文常识，天文爱好者应当熟悉它们，并通过对这一现象的观测实践活动，加深对太阳视运动的了解，也解决学习中和生产生活中的一些实际问题。如房屋建筑、兴修水利、修建公路铁路常常要确定南北方向，观测日影是最简便的方法。

日影竿观测可以得出许多有趣的结果。

1. 利用日影竿测定当地子午线方向

此种方法简单，不需要工具书，不用查阅任何数据资料，但费时、费力。

理论基础：日低影长，日高影短。一天之中，正午太阳最高，日影最短。日影最短时刻的竿影方向就是子午线方向。

具体操作，如图31所示。

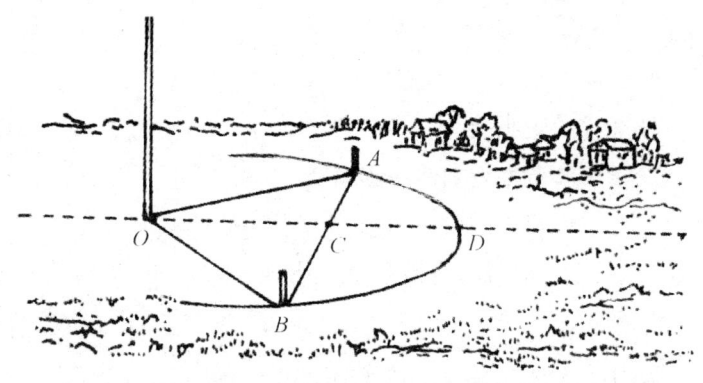

图31 利用日影竿测子午线方向

选择空旷平整的场地，上午9～10点钟择机开始。先在地面上竖立一根垂直的竿子，以竿基为圆心，适当（稍小于竿影长度）距离为半径，在竿子北面画一个半圆弧。

然后观察竿影变化的情况，记下竿影顶端与圆弧相交的第一点 A，随着日影渐短，竿影端点到了圆弧以内，正午竿影最短，但准确时刻难以捕捉，正午后日影渐长，注意记下竿影顶端与圆弧相交的第二点 B。以竿基为圆心 O，作△AOB，AB（弦）的垂直平分线交于 C，或∠AOB 的分角线 OD，显然也交 AB 于 C，交 $\overset{\frown}{AB}$ 于 D，D 为 $\overset{\frown}{AB}$ 的中点。

OCD 方向就是子午线方向，也就是通过作图找到的、正午（真太阳时）日影最短时刻的竿影方向，即当地南北方向。也可以选择某些地物，建立标志线，标出南北方向线。

其他观测活动中，每当竿影与标志线重合时，即知为当地真太阳时正午。

2. 日影最短时刻测算正午太阳高度

由于上一阶段已确定了子午线方向，即捕捉到了日影最短时刻的日影方向（线）。第二天中午再进行实测时，注意观察日影移动，一俟竿影落在子午线上时，量竿长和影长，如图 32 所示。竿长除以影长利用数学用表中"反三角函数"反正切一栏查出上述结果所对应的 θ（即图中 h）角，此角即是太阳上中天时的高度。

（注意：影长 L，实际上就是头一天实测后图 31 中的 OC。正午时刻的日影长度是随季节而变化的，即使是头一天，第二天日影长度也有不易察觉的微小变化。为了不借用工具书，不查阅任何数据资料，测算正午太阳高度值，连续两天观测，近似地认为 $L = OC$，实际上 $L \neq OC$，正午太阳高度 h 也在不断变化。）

图 32　测算正午太阳高度角

如果正午太阳高度角的这种测算是冬至日和夏至日进行的，就可以推算出黄赤交角。我国古人就是通过在冬至日和夏至日测算出正午太阳高度角来测定黄赤交角的。因为地球的自转轴与其公转轨道面有一个角度，地球自转同公转之间的这种关系，天文学和地理学上通常用它的余角来表示；而在天球上则表现为黄道与天赤道的交角，称为黄赤交角（中国古代称为黄赤大距，大约 $24°$），如图 33 所示。

黄道上距天赤道最远的两点，就是北半球的夏至点和冬至点，合称二至点（如下图 34 所示）。

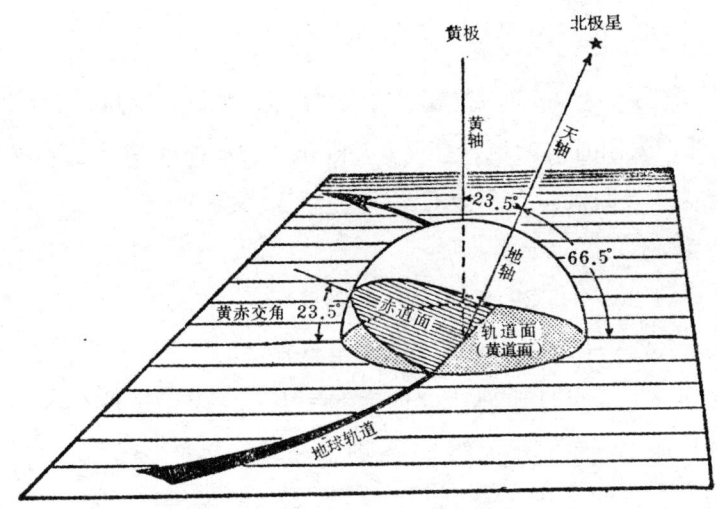

图 33　黄赤交角

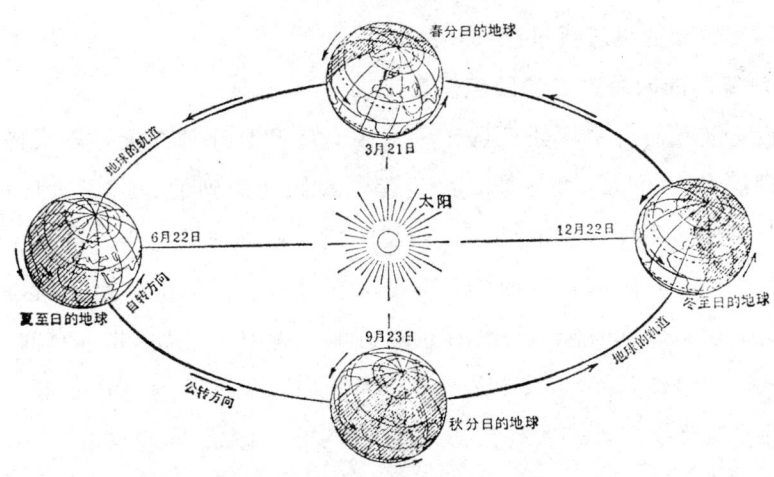

图 34　地球绕太阳公转示意图

汉代《周髀算经》中记载了一个很简单的用 8 尺圭表测量黄赤大距的方法，冬至正午测得表影长一丈三尺，夏至正午测得表影长一尺五寸。这显然是在河南登封地区进行的测量，因为冬至正午，8 尺表影长一丈三尺，夏至正午，影长一尺五寸。

$$\frac{8}{13} = 0.6154 \qquad 冬至正午太阳高度 \ 31°36'$$

$\dfrac{8}{1.5} = 5.333$　　　夏至正午太阳高度 $79°23'$

因为根据公式 $h = 90° - (\varphi \pm \delta)$ 式中 h 为正午太阳高度角，φ 为地理纬度，δ 为太阳赤纬即太阳直射的地理纬度，δ 值在当地夏半年取正值，冬半年取负值。观测地——登封观星台冬至日 $h = 31°36'$，夏至日 $h = 79°23'$，将 $h = 90° - (\varphi \pm \delta)$ 变为 $\varphi = 90° - h \pm \delta$，则：

$\varphi = 90° - 31°36' - 23°26' = 34°58'$（冬至日）

$\varphi = 90° - 79°23' + 23°26' = 34°03'$（夏至日）

表明冬至日、夏至日地理纬度约为北纬 $35°$、$34°$，这种在冬至日和夏至日的表影测算证明黄赤大距大约 $24°$，图上注黄赤交角 $23.5°$，现代精确值为 $23°26'$。

观星台所处地理纬度约为 $34.5°N$，就是告成镇登封观星台。中国历代许多天文学家曾到这里进行过天文观测。

3. 测算时的时差改正和经度差改正

在以下实践活动中，如根据正午太阳高度测算地理纬度，真太阳时正午测算地理经度，（间接）测算地物高度等，我们观测到的是"真"太阳的运动，而人们日常生活中所用的时间——钟表时间，收听到的电台、电视台所报的时间都是"平太阳"时间，因而常常需要做时差改正。同时，由于"区时制度"规定，各时区都以本时区中央经线的地方时为标准时，如"北京时间"是东八区时间，中央经线是东经 120 度经线，而人们随机在某地进行观测，常常并非恰处中央经线上，在中央经线或东或西，都必须做经度差改正。

按照哥白尼的日心说和开普勒行星运动定律，地球的公转轨道为椭圆形，太阳位于椭圆的一个焦点上，地球距太阳有远有近，公转速度有慢有快，因而太阳的周年视运动不均匀，太阳时的长度也是不等的。这样的时间不能满足人们日常生活和科学应用的需要。为了得到以太阳视运动为基础，同时又与其运动不均匀性无关的时间计量系统，人们假想有一个平（均）太阳（相应的太阳叫"真太阳"）。平太阳在天赤道上做匀速运动，其运动速度与真太阳运动平均速度一致，即周期都为回归年，365.2422 日或 31556926 秒。用平太阳假

想点作为基本参考点来规定的时间，称为"平太阳时"，简称"平时"，也就是我们日常用的钟表指示的时间，平太阳时、分、秒时间间隔是相等的，一昼夜 24 小时、1440 分、86400 秒。

"时差"是指真太阳时与平太阳时之差，时差 η＝真太阳时－平太阳时。

η 值与观测者所在的位置无关，只与日期有关。每年 4 次为零、4 次为极值，任何一天的 η 值可在天文普及年历里查到或通过简单的比较法计算得到。（参考图 8 时差曲线图，注意：η 值有正有负。）

日影竿观测的是真太阳运行，电台报时是平太阳时，观测计算过程中经常需要做时差改正。

∵时差＝真太阳时－平太阳时，平太阳时＝真太阳时－时差，时差值有正有负

∴做时差改正时，η 值要变号

经度差改正，在中央经线之西要加，之东要减。具体方法是确定观测地的经度值，并计算当地经度与中央经线的经度差，将经度差换算成时间差（1^h＝15°，1^m＝15′，1^s＝15″）。如在天安门广场进行测算，120°－116°24′＝3°36′，再将经度差度、分、秒换算成时间差时、分、秒，3°36′$\longrightarrow$14^{m}24^s，即经度差改正要加 14 分 24 秒钟。

4. 根据正午太阳高度测算地理纬度

当地子午线方向既已确定，在日影最短时刻量竿长、影长，查算正午太阳高度 h 值，由天文普及年历查得太阳赤纬 δ 值。（有的天文普及年历每隔 5 天预报一个 δ 值和 η 值，所以常常需要用简单的比较法求得 δ 值和 η 值。同样，天文普及年历预报日出、日没时刻，常常是每隔 10 天，纬度每隔 10°或 5°报一个时、分数值，也需用比较法求得某天和你所处纬度上的日出、日没时刻。）

由式 $h＝90°－(\Phi\pm\delta)$（δ 值当地夏半年取正值，冬半年取负值）

得式 $\Phi＝90°－h\pm\delta$

5. 真太阳时正午测算地理经度

事先已确定子午线，中午进行实测时，一俟竿影落在子午线上，收到电

台报时，并记下（竿影落在子午线上的）"北京时间"。

真太阳时和平太阳时二者若无差值（即平太阳时 12 时，竿影恰好落在子午线上）则一定是在 η 值为零，在标准经线上（如"北京时间"120°E）的观测。

二者若有差值，则差值来自时差 η 和经度差（换算成时间）两个方面。

查得 η 值改正后，即为经度差，将时间差时、分、秒换算成经度差度、分、秒，即为与 120°E 的差值，求得当地经度。

6. 如何在几分钟时间内确定南北方向？

为了省时、省力，在短时间内确定当地子午线方向，需要收听电台中午六响报时，借助工具书，事先准确计算出当地日影最短时刻。这种观测实践活动若随机在某地进行，可在大比例尺地图上量算求得地理坐标数值，如 1∶100000 地图或 1∶50000 航测图，比例尺越大，越能量算得精确。也可用 GPS 全球定位方法或查谷歌地图、天地图确定当地经度（度、分、秒）。如 2014 年 6 月 1 日在天安门广场进行观测，已知天安门广场的地理坐标是 116°24′E、39°54′N。

收听电台中午六响报时（平太阳时，正午 12 时），借助天文普及年历查得 $\eta = 2^m16^s$。经度差（换算成时间）$120° - 116°24′ = 3°36′$，（度、分、秒）换算为时、分、秒，$3°36′ = 14^m24^s$。

加 η 和经度差改正后，计算出当地日影最短时刻（平太阳时，如"北京时间"）。时差改正和经度差改正，一般表示为公式 $12^h + \eta + \lambda$ 改正（λ 为经度差的代表字母），即 $12^h - 2^m16^s + 14^m24^s$（$\eta$ 变号，λ 在中央经线之西要加）$= 12^h11^m8^s$（日影最短时刻）。

日影最短时刻的竿影方向就是南北方向。

针对"如何在几分钟时间内确定南北方向"，当地日影最短时刻在平太阳时正午报时后 11^m8^s。在 $12 - \eta + \lambda$ 式中，η 值有正有负，变化幅度为 $-14^m.4 \sim +16^m.4$，λ 值在本时区中央经线或西或东，因而通过计算，日影最短时刻也可能在正午报时之前，如不事先计算出结果，当天的观测可能落空。

7. （间接）测算地物高度

观测日影对日常生产生活也有许多实用意义。如要测算目前通州地区最

高的人工建筑通州塔，不必攀爬实测它的高度，只需在日影最短时，在地面量一量塔影长度就可以计算了。在正午太阳高度 h 很容易测算的情况下，根据 $h = \mathrm{arctg} \dfrac{H(\text{竿长、塔高})}{L(\text{竿影、塔影长})}$，则塔高 $H = L \cdot \mathrm{tg} h$。

如果你想测高楼高度，建筑物又是正南正北建造，比较容易进行。假如不是正南正北建造，当然又要用到日影竿法测出南北方向，在高楼影子与子午线一致时测影长、算楼高。（上面讲到如何事先准确计算日影最短时刻时，并未列出完整的计算公式。其实在任何经度位置、任何日期，都可以列公式计算当地、当天日影最短时刻。平太阳时，"北京时间"，都指钟表时间。）

太阳位于子午线方向时天文上叫作（上）中天。太阳上中天时，真太阳时 $=12$ 时，因为平太阳时 $=$ 真太阳时 $-$ 时差 (η)，平太阳时 $=$ 北京时间 $T-8$ 时 $+$ 观测地经度（以时间表示），所以，太阳在某地中天时的北京时间为下式：

$T = 12$ 时 $+8$ 时 $-\lambda - \eta$ 只要知道所在地的地理经度，并在天文普及年历中查到 η 值，就可用上式算出当地、那天真太阳时正午时的北京时间。例如成都某地 5 月 1 日那天真太阳时正午的北京时间为：$T = 12$ 时 $+8$ 时 $-\lambda - \eta$（$\lambda = 104°E$，以时间表示为 6 时 56 分，查得 $\eta = +2$ 分 52 秒）$= 12$ 时 $+8$ 时 -6 时 56 分 -2 分 52 秒 $=13$ 时 3 分 8 秒。其他如高烟囱、大地测量海拔高程点标志塔、高压电线塔架、人民英雄纪念碑、旗杆高度等都可以这样测算。

除上面这一方法外，还有另立标杆法也可测算地物高度。

清代数学百科全书《数理精蕴》中提到日影测量一题："今有一旗杆，不知长与短。日影来测量，便知高与矮。"

如下页图所示，旗杆 AB 不知高矮。

先立一根标杆 DE，量其影长 EF，在同一时刻量旗杆的影长 BC，则可求出旗杆高 AB。

$\because \mathrm{Rt}\triangle ABC \backsim \mathrm{Rt}\triangle DEF$

$\therefore EF : BC = DE : AB$

$AB = \dfrac{ED \times BC}{EF}$

$$旗杆高\ AB = \frac{标杆高×旗杆影长}{标杆影长}$$

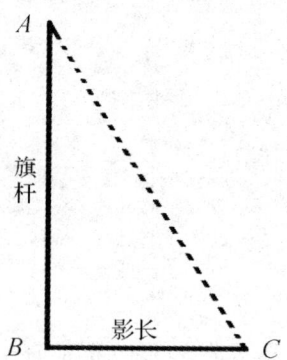

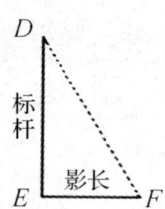

这种另立标杆，在同一时刻量旗杆影长和标杆影长，测算旗杆高的方法，更优于上述测算塔高、楼高的方法。因为这种方法，只要出太阳，有适当的日影可测，中午或前或后随时可以测算，而不必非在真太阳时正午测算不可。

8. 个人观测活动方法

如测定真南北方向可以选择一块空旷平坦的地方，将一张极坐标纸（或用一张白纸，上面画几个同心圆，最外圈的直径约为 15 厘米）水平地放置在地上，并固定好。将一枚长约 4 厘米的钉子（长铁针）垂直立在极坐标纸的中心。

在上午 10～11 点做一次观测，当钉子的影端与极坐标纸上某个圆圈相接时，记下这个位置。午后 1～2 点再做一次观测，当钉子的影尖再次与这个圆圈相接时，记下这一点。类似广场观测并作图，两点连线方向就是东西，垂直方向就是南北方向。

同样，一天之中观测到钉子影子最短的时刻，就是太阳上中天的时刻，叫作地方真太阳时的正午。量出钉子长度与影长，钉子长除以影长，同样利用查反三角函数表的方法求出正午太阳高度 h。

这样的观测活动，也可在平房庭院，较宽敞的楼房阳台，向阳的居室、客厅或礼堂大厅等地进行，也可以用多种方法画线或建立某种标志来标示南北方向。

9. 三角视差法测算地物距离

如测算到大河对岸某棵大树 C 的距离和估计大河宽度（如图35）。

在 A 处放置平板仪，远镜照准仪对准 C 进行观测，移到 B 处再观测。记下 $\angle ABC$ 和 $\angle BAC$，实测 AB 长度。可用正弦定理：

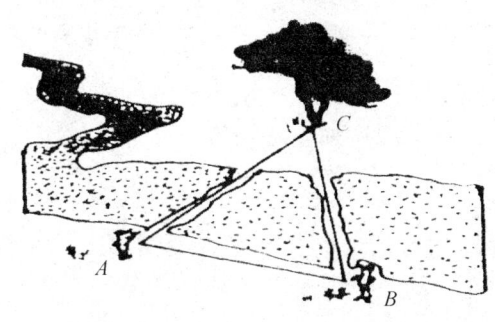

图35 三角视差法测算地物距离

已知两角一边，求出 AC 和 BC 的长度，从而估计大河的宽度。

同样，如前所述，"牛郎织女七夕相会不可能"一节，已知两边夹一角也可用余弦定理：$c^2 = a^2 + b^2 - 2ab\cos C$，求出结果，通过分析，证明结论正确。

天文学上是经常用三角视差法测定天体距离的。如月亮、太阳的距离和较近恒星的距离，都可以用三角视差法测定。

高程测量、大地测量、三角视差法测量都是数学课题。由此可见，天文学与数学有着十分密切的关系，历史上，很多著名的天文学家同时也是优秀的数学家。学习天文知识和搞各种天文观测实践活动，一时一刻也离不开数学。

10. 月—地距离的测定

为了测量远方某个目标（如图35大树、河宽）的距离，测量工作者首先要选定一条相当长的基线 AB，然后从基线两端 A 和 B 分别看目标 C，测得目标 C 的角度（即 $\angle ABC$ 和 $\angle BAC$），再根据基线的长度，求得 AC 和 BC 的长度。天文学上测定地球与月亮的距离用的也是这个方法，如图36。

在地球上选取尽可能接近同一子午线，而相距很远的两个地点，假定我们在 A 点北京（116°E，40°N）和澳大利亚的珀斯（116°E，32°S），来观测月亮

相对(某)恒星的方向(因为
恒星离我们很遥远,在地
球上任何地方看,它的方
向都可以认为是不变的)。
当我们在北京看到月亮正
好跟某恒星相重合,则在
珀斯看月亮就在那颗恒星

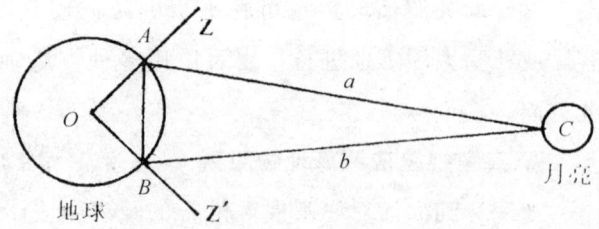

图 36 月—地距离的测定

的北面了。我们把这个方向差别称为"视差",把两个观测点的距离称为"基线"。AO、BO 同为地球半径,AB 的长度很容易求出。∠ACB 既已测定,用正弦定理,也很容易求出 AC 或 BC 的长度。用这种方法测得地—月平均距离为 384400 千米。

∠AOB=72° (北京 40°N+珀斯 32°S)

OA=OB=6371 千米(地球平均半径)

$\overset{\frown}{AB}$=111(经线 1°弧长)×72°=7992(千米)

(弦)AB= $\sqrt{6371^2+6371^2-2\times6371\times6371\times\cos72°}$ =7490(千米)(余弦定理)

△ABC 中,∠ACB 已测得,$\angle BAC=\angle ABC=\dfrac{180°-\angle ACB}{2}$

用正弦定理求 AC(=BC)(即 a 或 b)

$\dfrac{a}{\sin A}=(\dfrac{b}{\sin B})=\dfrac{c}{\sin C}$ (式中的 A 即∠BAC,B 即∠ABC,C 即∠ACB,

a、b 和 c 同为地月距离)

($a=\dfrac{b\cdot\sin A}{\sin B}$)或 $a=\dfrac{c\cdot\sin A}{\sin C}$ (C 角很小)

a≈384400(千米)

现代天文学已采用激光技术直接测定地月距离。通过望远镜从地面观测站向月球发射一束脉冲激光,然后接收从月球表面反射回来的激光回波,通过观测站的计数器测定激光往返的时间间隔,便可推算出月球的距离。

11. 日—地距离的测定

同测定地球与月亮距离的
方法一样，也可以地球赤道半
径为基线测定太阳视差。但问
题要复杂得多，因为太阳视差
很小，太阳的热量会使观测仪

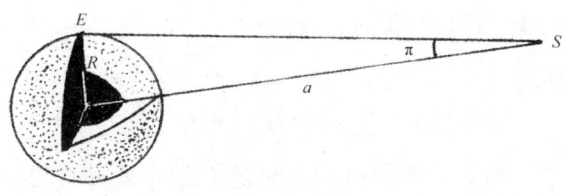

图37 日—地距离的测定

器受到影响而不易测准确，太阳视圆面中心也很难测准。因此，测定太阳视
差需要用各种间接方法。

日—地平均距离14960万千米，称为天文单位(a)。天文单位是计量太阳
系里天体间距离的一把"尺子"。如行星到太阳的距离，地内行星水星和金星
离太阳都很近，分别为0.4和0.7天文单位，地外行星火星1.5，木星5.2，
海王星30，被取消大行星资格的冥王星竟远达40天文单位。

12. 恒星距离的测定

由于地球绕太阳公转，在轨道的各个不同位置上，从地球看恒星的视线
方向是不同的。当由地球上看太阳与看恒星的视线方向正好垂直时，由太阳
上看恒星与由地球上看恒星的视线间的夹角，称作这颗恒星的周年视差，即
以地球公转轨道半径为基线。测出 π 角值（弧度制），日—地平均距离为1天
文单位，可以求出恒星的距离（以天文单位为单位）。

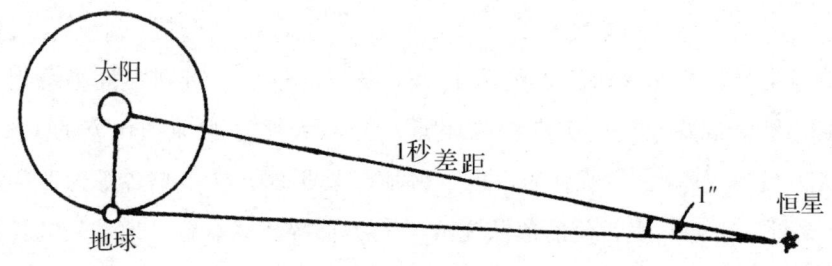

图38 秒差距图

由于恒星的距离都很遥远，所以视差角都很小。如图 38 所示，若视差为 1 秒，则这颗恒星的距离为 1 秒差距。秒差距是比天文单位和光年更大的距离单位。

1 秒差距＝206265 天文单位＝3.26 光年。

恒星的距离越远，它的周年视差 π 越小。周年视差的秒数与恒星的距离 D 互为倒数，即 $π''＝\dfrac{1}{D}$ 秒差距。半人马座 α（南门二中名比邻星）是离我们最近的恒星，它的周年视差还不到 1 角秒，只有 $0''.76$，$\dfrac{1}{0.76}$ 约等于 1.3 秒差距，约合 4.2 光年。所以用周年视差法，只能测定较近距离的恒星，更遥远的恒星和星系的距离还要用其他方法测量。

13. 地球的形状和大小

人类对地球形状的认识，经历了一个由浅入深、由现象到本质的过程。

在古代，人们只是从球形最完美的观念出发，产生了地球是球形的概念，根据月食时月球上的地影是一个圆来论证地球是个球体。人们也曾根据观察到的一些自然现象，如北极星的地平高度因地而异，在海边远望来船总是先见船桅后见船身，登得越高望得越远等，提出地球为球体的认识。但这些现象只能表明地面是一个曲面（见图 39）。

古希腊天文学家托勒密的"地心说"，虽然经不住实践检验，被欧洲宗教统治利用了上千年，但毕竟摒弃了"天圆地方"说，相对也是一个进步。然而单就地球是"圆"的这一认识也经历了一个漫长的过程，直到中世纪地理大发现时期，哥伦布发现了中美洲海岸附近，分隔大西洋和加勒比海的大岛群，他误认为是到了印度（称所到的古巴、海地、牙买加、波多黎各等为西印度群岛）；15 世纪中叶，麦哲伦的船队完成了人类首次环球航行，地球是"圆"的才得到证实。（如图 40 所示）。

图39 从海岸看来往的船只

注：上图：如果地面是平面，远方的船只依然全部可见；下图：由于地面是球面，远方船只似乎部分地或全部地在地平以下。

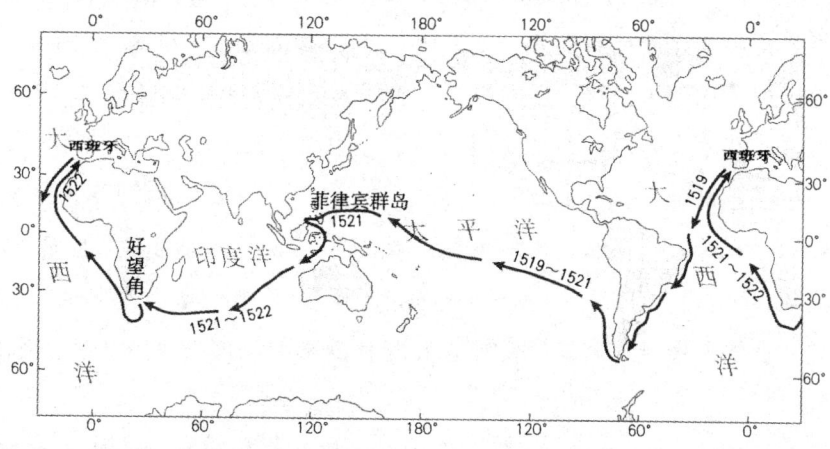

图40 麦哲伦环球航行路线图

关于地球的形状、大小、经纬度的测量计算，我国古代是利用日影的长短变化进行超视距的远距离测量的，就是在同一天（如夏至）的中午，在南北方向上的两地分别竖起同高的表竿，然后测量表竿的影子，并根据"日影差一寸，实地相距千里"的原则，推算两地距离，

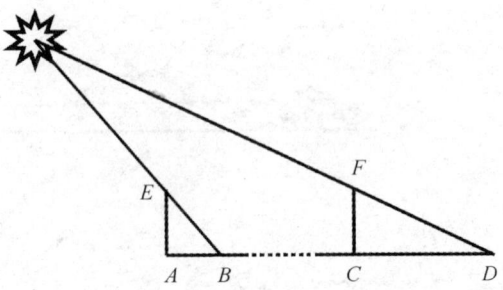

图 41　AE、CE 为同高的表竿，按影长 AB 与 CD 的差"寸影千里"推算 AC 两地的距离

如图 41 所示。后来发现"寸影千里"不够准确（如同圆三径一、方五斜七不精确一样。况且不同季节日影长短也不一样）。

公元 724 年，唐代一行高僧主持了一次全国性的天文大地测量工作。观测点分布在全国 12 个地方。南宫说等人在白马（滑县东）、浚仪（开封西北）、扶沟、上蔡四地，测量了北极星高度、夏至日影长度和四地间的距离，经归纳计算，得出了北极星高度差一度，南北两地就相距 351 里 80 步的结论。这实际上求出了地理子午线一度的弧长，换算成现在的单位是 129.22 千米，虽然与现代值有较大差距，但其使用的科学方法却是天文学上的一项创举。

埃拉托色尼（约公元前 275—公元前 194 年）是古希腊地理学家、天文学家、数学家和诗人，曾任亚历山大图书馆馆长，也是最早使用"地理学"一词的人。他将"地理学"解释为"科学地描述大地"，并把地球当作"人类之家"加以研究。这些思想对地理学的发展有着深刻的影响，埃氏也因此被称作"地理学之父"。

埃及阿斯旺（古名赛伊尼）有一口枯井，埃拉托色尼发现每年夏至这一天的正午，都可以看到太阳光垂直射进井底，这意味着阿斯旺正好位于北回归线上（北纬 24°，与现代值相差约半度）。在阿斯旺正北方亚历山大，夏至那天，正午的太阳光线却与亚历山大图书馆外的方尖塔形成了一个 7°多的夹角，阿斯旺与亚历山大水平距离约 800 千米。这样，根据夹角与弧长的比例关系，就可以算出地球的周长，地球的大小问题就迎刃而解了（见图 42）。

设地球周长为 x，圆周 $360°$，

则 $x : 360° = 800$ 千米 $: 7.2°$

$$x = \frac{360° \times 800 \text{ 千米}}{7.2°} = 40000(\text{千米})$$

这与现代值十分接近，不禁使人惊叹古人的聪明智慧。

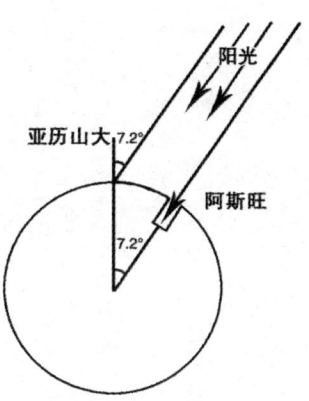

图 42 埃拉托色尼测算地球大小原理示意图

附：三角视差法测算所用的余弦、正弦定理公式

余弦定理：三角形任何一边的平方等于其他两边的平方和减去这两边与它们夹角的余弦的积的两倍，即

$$a^2 = b^2 + c^2 - 2bc\cos A$$

$$b^2 = a^2 + c^2 - 2ac\cos B$$

$$c^2 = a^2 + b^2 - 2ab\cos C$$

已知三边，可求各角。

已知两边和它们的夹角，可求第三边（从而进一步求出其他的角）。

正弦定理：在一个三角形中，各边和它所对角的正弦的比相等，即

$$\frac{a}{\sin A} = \frac{b}{\sin B} = \frac{c}{\sin C} = 2R \ (R \text{ 是 } \triangle ABC \text{ 外接圆半径})$$

利用正弦定理与三角形内角和（等于 $180°$）定理，可以解决以下两类斜三角形的问题：

1. 已知两角和任一边，求其他两边和一角。

2. 已知两边和其中一边的对角，求另一边（从而进一步求出其他的边和角）。

第二章

地理——一个文理兼备的综合性学科

　　地理课是普通中学的一门必修课，我国和世界各国的普通中学都设有地理课。地理课之所以被规定为中学的必修课，是因为地理课的教学有它十分重要的社会价值。中学基础教育有双重培养任务，既要直接面向社会，提高全民族的科学文化素质，为社会培养大批优秀的劳动后备力量，又要面向高一级学校，为高一级学校输送合格的新生。中学毕业后升入高等学校学习理工、农医、文史、经济等各种专业，需要有一定的地理基础知识储备，作为社会普通劳动者，也总是要在国家一定的自然和社会环境中生活，要了解国家、家乡和世界的地理环境状况，具有利用、保护、改善这些环境的知识、能力和正确的观念意识。因为地理课是一门综合性很强的基础课，知识、能力培养的广泛性、综合性和思想教育的深刻性都很突出，既是学习各种专业的重要"入门知识"，又是综合能力、科学世界观形成的重要基础。中学基础教育的培养目标和地理课的重要社会价值决定了地理课是普通中学的一门必修课、基础课。

一、地理学科教材教学的演进

　　清光绪二十九年（1903 年）废科举，我国学校开始设地理课（西方已有 300 多年的历史），并成为基础文化课之一。小学教学中地理或单独设课，或融于自然、社会、思想品德课中，采用"地理标题式"如《我爱北京天安门》、《高高的喜马拉雅山》、《秦城隋河》……初中采取以自然地理知识为基础的区域地理课教学，教材逐步抛弃"地理八股"，特别是乡土地理教材抓准地方区域特征，

设定醒目的标题；高中则注重以人—地关系为线索的综合地理知识的讲授，并将地理科目划入文科范畴。

为"一边倒"，"学苏联"，高中（1955、1956 年天津师范学院附中）曾开设过两年经济地理课，讲生产配置、生产布局理论。但当时不能辩证统一地看自然—社会，地理课不敢讲自然，怕被批为地理环境决定论，只讲社会主义优越性，不讲问题（与之相比，其他科目还讲具体问题，如物理讲有线电报，化学讲侯氏制碱法）。

北京师范学院 1957 年开办地理系，我是 1961 年首届地理系毕业生，当时的课程除普通自然地理，气象、水文、地质、地貌、地图学、中国地理、世界地理等以外，还特请化学、生物等系教师，教授植物学基础植物地理，动物学基础动物地理，土壤学基础土壤地理，土壤化学、水化学等课程。在校学习期间我们不仅进行过九龙山、八达岭关沟、德胜口地质地貌实习，下花园地质地貌大比例尺地形测量实习和天津新港经济地理实习；师生还接受国家生产任务进行了怀柔、密云土壤普查，内蒙古（乌兰布和、库布齐、毛乌素）治沙，山西霍山野生植物普查、运城盐碱土治理、翼城浇底黄土高原综合考察等，为我们的专业知识打下了坚实的理论实践基础。

地理学是门综合性学科，地理课跨学科，既有自然科学内容，又有人文社会科学内容。中学阶段的知识技能教育离不开自然地理知识，否则很多社会、政治、经济问题不好解释。如，今日地处环渤海经济区的曹妃甸"面向大海有深槽，背靠陆地有浅滩，地下储有大油田"，建成为吞吐量 5 亿吨的中国北方大港，不占一分良田。环渤海经济圈成为吸引外资的新热土，曹妃甸是环渤海地区的新引擎，就比上海"宝钢"远离煤炭铁矿石产地，进口澳大利亚等国铁矿石时因为没有深水港要在浙江北仑港转运，条件优越得多。自然地理内容是为经济建设服务的，中学更无必要把自然地理和人文社会截然分开。

小学 6 年，初、高中各 3 年分段制教学，小学、初中共 9 年六三分段称为义务教育，但五四分段并未普遍实行，并非一贯制，高中也未普及。小学、初、高中三个循环，分出层次，教材各有特色，自成体系，知识内容有交叉、

有重叠，当然不能完全简单重复。螺旋式上升，波浪式前进，符合事物发展规律，实用主义的"一次完成论"应该批判。

二、地理教育教学中的辩证唯物主义宇宙观

中学时代是青少年世界观形成、发展，甚至定型、成熟的关键阶段，需要科学的世界观做指导。辩证唯物主义是关于自然界、人类社会和思维发展最一般规律的科学，是科学的世界观和方法论。辩证唯物主义是中学德育教育的重要内容，而地理学科又是中学课程体系中联系自然、社会和环境最为紧密的综合性学科，是进行辩证唯物主义教育的思想载体。地理教学中，可渗透多种辩证唯物论观点的教育。诸如物质第一性，物质是运动发展变化的，物质的运动发展变化是有规律可循即是可知的；矛盾双方的对立统一规律；一分为二，辩证认识各种地理事象等。在地理课中渗透辩证唯物主义教育，可以指导学生对地理知识的学习，加深理解和掌握。同时也可以培养学生的辩证唯物主义思想，树立科学的世界观，使他们努力成为有用人才。本节拟就生产生活、社会实践过程中的某些观点和做法，结合基础教育阶段地理教育教学实践，做些分析评判。

1. 地理环境决定论与生产关系决定论

"地理环境决定论"是社会学和地理学的一个学派，基本观点是把自然环境作为社会发展的决定因素，认为人类的体质和心理状态，人口和种族的分布，文化的高低，国家与国家、地区与地区之间的生产力水平、社会发展的差异都是由地理环境决定的。它的代表人物，德国地理学家拉采尔就认为，人是地理环境的产物，地理环境是人地关系的主导因素，他用地理环境解释政治现象，用生物规律说明国家发展过程，并把国家比作生命有机体，认为对外扩张领土是其生存的基本法则。地理环境决定论在资本主义上升时期，在反对封建社会关于神意决定一切的观点方面起过积极作用，但是它只用外部条件解释社会现象，是机械唯物主义。

过去有一段时间，初中地理以自然地理为主，高中讲两年经济地理课，不敢讲自然，不能辩证统一地看自然与社会的关系，连生物课也改学《达尔文主义基础》，讲自然选择、生存竞争、物竞天择，给青少年学生心中蒙上了"地理环境决定论"的阴影。后来，批判了地理环境决定论，又出现了"生产关系决定论"，似乎是生产关系、生产资料社会主义公有制，就什么问题都解决了。

2. 人—环（人—地）关系

地理环境和人类活动的关系称为人环关系（人地关系）。它是指人类社会不停地向前发展，人类为了生存的需要，不断扩大和加深改造与利用地理环境，增强适应地理环境的能力，改变地理环境的面貌；同时，地理环境也更加深刻地影响着人类活动的地域特征和地域差异。人文地理学就是研究人地关系的地域系统的形成过程、结构、特点和发展趋向规律的科学。

人是生产者，也是消费者。人类为了生存和活动，需要从环境中吸取营养物质，还必须占有一定的空间；同时，人类新陈代谢的产物，也要排放到环境中去，环境还要具有容纳、清除和改变这种代谢产物的能力。人类的生存和活动与地理环境是对立统一的关系，人口的发展要同经济和社会的发展相适应，同资源利用和环境保护相协调。

1958 年大跃进时期，高喊"人多议论多，热气高，干劲大"，"人是第一可宝贵的，在共产党领导下，只要有了人，什么人间奇迹也可以造出来"等口号，既批马尔萨斯（英国经济学家，他认为"人口"在无妨碍时，以几何级数率增加，生活资料只以算术级数率增加。马尔萨斯仅仅从人口的自然属性出发，脱离一定的社会制度、一定的社会生产方式来论证人口和生活资料的关系，从而导致了谬误的结论），也批马寅初（其《新人口论》主张控制人口，把人口数量和质量适当地统一起来），导致"错批一人，误增三亿"。

3. "征服"自然与"人定胜天"

我国古代儿童启蒙读物《三字经》说"三才者，天地人"。"天"，至高无上，大，且高远，从古至今历来就有"天"是物是神的争论，如果你不信佛祖、玉皇、上帝、天主，那么"天"就是大自然。"地"，"元气初分，轻清阳为天，重

浊阴为地。万物所陈列也"(《说文解字》)。天地中有万物，万物中有人类。天就是大自然，人就是我们人类，天—人（人—地）关系，就是人与自然的关系。人，同其他动物一样，本来也是包括在大自然之内的。但是，自从人变成了"万物之灵"以后，顿觉自己的身价高了起来，要闹"独立性"，想同自然对立，平起平坐。本来人对自然的态度应该是同自然交朋友，和谐相处，了解自然，认识自然，在这个基础上再向自然索取。"征服"自然，只顾索取，后果严重，人类对自然的每一次"胜利"，大自然都无情地报复了我们。

大跃进、"文革"时期，在极"左"思潮影响下，不时可以听到"战天斗地"、盲目冒进的口号，如"征服自然"、"人定胜天"；"天上没有玉皇，地上没有龙王，喝令三山五岭开道"；"人有多大胆，地有多大产"；只管"敞开肚皮吃饭，鼓足干劲生产"等。

"天人合一"是中国古代哲学史上的一个非常重要的命题，把"天人合一"理解为人与大自然的关系，强调天与人的和谐是中国古代哲学的主要基调。东方文化中历来有人反对天人相胜论。

我国著名学者季羡林先生在《关于"天人合一"思想的再思考》一文中补充了关于朝鲜的资料："朝鲜有比较悠长的哲学发展的历史，一方面有自己本土的哲学思想，另一方面又受到了邻国中国哲学思想的影响。中国儒家思想在三国时期已传入朝鲜，儒家的天命观影响了朝鲜思想。到了高丽末李朝初期，宋代程朱之学传入。作为宋代理学基础的'天人合一'思想，也在朝鲜占了上风。在这时期出现了一批程朱理学的代表人物，其中权近（1352—1409 年）明确提出'天人合一'思想，他反对天人相胜论，提出了天人相类相通的学说。"①他说："盖天地万物，本同一体，故人之心正，则天地之心亦正；人之气顺，则天地之气亦顺。""人众胜天，天定亦能胜人。天人之际，虽交相为胜，然人之胜天，可暂而不可常；天之胜人，愈久而愈定也。故淫者必不能保其终，而善者必有庆于后矣"。相对于人类而言，大自然的力量常常是不可抗拒的，

① 季羡林著：《季羡林说国学》，北京，中国书店，2009 年版。

如火山、地震、海啸、泥石流、台风等自然现象。在它们面前科技也绝非万能。认为发展科学，发展技术，发展经济，就能战胜它们，就能一劳永逸地解决环境问题，无疑是天真的，要知道，自然并不是为人而存在的，没有人类自然不会有大的变化，但人类若要存在下去，却离不开自然，盲目破坏自然，最终是要受到自然惩罚的。

人类要用自己的智慧和力量，去辩证地认识自然，理智地利用自然，顽强地征服自然，科学地改造自然。

此外，北京有三千多年的建城史，850多年的建都史，是全国政治、文化中心，现在更是要建"世界城市"。而在过去"先治坡，后治窝"，"先生产，后生活"思想的支配下，曾提出过"变消费城市为生产城市"，并走过一些弯路，建设了东郊化工区、焦化厂、首钢等一批用水多、三废污染严重的高耗能企业。更为了"破四旧"，拆古城墙，拆古城楼，"摊大饼"式地进行城市扩张。与许多后建新首都的国家相比，我们实实在在是走了弯路。地大物博曾是国人引以为荣的国家特色，但因人口众多，耕地、森林、淡水、矿产等资源都是绝对数量多，相对数量少；总量多，人均少，所以必须要合理利用每一寸土地，节约资源。要科学发展，可持续发展。

三、地理教育教学中的唯物史观

在中学地理教学中，进行历史唯物主义观点的教育和熏陶，对帮助学生树立唯物主义世界观和历史观，发挥着积极的作用，这也正是中学地理教育的一项基本任务。本节拟专就中国近代百年屈辱史和抗日战争、解放战争在孩童幼学时期心灵上的创伤，对晚清所谓"天朝大国"和"爱国"、"统一"谈谈看法。

三年解放战争时期，在残酷的环境下，高小五六年级就单开地理课。听老师讲，汉唐中国疆域广阔，后来一代天骄成吉思汗更曾横扫欧洲。清末，中国受列强侵略，割让土地，中国被一点点蚕食，这让我深受震撼。

中国古代帝王的天下观是"普天之下，莫非王土；率土之滨，莫非王臣"。

明朱元璋开国檄文也说"自古帝王临御天下，中国居内，以制夷狄，夷狄居外，以奉中国。"今河南省登封市告成镇建有观星台，"以土圭之法，测土深，正日景（影），以求地中"，判定颍川阳城地是"天下"（四海）中心，自命天朝。其实，军事征服所到之处，许多地方并未实施统治管理，很多属于藩属关系。

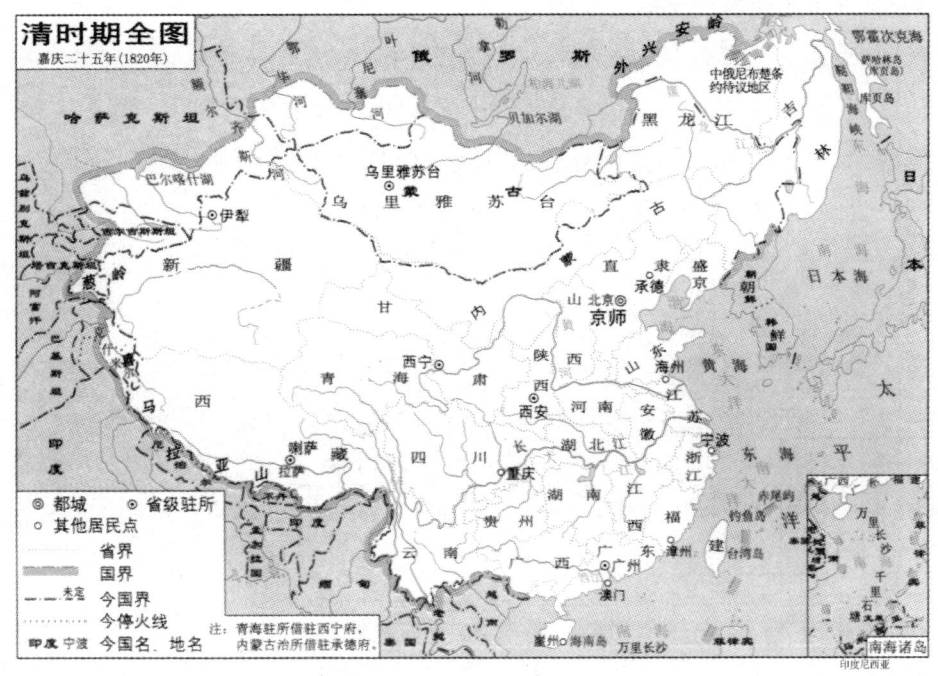

图1　清时期全图①

我们讲的统一，绝不是要统一到中国历史上最大的版图。今天谈版图，讨论跟邻国的关系，也要依据历史，面对现实，做历史唯物主义的分析。

四、中学阶段的人文地理教育

地理是综合性学科，中学地理课跨学科，自然地理、人文地理都是地理

---

① 　引自刘勇民主编：《点击生活》，北京：中国地图出版社，2011 年版。

基础知识，没有基础知识，所谓素质教育能力培养也就成了无源之水、无本之木。地理课设在哪个年级、课时多少，常有变化，但历来是基础文化课之一，特别是中学阶段的人文地理知识，是公民必备的知识。

人文地理知识是社会生产和人类生活的需要，是现代化建设的需要，也是政治和思想建设的需要。

如农业生产与自然条件的关系密切，因地制宜发挥优势，要了解自然，经济、社会发展都要按规律办事。农村商品生产发展需要区划、规划，对自然条件、知识了解多了，领导、指导生产就能取得更好的成绩。工业原料、厂址选择等都是综合性课题。日常生活中衣、食、住、行，听广播、看报纸、旅游休闲，也都需要地理知识。信息社会，没有全球、全国的空间联系的概念，将成为时代的落伍者。

不同时期各国都在用地理知识教育青少年一代。历史上，法西斯在德国大讲生存空间，鼓吹日耳曼人是优秀民族，屠杀犹太人；日本法西斯鼓吹大和民族优秀论，因其空间狭小，进而对外侵略扩张。对中国的侵略，激起了国人的爱国热情。在中国爱国主义总是与具体的地理事物相联系的，如长江、黄河、万里长城都是中华民族的象征，爱国思想具象化为高山、长河。

西方是百科全书式地理学，中国古代是地志式地理学，包罗万象，多为记述，人文内容多。清末民初，讲世界文明与地理环境的关系，常避免不了地理环境决定论的影响。新中国成立后，有一个时期批判地理环境决定论，提出生产关系决定论，片面强调人类"征服"自然，"人定胜天"，"人有多大胆，地有多大产"，而忽视了自然发展规律。现在在世界政治多极化、经济全球化、区域经济一体化的背景下，人类越来越认识到生态环境的重要性，人和自然要和谐相处，建立资源节约型、环境友好型社会，才能又好又快地科学发展，可持续发展。

五、通县第一期(1992年)中学校长务本培训班——两史一情教育

1. 认识、意义

为贯彻"教育必须为社会主义现代化建设服务,必须与劳动生产相结合,培养德、智、体全面发展的建设者和接班人"的教育方针,落实《中国教育改革和发展纲要》提出的"中小学要由应试教育转向全面提高国民素质的轨道,面向全体学生,全面提高学生的思想、道德、科学文化、劳动技能和身体心理素质"的精神,力求适应我国教育改革与发展的需要,教师进修学校1992年举办了校长务本培训班,由各学科教研员分别讲述两史一情教育问题,即中国近代史、现代史及国情教育的问题。培训班的主要目的是明确"总体纲要"、"学科纲要"、各学科现教学大纲、教材与教育教学三项职能的关系,各学科在教师引导下,通过课堂教学,落实教学三项职能,深入进行两史一情教育。

2. 明确"总体纲要"、"学科纲要"、现大纲、教材与教育教学三项职能的关系

20世纪90年代初一个时期,深入进行两史一情教育是教师进修学校和各学科教研的中心任务。所谓"总体纲要"、"学科纲要"都指教学大纲,一般教学大纲都包括教学目的、任务和要求、教学内容及安排、教学中应该注意的问题。如地理教学大纲,就是指在1986年《中学地理教学大纲》和1988年《九年义务教育初中地理教学大纲(初审稿)》基础上,经修订,1990年国家教委制定的《九年义务教育初中地理教学大纲》。其明确指出,大纲的使用对象主要是教科书编者和广大教师,要认真、全面地学习和深刻领会大纲的基本精神,全面贯彻落实大纲的各项要求,其中还特别指出任教初中地理教师要对高中地理课程的教学内容和要求有所了解,还要了解本年级相邻学科的教学大纲,熟悉地理知识同有关学科知识之间的联系,这对教好地理课,促进学生的知识迁移,也是非常必要的。

3. 关于教学三项职能

曾有一段时期教育中德育与智育、政治与业务，常处于对立统一的关系中，有时从一个极端跳到另一个极端。多数情况下，都是只抓智育（智育第一）忽视德育，只重业务不问政治。强调学校以教学为中心，校长务本，也容易被片面理解为"抓教学"（智育），实则教育教学本应有三项职能：传授知识；培养能力，开发智力；思想教育。近年来，市学科教学"意见"、"评价方案"都重点强调三项职能（特别是思想教育职能）用以纠正只注重传授知识，忽视能力技能的培养，特别是忽视德育的教育偏向。其实中国古代教育讲究传道、授业、解惑，文以载道，向来不忽视思想教育。地理学科，特别是中学地理讲的都是人口、资源、环境、民族等国情知识，所以要有意识地贯彻纲要精神，深入进行两史一情教育。

4. 地理学科教学的基本观点

（1）辩证唯物主义。科学的人口观、资源观、环境观和基本国情教育，如计划生育政策；珍惜每一寸土地的基本国策；决不放松粮食生产积极开展多种经营（而不单讲以粮为纲、以钢为纲，调整农、轻、重关系）和环境、生态等问题。每年三夏三秋三干会，（粮食亩产）"跨黄河"，"滚着爬着过长江"，"天不下雨我钻眼儿"，"一百亩地一眼机井"，"井灌渠灌双保险"，"百日无雨能浇三水以上"等口号，认为地下水"取之不尽，用之不竭"，"杀鸡取卵"、"竭泽而渔"的恶性循环，就是错误的水资源观作祟，造成了地下水严重超采，水位不断下降，不少浅井报废，取水设备需不断更新，抽水耗电量增加，单井出水量衰减等直接恶果。

（2）历史唯物主义。马克思主义科学的世界观方法论，如两种生产，物质和精神，生产、生活资料和人口再生产，人口发展和经济、社会发展相适应，与资源利用和环境保护相协调；人口手的对立统一，人，既是劳动力，会生产，创造物质财富，但又是消费者，而不是盲目讲"人多议论多，热气高，干劲大"，"在共产党领导下，只要有了人，什么人间奇迹也可以造出来"。

（3）爱国主义教育。人文地理知识是爱国主义教育的工具，各国、各时代

都在用地理知识教育青少年一代。旧中国不少爱国主义知识分子走向革命，而爱国主义总是与具体的地理事物相联系的，如代表中国的长江、黄河、万里长城等，就是中华民族的象征，正因有了它们，人们的爱国之情才有了寄托。

（4）以人地关系为线索，正面教育为主。幼儿园、小学、初高中，不同学段，在进行地理教学时要掌握分寸，实事求是，以正面教育为主。如我国地大物博，但人均资源并不丰富，加之地区差异显著，地理环境既有其优越性，也有不足之处，因此，应强调计划生育政策，控制人口数量，提高人口素质；或提出"珍惜每一寸土地"的观点。我国资源"总量多，人均少"，"绝对数量多，相对数量少"，但"我不如人"是片面结论。1949 年综合国力指数，我国排第十一位，1989 年排第六位，排位提前，指数增加两倍多。人均少，但毕竟总量多，绝对数量多，有综合国力、经济实力、共产党领导、社会主义制度，可集中人力、财力、物力办几件大事，如两弹一星、三峡工程、南水北调、载人航天等。国际竞争，主要是综合国力的竞争。对国家建设目标中的"翻番"、"小康"、"中等发达"就会信心十足。这样纲要上"无"具体要求，但地理课上都有"意识"地补充讲述，时事材料就用"活"了。

六、地理基础知识太差，文理学科综合素质堪忧

为了研究双基教学，统一认识，并为全市统考做准备，1986 年下学期，通县 22 所学校参加了初一地理期中质量检查分析调查。调查结果显示，参与调查的 112 个班，学生共计 4294 人，地理平均分 63 分，及格率为 52％，优秀率（85～100 分，331 人）不足 8％，最低分只有十几分。调查结束后，除各校成绩报表，我们还抽调了六个班的卷子进行卷面分析。单就基础知识和错别字进行分析，发现如下问题：

1. 地理基础知识不扎实

问题常见有：

①海拔 3.9887

②我国最南的省份——安徽

③安徽省会——江西

④我国降水最多的地方：云南西双；广东广州；广州广州或沿海；贵州贵阳；四川成都；浙江台湾；台湾、台湾—火烧、基隆、火燎原

2. 文字功底较差，常见错别字

如 1983 年一高考生，答题时"珠穆朗玛"四字全错，连印在卷子上的"峰"字也抄错了。

学生写错别字，也有老师的原因。有一所学校，由老师手刻试卷，一张八开纸的卷子屡屡出现错别字。六个班学生答卷上竟检出多次出现的 11 个错别字。如：柳—枊，（青）稞—棵，浙—淅，黔—黔，澳—澳，澜（沧江）—澜，（天）涯—涯，武（侯祠）—戌，青弋江—戈及展—畏等。

教学过程中，学生是主体，教师是主导，要充分发挥教师的主导作用，再好的教材也离不开教师的讲解和运用。特别是中学阶段，教材本身的容量是很有限的，主要还在教师的发挥。教师也最了解学生的实际需要，知道如何将教材的意图贯彻在教学之中。因此，教授自然科学的教师要严格要求自己，对学生产生潜移默化的影响。

七、对高考文科的思考

历史的经验值得借鉴。新中国成立初期，小学毕业生就是宝贵财富，"文革"前高考升学率一直很低，"文革"期间高考停滞，1977 年 10 月恢复。回顾三十多年的高考历程，总结经验教训，对于今天的高考制度改革和基础教育改革或有裨益。如应试教育，一考定终身，千军万马过独木桥，单纯追求升学率，过早的文理分科，"主科"、副科"小四门"，以及报地理系的人不用考地理，考地理的人不能报地理系（天文系）等，或可为高考制度改革提供点儿反面教材，也为基础教育改革理理思路。

可喜的是考试制度正在改革。教育部在浙江、上海两省市试点新的高考改革方案，预计 2017 年试行。普通高考不再文理分科，除公共必考的语文、数学、外语三科外，其余物理、化学、生物、地理、历史、政治六科，考生可任选三科，从高中一年级开始，每年 4 月和 10 月有两次统考机会，到高考时将三科最好的一次成绩分别记入总分。但考生要注意自己所报的学校或所报的专业有无特殊要求，如报旅游、资源、环境等类专业，则必须考地理。北京市高考升学率较高，2013 年已达 70％以上，早已不是"千军万马过独木桥"，但也还会有好学校、好专业、好不好就业等区别。如何对考生进行综合素质评价，中、高考加分等还是值得研究的课题。综合素质评价应该注重基础教育阶段的实践，"加分"或可有更严格的标准、更具体的政策规定。

当代自然科学和人文社会科学各有六大学科（数理化天地生，文史哲政经社）。地理学是边缘学科或交叉学科，既有自然科学的内容，也有人文社会科学内容。中学阶段的地理教学内容是自然科学内容较多，高考却将其划入文科。中学共九科高考科目，如将地理除外，文、理各四科，公共要考的是语、数、外三科，只有把文理兼备的地理"算"文科，才恰好是文理各考六科，即文科：语、数、外、政、史、地；理科：语、数、外、理、化、生（现改为文综：政、史、地；理综：理、化、生）。

当前，不少高考文科考生并非擅长文科，也非喜好地理，更非有志专攻地理专业，而是怵学数、理、化，认为史、政、地背背好拿分。对此，高中地理教师叫苦连天，文科班学生数、理、化知识较差，但地理中相关知识都是要考的内容，如讲生态环境、植物的光合作用，就离不开生、化知识；讲行星运动三定律和万有引力，则离不开高一物理力学知识；讲太阳高度、线面角、气压和风、太阳日和恒星日等，都是天文、气象一般知识。

几年实践证明，地理考试正向标准化命题过渡，知识覆盖面广，题目小型化、多样化，重视题目的新颖性、灵活性，充分运用地图、数据图表，更多的是考查学生综合运用地理知识解决问题的能力，侥幸靠死记硬背捞分，越来越不切合实际了。

1985年我们曾针对通县地理教学现状提出几条建议:

(1)加强高中教研。因为过去地理主要考初中四本书,现在的高考题已很难区分初、高中内容,并大量增加了人文地理内容,教师知识需要更新,教师需要进修提高科学素质和驾驭新教材的能力,获取更多的高考和中考、会考信息。

(2)调整、加强高中教师队伍建设。对此,通县已经在1982年3月—1985年12月,以在职进修形式开办了通县地理大专班。

(3)规划下年的高考工作。文科也是科学,不"将就"老师,也不能说文科比理科更"将就"学生。理科考不上,"轰"到文科来也未尝不可,不要数学稍好就认为报文科可惜,文科应该有一批较有把握的考生。理科根本挤不上,文科却较有希望,为什么不可以报文科,努努力有更多的人考上大学,何乐而不为。

八、被"专业思想教育"与高校地理系改名

天文学、地理学既是两门最古老的科学,又是两门最年轻、有着辉煌发展前途的科学。地理学是一门综合性很强的学科,涉及文、理多学科知识,具有综合性、区域性特征,当今世界面临的人口、资源、环境和发展的一系列重大问题,许多都是地理学课题。

中学地理教学的任务是:初中阶段掌握有关地球、地图、中国地理和世界地理的基础知识,掌握阅读和运用地图、图表的初步技能,初步懂得地理环境各要素之间、人类与地理环境之间的相互关系。高中阶段使学生比较系统地获得有关人类赖以生存的地理环境,以及有关人类与地理环境关系的基础知识和基本原理;了解如何利用自然和保护环境,协调人类与环境的关系;学会运用地理数据、地理事实材料、图表、地图去阐述问题和分析问题。这样的教学任务是其他学科所没有的,也是无法替代的爱国主义教育的环节。

我在农村基层中学工作17年,只教过两年初中地理课,并不了解全县地

理教师队伍和地理教育教学情况。由于编写乡土地理教材工作的需要，我被调到通县教师进修学校，回到本行专业，做了第一代中学地理教研员，才发现当时全县 46 所中学，最多时有 114 名地理教师，虽有专任地理教师，但很少有人地理专业毕业，多数是兼职地理教师，凑合着上课，还有不少代课教师上地理课。后来，偶然的机会我看到了长春师范学院生物地理系李彬老师在《浅析中学地理教育的重要性》一文中介绍的"经随机调查部分普通中学的地理师资"的情况。调查结果显示，当时"由正规高校地理专业毕业生出任地理课教学的不足 10％，由函授地理毕业生任地理教师的约 20％，由其他专业学生(包括没受过高等教育的)教地理课的占 60％以上，而地理专业毕业生改教其他学科的又占地理专业毕业生的 50％以上。一些地理专业的毕业生来信反映，学地理的改教语文、外语、政治、数学、化学，而地理课本身由学地理专业任教的却不多，有不少是外学科'富余人员'任教。"①文章读来使我感触颇多，李彬老师的综合调查情况与我们通县地理教师状况、地理教育教学实况非常相近。

　　当然，通过大学地理专业的学习，毕业生的工作能力确实很强，也确有很多人可以胜任中学数、理、化乃至语文、外语等课程。因为要把自然界宇宙变化规律、天体中各种现象、地球上各种自然现象，深入浅出地讲清楚，教者必须有扎实的数、理、化、语文等学科基础。本人毕业初登讲台就改教物理，主讲力、热、声、光、电，校长解释说，我大学地理本科，当然应该教地理，但现在缺物理教师，原有地理教师，她只会教地理，教不了物理。地理也好教，不外乎背背地名、铁路线，哪儿有什么农、矿产之类。我也常听有的"主科"老师说，他教了这么多年"主科"(多为数学、语文)还不该让他教教地理，轻闲轻闲。其实教数、理、化的人来教地理，很难将应使中学生理解的很多地理规律讲出来，所以无论学数、理、化，还是学文科的毕业生

　　① 李彬：《浅析中学地理教育的重要性》，《中小学教师培训》(中学版)，1996 年第 5 期。

任地理教师，都很难达到使学生地理思维健康发展和具备自然地理、经济地理、人文地理知识的目的。由于受"地理无用论"的影响，在学校学了地理专业而没有学好的毕业生，才知道地理难教；而没学过地理的人反倒觉得地理课"好对付"。

1957 年，中国现代史"马鞍形"洼兜时期，我考进了北京师范学院（现首都师范大学）地理系。当时社会有"家有二斗粮，不当孩子王"的普遍认识，很多人进了师范院校，却不愿当老师，热衷于考研、跳槽。"文革"期间甚至经人推举成为售货员也是大"恩典"。自毕业离校后，我已为基础教育事业服务了50 年，退休离岗也已 20 年，十分怀念四年的大学生活，记得开学第一课就是"专业思想教育"，让学生安心做一名合格的中学地理教师。真庆幸母校当年的"被"专业思想教育，使我终身从事基础教育，钻研地理教育、教学、教研的思想根深蒂固，全身心献给了祖国的基础教育事业。

20 世纪 50 年代中期全国进行院系调整，北京大学有地质地理系，开设历史地理课，侯仁之是任课教授。许多综合性大学都有地理系，高等师范院校也都有地理系（科，培养地理教师）。但地理专业学生一般"叫不响"、"不吃香"，毕业生就职困难。首都师范大学地理系早已改名资源环境与旅游学院，北京联合大学有应用文理学院，纷纷改名：城市规划、城市与环境、环境与规划学院（学系），地理与环境、地理与生物、生命与地理科学学院（学系），或旅游、生态旅游、地理与旅游、旅游与环境、资源环境与旅游学院（学系），等等。

九、顾岩学活了地理

顾岩，北京市潞河中学高中二年级学生，一个 16 岁的女孩儿，于 2004—2005 学年度到美国俄勒冈州莱巴嫩高中交流一年。中西文化的碰撞与交流，使她增长了知识、拓宽了视野、磨炼了意志、提高了能力。她于 2005 年暑假毕业回国，2007 年已升入大学深造。

笔者有缘给顾岩做了普通高考文综地理学科的升学辅导，跟顾岩有过比较深入的思想交流。顾岩回国后把中美教育体制做了对比，在教育理念、教育教学方法、考试制度等方面都产生过一些困惑。

顾岩2004年8月12日下午1：30（北京时间）从首都国际机场坐飞机，18：30（首尔时间）在韩国首尔仁川机场中转，又经过12个小时的长途飞行，到达洛杉矶（西八区）的时候还是8月12日！她说："我第一次体验到时光倒流，为自己赚了一天而感到无比兴奋。酷！"几乎每年高考都有时区日界线的问题，有如此经历，这一类型题还能难得住顾岩吗？

俄勒冈州位于美国西北部，顾岩学习生活经常活动在西雅图、波特兰、尤金、纽波特等地，总感觉那里的天气变化多端，秋天时"风雨交加连绵不断，还真有秋风秋雨愁煞人的感觉！"美国西海岸俄勒冈州的纬度相当于中国的哈尔滨。顾岩在北京生活了16个春秋，北京、哈尔滨都在大陆东岸，属典型的温带大陆性季风气候，秋高气爽，是海陆热力性质差异造成的。同纬度的美国西海岸，地处盛行西风带，属于温带海洋性气候，两者差异明显。顾岩自然就会对气压带、风带、气候特征和自然带做综合对比、分析，有切身体验了。

除了对气候的体验，顾岩还要学会选择恰当的时间打越洋电话。2005年2月8日，在中国是甲申年除夕，第二天就是鸡年春节了。顾岩在9：03（西八区时间）分别给奶奶和姥姥家打了拜年电话。后笔者曾提醒顾岩"打电话的时间不恰当"，顾岩愣了一下而后稍加思索，想到区时差。拿纸笔算算，西八区9：03，是北京时间凌晨1：03，尽管奶奶、姥姥、姥爷所有家人都很高兴，但恰当时间应选在两地都"日出而作"的时间段，比如西八区16～22时，东八区恰在8～14时。

一天下午顾岩去当地超市买学习用具，体验到了美元和人民币的差距。

一个文件夹、4个分页夹和7个纸制文件夹，要20美金，兑换人民币要一百多元。在中国可以花比这要少得多的钱，买到比这更好的东西，况且美国的很多小商品都是"中国制造"，还有部分是巴西、印度、菲律宾及斯里兰

卡等国制造。美国榨取这些国家的廉价劳动力，到美国市场后价格就翻了几番，很不公平。可想在国际政治多极化、经济全球化、区域经济一体化进程中，综合国力的竞争多么激烈，要建立国际政治经济新秩序，多么需要南南合作。

前往美国时"赚"的一天，回国再过日界线时又找了回去。我告诉顾岩，再看一看斐济、汤加、基里巴斯，包括新西兰、澳大利亚关于"新千年第一缕曙光"之争和"新世纪中国大陆首日照"的材料，就会对相关地理知识有比较全面的了解。

地理是一门知识涉及范围非常广的学科，人们常用"上知天文，下通地理"来形容一个人知识的渊博，而如今的"天文"和"地理"又被时代赋予了更丰富、更深刻的内涵。

顾岩赴美交流学习一年，开阔了眼界，扩大了视野，切实体会到地理知识并不是枯燥的知识描述、最无趣的天文学背景、乏味的科普说教。通过学习，学生可以了解、掌握各种有趣的地理现象及其形成原因，对地球有更广泛、更深刻的认识，从而增加认知体验。地理学习可以提高学生理论联系实际的能力，学以致用。如同样面临广阔的海洋，顾岩生活了16个春秋的北京位于亚欧大陆东岸和欧美大陆西岸却大不相同，美国俄勒冈州位于北美大陆西岸地处盛行西风带，属典型的温带海洋性气候，由于顾岩对大陆东岸的大陆性季风气候和大陆西岸的海洋性气候都有亲身体验，并总结两种气候的成因规律，从而顾岩对全球气压带、风带、气候类型、气候特征和自然带的理解茅塞顿开。通过去超市买学习用具，体验美元与人民币的差距，对世界政治经济地理格局，对南北差距、南南合作，建立国际政治经济新秩序，有了深刻的认识。

顾岩不仅学活了地理，她还从一个中学生的视角，用她那尚显稚嫩的笔触为我们勾勒出一幅美国西海岸的一所普通学校的生活画面，并且细致地描述了一个普通美国家庭对中国孩子的真挚情感。顾岩成了参加各种文化交流项目的学生小使者。

十、漫谈泾渭清浊

普通高等院校招生全国统一考试(北京卷)2002—2014年文综Ⅱ卷第36大题基本都为地理题,都是考查政治、历史、语文、经济、社会及地质、地貌、气象、水文等知识综合运用能力的考题,一般占20多分,13年中有9年,每年占36分,以致在应试教育阶段,"高考文综Ⅱ卷第36题问题"成了北京地区高考研讨的重点专题。如2009年的36题就是一道绝好的考题,内容涵盖了地理、政治、历史、语文多学科,以及社会、经济、民族等内容。

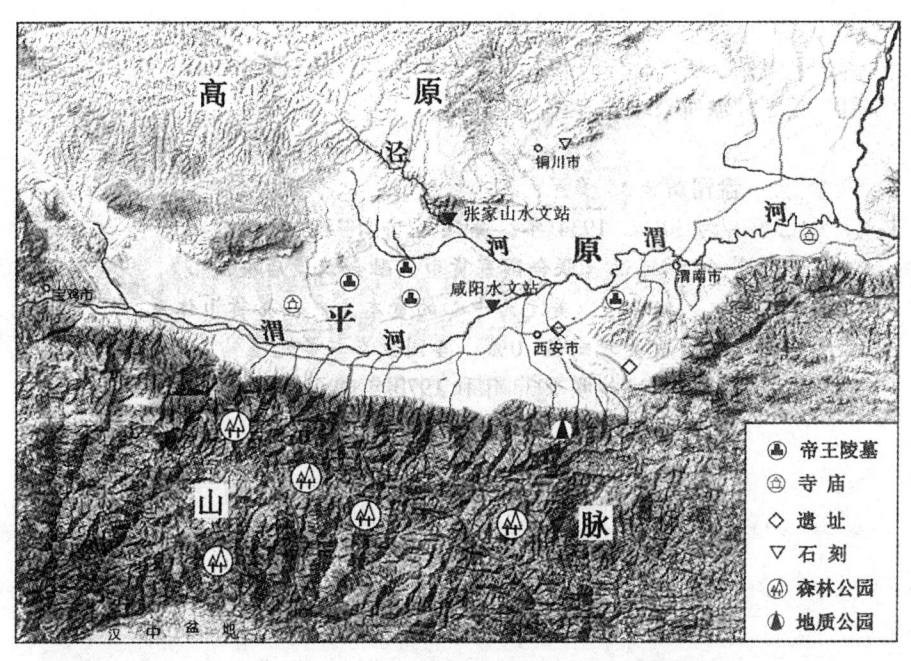

图2 2009年北京市高考文综Ⅱ卷第36题

考题首先附有一幅局部地区地形图,北部为(黄土)高原,南部是(秦岭)山脉,中间(渭河)平原,就是以13朝古都为中心的"八百里秦川"。图上泾河、渭河中游各有一个水文站,还标注了帝王陵墓、寺庙、遗址、石刻、森林公园、地质公园等内容。要求考生回答有关旅游资源、高原国土整治、渭

河平原成因，山脉走向等问题。考题综合性非常强，特别是比较两个水文站河流泥沙含量的差异，从泾河、渭河清浊的历史演变中，能够充分说明保护自然环境的重要性。

泾河、渭河曾经孕育过中华灿烂的古代文明。泾河发源于宁夏泾源，经宁夏、甘肃、陕西，汇入渭河，流经黄土高原核心区西南部。渭河发源于甘肃渭源，经甘肃、陕西，在（老）潼关风陵渡入黄河，是黄河的最大支流。成语说"泾渭分明"，是因为二河一清一浊极易区分。而孰清孰浊，几千年来有一个交替演变的过程。

春秋时期泾清渭浊。《诗经·邶风》中有"泾以渭浊，湜湜其沚"。意思是泾水搅得渭水浑浊，河湾见底水清清，正是对当时泾河、渭河情况的描述。春秋时，周王朝的都城东迁至洛阳，秦国由陇西东徙，定居在渭河以北的周原，促进了当地农业的发展，致使渭河两岸原来茂密的森林面积缩小，土壤失去了保护，渭河因受地表径流的侵蚀而变浊。当时居住在泾河上游的戎人还过着原始的游牧生活，草原地区的泾河上游土壤侵蚀轻微。所以泾河比渭河显得清澈。

战国后期至魏晋泾浊渭清。秦汉时为对付匈奴的侵袭，大举向泾河流域迁徙。农耕屯垦戍边，加速了水土流失，使泾河成为"泥水"，"泾水一石（dàn），其泥数斗"。同一时期，渭河流域迁入的人口不多，加之上游是森林，植被得到了保护，形成渭水的清澈。

南北朝时期泾清渭浊。五胡十六国到南北朝时期（虽然只有二百多年的时间）游牧部落向内地迁徙频繁，致使泾河流域的农业区又恢复为草原，水土流失减轻。在游牧部落大量内迁的时候，渭河上游仍然散居着许多农业人口，地方官吏劝农垦荒，造成严重的水土流失，形成新的"泾清渭浊"。

隋唐时期泾浊渭清。南北朝末年，东魏、西魏统治者在泾河上游大设郡县，指定农民垦荒产粮供军用，又使泾河流域水土流失加剧，而渭河流域由于唐代吐蕃的不断骚扰，人口显著减少，垦荒面积相应减少，又加上渭河上游是森林地区，无疑有利于渭河转清。杜甫有诗云："旅泊穷清渭，长吟望浊

泾"便是写照。

唐代以后泾清渭浊。根据史书记载，从北宋到清末，泾河上游大雨、暴雨只有 14 次，而渭河上游多雨，暴雨就有 38 次。这在一定程度上改变了泾渭的清浊。唐中期至宋，统治者的乱砍滥伐致使渭河上游的森林极速消失，而此时泾河流域人为和自然的破坏因素较少，这样又变成了泾清渭浊。

高考考题当然是指目前的状况。答案是：泾河上的张家山水文站泥沙含量高于渭河上的咸阳水文站。因为张家山水文站的上游河段流经黄土高原核心区，植被覆盖率低，张家山河段坡降大、流速快。黄土高原生态系统脆弱，抵御自然灾害的能力较低，人地矛盾尖锐，水土流失严重。造成泾河比渭河更为浑浊，急需采取工程、生物、农业技术等措施加以整治。

"泾渭分明"原意是指二水一清一浊，两水汇流处清浊不混。

"泾渭分明"的例子还有很多。笔者曾亲见白龙江与嘉陵江二水一清一浊，汇流处两水不混，再往下流很远才不辨清浊。清澈的白龙江大概也是一条地理分界线，它呈西北—东南流向，到四川汇入南北流向的干流嘉陵江。

值得一提的是，笔者查过许多字典、辞典等工具书，包括 2012 年最新修订的第 6 版《现代汉语词典》多数都注"泾河水清、渭河水浑"，显然不符合实际情况。

十一、我国古典文艺作品和诗词歌赋的地域性

在我国古代的文艺作品中很多都充满了对地理景观的描述，无论是赞美自然地理景观——湖光山色、草原大漠，还是讴歌人文地理景观——亭台楼阁、花鸟田园，或反映社会政事所指都有明确地点或地区范围，都有明显的地域性。巴山雨、西湖景，秦关路、庐山瀑，是指具体的地理事象；江南、北国风光，草原、大漠风情则有广大的区域范围；而山清水秀、花鸟风月、春光秋意也都自有深意在其中，在《诗经》、乐府诗、唐诗、宋词、元曲、明清小说等文学作品中都可常见。

《诗经》中的邶、鄘、郑、齐、豳、秦、唐、陈等15国风，范围都在中华民族文化发祥地黄河流域，今甘肃、陕西、河南、河北、山东、安徽一带。

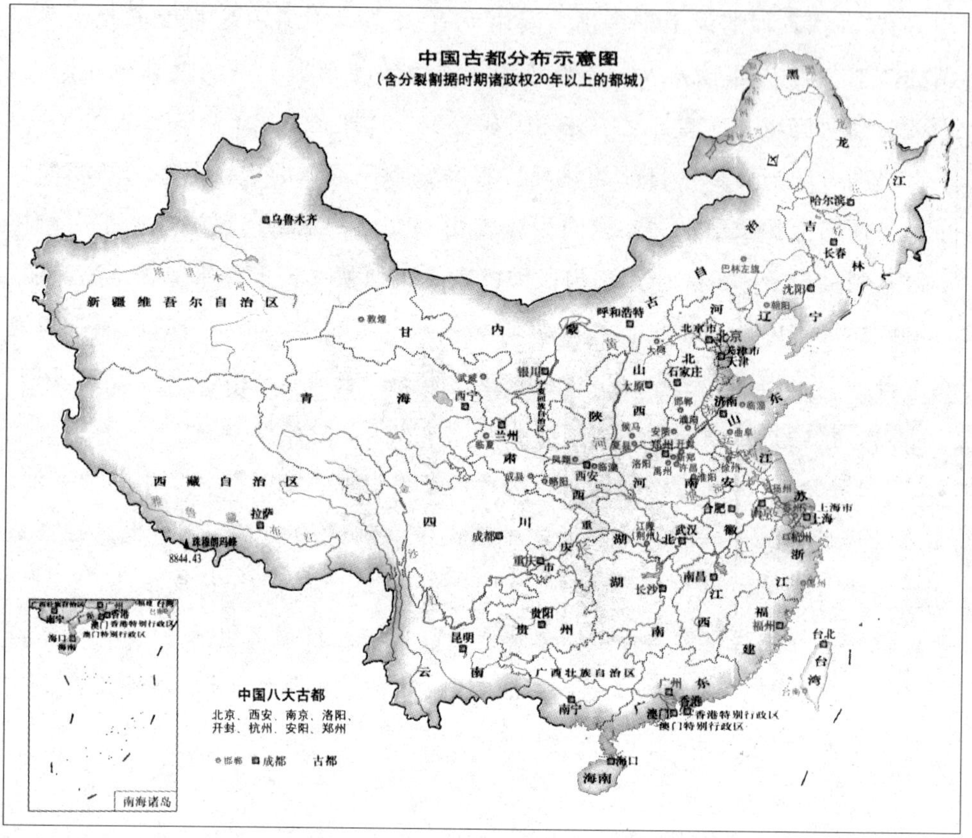

图3　中国古都分布示意图①

唐诗则多以长安、洛阳等都城为题材。西安、洛阳、开封，包括咸阳、郑州等地，多在黄河中下游（约北纬34度、35度附近），那里土地肥沃，是富庶的农耕区。王勃《送杜少府之任蜀州》中的"城阙辅三秦"，"城阙"就是指京城长安。王之涣《凉州词》中的"春风不度玉门关"，王维《送元二使安西》中的"西出阳关无故人"，以及张舜民词中的"不是渭城西去客，休唱《阳关》"。"渭

---

① 引自刘勇民主编：《点击生活》，北京：中国地图出版社，2011年版。

城"在秦都咸阳东北，位于从洛阳、长安西去的古道上，出嘉峪关、玉门关、阳关，边塞之外，广阔无垠，已到"外国"，很难再遇到熟人，也完全进入干旱的荒漠戈壁区了。"使至塞上"的"过居延"、"出汉塞"、"入胡天"、"萧关"、"燕然"都是边塞战场。"羌笛何须怨杨柳，春风不度玉门关"，"北风卷地白草折，胡天八月即飞雪"，"人间四月芳菲尽，山寺桃花始盛开"，"山高秋来早，高山花开迟"等都是讲天气、气候、物候的诗词歌赋，具有明显的地域性。杜甫有"腊日常年暖尚遥，今年蜡日冻全消。侵凌雪色还萱草，漏泄春光有柳条"。苏轼诗"竹外桃花三两枝，春江水暖鸭先知。蒌蒿满地芦芽短，正是河豚欲上时"。柳条能漏泄春光，鸭、豚能先知水暖。古诗词中讲动物、昆虫是莺歌燕舞、燕啄春泥、惊鹊、鸣蝉、蛙声、鱼戏；讲植物则是乱花、浅草、暖树、柳色新、绿杨阴；综合的有烟雨楼台、鸟语花香、万紫千红等等。

最具地域特征的是《晏子使楚》中的"水土异也"。晏子名婴，是战国时齐国的相国，也是著名的政治家和外交家。他的知识丰富，尤其擅长辞令，人称"晏子"。晏子出使楚国，不辱使命。先是"更道从大门入"，维护了使者的尊严，又用"不肖者使使不肖主"奚落了楚王，还避席对曰："婴闻之，橘生淮南则为橘，生于淮北则为枳，叶徒相似，其实味不同。所以然者何？水土异也。今民生长于齐不盗，入楚则盗，得无楚之水土使民善盗耶？"义正词严的回敬，使楚王自讨没趣。晏婴"水土异也"的论断是很有科学道理的。（秦岭）淮河是一条自然地理界线，淮河南、北气温、热量、降水、湿度等自然条件方面都有不小差异，因而植被、土壤、林果生长环境也很不同。橘树是常绿乔木，在淮河以南亚热带湿润地区才能很好地生长，橘子味甜酸，可以吃，果皮也可入药。在淮河以北生长的枳是落叶灌丛或小乔木，通称"枸橘"，果实不能吃，果实及叶可入药，中药称"枳壳"。

十二、确定和建立地理标志最忌急功近利

和世界遗产的类型分为自然遗产、文化遗产（含文化景观）、自然与文化

遗产相类似，地理标志也分为自然地理标志、人文地理标志、或兼有自然和人文两方面意义的标志。

1992年5月，中国科学院新疆地理研究所在乌鲁木齐县永丰乡包家槽子村附近树立下第一块"亚洲大陆地理中心"标志，并公开向外界宣布：亚洲大陆的地理中心位于 87°19′52″E，43°40′37″N 新疆乌鲁木齐县永丰乡包家槽子村附近；"亚心"区西起石河子，东至奇台及吐鲁番市，南到天山山脉，北达古尔班通古特沙漠，共跨新疆五市六县。

1996年美国《国家地理》杂志也向世界公布了这一消息，证实了"亚洲大陆地理中心"的准确性。

旧时有"兰州是中国大陆几何中心"的说法，2000年9月13日甘肃省东乡族自治县董家岭乡董家岭村建造了所谓"中国陆地地理中心标志"。后国家测绘局新闻发言人、副局长王春峰指出中国陆地地理中心位置的确定，涉及重要地理信息数据，在未经国家测绘局审核并报经国务院批准，任何单位、个人无权确定，地方测量单位未经授权更不能发布全国性测绘数据。国家测绘局建议，已经建立的所谓中国陆地地理中心、标志，应予撤销。

21世纪来临之际，斐济、汤加、基里巴斯、新西兰等国纷纷争抢新千年第一缕曙光出现地，都为争这个"世界第一"，以提高国际知名度，增加旅游收入。对中国大陆"新世纪第一缕阳光"，同属浙江省台州市的温岭和临海也有激烈争夺。这类争夺，或为提高知名度，增加经济收入，或为争个世界第一、全国第一，在这方面舍得花钱或为赚钱。什么鬼城、十八层地狱、齐天乐园，不一而足，有的甚或为申遗做铺垫。所谓世界遗产是被联合国教科文组织和世界遗产委员会确认的人类罕见的目前无法替代的财富，是全人类公认的具有突出意义和普遍价值的文物古迹及自然景观。世界遗产的意义，在于其具有科研或人文价值上的独一无二、不可替代、不可再现性质，这种性质是自然界进化选择，人类社会长期积淀、扬弃的产物，反映着不可逆转的客观规律。而争夺各种名人家乡等竞争原来是为了开发旅游、招商引资。"政府搭台，经济唱戏"，盲目复古，争夺历史上的名人、名山、名水，纷纷改

名、正名，成了一方政府的"摇钱树"，一任领导的"政绩"。凡此种种多很偏颇，多有哗众取宠急功近利之嫌。

十三、几组山高水深数字都在不断变化

记得在新中国成立之初，高小五、六年级就单开地理课。在 32 开小本，印装粗糙的中国和世界地图册上，世界海水最深的马里亚纳海沟，水深 10870 米，上初中时改成 10960 米，上高中时又注 11022 米，查一查 1957 年地图出版社带地名索引的大地图集，还注着 10863 米，而当代所有图集资料，马里亚纳海沟水深均为 11034 米。海沟在不断变动加深，同样，世界内陆最低点，死海湖面水位数据也在不断改动，−392 米，−400 米，−415 米目前死海水位以每年 1 米的速度下降。我国内陆最低点（世界第二），吐鲁番盆地艾丁湖面水位也由 −154 米改为 −155 米。喜马拉雅山珠穆朗玛峰旧时原无权威数据，都说是 8882 米，随着中国人从北坡登顶，直到 1975 年 5 月 27 日，才由中国精确实测得 8848.13 米，成为世界公认的权威数据。但 2005 年又测数据为 8844.43 米。因为 1975 年中国首测珠峰高度，虽在海拔 7790 米高度上进行了重力测量，打破了世界纪录，但当时测得的是珠峰雪面高度（即包括峰顶冰雪层的厚度）当时成为国际公认的权威数据。2005 年复测珠峰，首次由专业测绘人员和专业登山队员合作，用测深雷达准确探测出珠峰峰顶的浮雪和永久冰层的厚度，树立了测量觇标，在海拔 8000 米以上进行了重力测量，计算得出的高度，精确到厘米级。山体在长高还是在变矮？！

地球内部结构的最外层叫地壳。促使地壳的物质成分、结构和表面形态不断变化和发展的各种作用力统称地质作用，按发生作用的能量来源，可分为内力地质作用和外力地质作用两类。内力地质作用来自地球内部，主要表现形式是地壳运动、岩浆活动、变质作用和火山、地震等。外力地质作用指以太阳辐射、重力能、日月引力能为能源，通过大气、水和生物等的运动，对地壳表层进行的各种作用，按作用方式分为风化、剥蚀、搬运、沉积和固

结成岩作用等。内力地质作用总是使有的地方隆起，有的地方凹陷，形成高山和盆地，加大地表起伏和高差；外力地质作用发生在地壳表层，总是削平高山、填塞低地，使地表物质发生迁移、分散和聚集。

内力地质作用、外力地质作用每时每刻都在进行，山高、海深、地表形态千差万别、千变万化，是内外力矛盾斗争、长期共同作用的结果。世界四大洋中，太平洋面积最大，平均海水最深，世界最深的马里亚纳海沟，以及其他四个水深超过万米的海沟都在太平洋。正是因为以内力地质作用为主，使马里亚纳海沟不断加深并不奇怪。死海是地球上海拔最低、温度较热的地方，降水少，蒸发大，随着人口的增加、工农业发展，该地区淡水资源奇缺，约旦、以色列等国争水斗争激烈。过去30年中，死海水位下降了25米，表面积缩小了1/3，预计将在200年内，水位下降到海拔－510米，也不足为怪。

而我国的吐鲁番盆地面积约1万平方千米，平均海拔73米，差不多一半在海平面以下，低于海平面100米的面积也有两千多平方千米。据历史记载，艾丁湖曾是一烟波浩渺、面积约有5万平方千米的内陆湖，由于气候干燥，千百年来的蒸发，使湖面渐渐萎缩。1949年，艾丁湖面积大约还有152平方千米，1958年湖水面积只剩下22.5平方千米，水深不足1米。到了1994年，湖水面积已不足3平方千米，平均水深约0.7米，且呈零星片状水洼。通常测量最高点较容易，而在100～200平方千米范围内，寻找艾丁湖的最低点就颇费周折。通过先进的手段作业，保守估计最终测出的最低点是海拔－154.31米。

名山高程是重要地理信息，但许多山峰高程数据不统一、不准确，有的甚至相差近百米。随着社会经济的发展，社会对重要地理信息数据的要求不断增加。依法公布我国著名山峰高程数据，可有效规范重要地理信息数据的审核公布行为，引导社会公众使用权威的重要地理信息数据，强化公民国家版图意识。

在综合考虑知名度、影响力、测量条件、国防安全等因素的基础上，国家测绘局将我国国家级重点风景名胜区内的78座著名山峰高程纳入了由国家

公布的重要地理信息数据范围，公布了第一批 19 座名山高程数据并选址设立了新标志（见表 1 所示）

表 1　我国 19 座名山高程数据①　　　　　　　　　　　　单位：米

山名	海拔高度	山名	海拔高度
泰山	1532.7	九华山	1344.4
华山	2154.9	庐山	1473.4
衡山	1300.2	井冈山	1597.6
恒山	2016.1	三清山	1819.9
五台山	3061.1	龙虎山	247.4
嵩山	1491.7	崂山	1132.7
云台山	624.4	武当山	1612.1
普陀山	286.3	青城山	1260.0
雁荡山	1108.0	峨眉山	3079.3
黄山	1864.8		

十四、兴县支教

　　山西兴县，地处晋西北吕梁山区，今属吕梁市。抗日战争时期，兴县是晋绥边区政府、八路军 120 师总部、《晋绥日报》编辑部所在地，但在 1988 年以前这里无一米柏油公路，至 1992 年铁路未通（只到可岚）。残酷的战争年代"吕梁苍苍，汾水洋洋，先烈伟绩，山高水长"（晋绥解放区烈士纪念塔贺龙题词），但直到 20 世纪 90 年代初山西仍流行以下说法："舒舒服服汾河湾，凑凑合合晋东南，哭哭啼啼去雁北，宁死不上吕梁山。"兴县，老、少（shǎo）、边、穷四项占了三项，是全国重点扶贫县之一。

　　1992 年 4 月由北京市老年教育工作者协会组织，中国科协的赵秀涛（时任

---

　　①　引自《国家测绘局和建设部联合公布了我国 19 座名山的高程》，《光明日报》。

兴县副县长)率领中学九科教师去兴县支教。任务是培训教师，课堂讲课，高考学科升学辅导和组织各种实践活动。

在支教的两周时间内，我们圆满完成了(文综)地理综合辅导任务，并同当地地理教师一起，用日影竿法测定了当地子午线方向，在日影最短时刻测算正午太阳高度，也帮助当地学生学会了在短时间内很快确定南北方向，根据正午太阳高度测算地理纬度、地理经度、黄赤交角等基本原理和方法。

测得结果如下：

兴县中学(位于兴县城内)，海拔 986 米(1992 年 4 月 22 日)

正午太阳高度：$H=63°45'$

天文普及年历查得：$\delta=12°12'$，$\eta=+1^m25^s$

地理坐标：$111°08'E$，$38°28'N$

组织这样的观测实践活动，培训提高了当地教师的专业知识能力，使当地教师可以指导高年级学生，用日影竿法确定当地正南、正北方向，不借用工具书，不用查算任何数据资料，用简单的作图法就可实现。初中学会测算当地所处的地理纬度、地理经度，间接测算地物高度、地物距离，还可以在教师讲解下，根据已知公式，加时差改正和经度差改正，事先计算出当地真太阳时正午的平太阳时刻，可在短短几分钟内确定子午线方向，而不必耗费大半天功夫。高中学生还会探讨地月距离、日地距离的测定和较近的恒星距离的测算方法和原理。从而激励他们文理并重的学好各科知识，不断提高实际操作能力，也提升了当地学生的探究意识和能力。在当时"应试教育"环境下的支教，显然为升学。其实支教更应注重对师生智力、能力的培训提高，促进综合素质教育的健康发展。

十五、行政区划和地名的变迁

行政区划和地名的出现是历史发展过程中的社会现象，是人类进行社会活动的重要工具，没有地名的社会将是混乱的社会。行政区的划分、变动，

地名的取名、更改，常为政治原因或社会经济发展和管理的需要。

中国古代帝王的"天下观"就是"普天之下莫非王土，率土之滨莫非王臣"，讲究天象分野。"分野"就是将地上的州国与星空的区域互相匹配对应，其实天文地理分野的特点主要反映在黄道带上的星宿命名。它首先起源于东夷民族和西羌民族这两大民族的融合，分为二象，就是人们常说的"参商不相见"的故事。随着加入华夏联盟的民族的增多，为了更精确地区分季节，天文学由二象发展成四象，它象征着四季星象，对应着华夏地区的四个主要民族。在远古时，这些民族各有自己的分布地域，就是所谓的东夷、西羌、南蛮、北狄。以黄河流域为中心，中华民族繁衍发展。如我国古代《尚书》中的一篇《禹贡》就以四山、四河和海为分界标志，划分全国为九州；先秦时期限于黄河中下游地区，秦统一后实行郡县制，郡大县小，全国设36~40郡；汉代疆域扩张，西到巴尔喀什湖、葱岭，西南到滇、桂，北到大漠、辽东，曾设62郡。辛亥革命推翻帝制，建立中华民国，始简称"中国"。1949年中华人民共和国成立，定都北京，省级行政单位有49个（如图4所示），沈阳、西安、南京、武汉、广州等都曾是直辖市；1954年还设有西康省、昌都地区和西藏地方。新疆维吾尔、广西壮族、宁夏回族、西藏四个民族自治区，都是1955—1965年陆续成立的。现代已形成中央统一领导，省（自治区、直辖市）、县（自治县、旗、市）、乡镇三级行政管理体制。全国有23个省、5个自治区、4个直辖市、2个特别行政区，共34个省一级行政单位。

地名又是传统文化的组成部分，通常有政区聚落地名、自然地名、经济地名、文化地名、历史地名等。为了继承和发扬地名文化遗产，有必要加强地名的科学管理，如1986年1月23日国务院发布的《地名管理条例》就有许多明文规定。

新中国成立初期的绥远省（今内蒙古自治区阴山以南至河套、鄂尔多斯一带，抗日时期的晋绥边区）省会归绥、新疆省省会迪化等，分别改为当地少数民族的原名——呼和浩特（意为"青色的城市"）、乌鲁木齐（意为"优美的牧场"），这一改变更能体现民族平等。

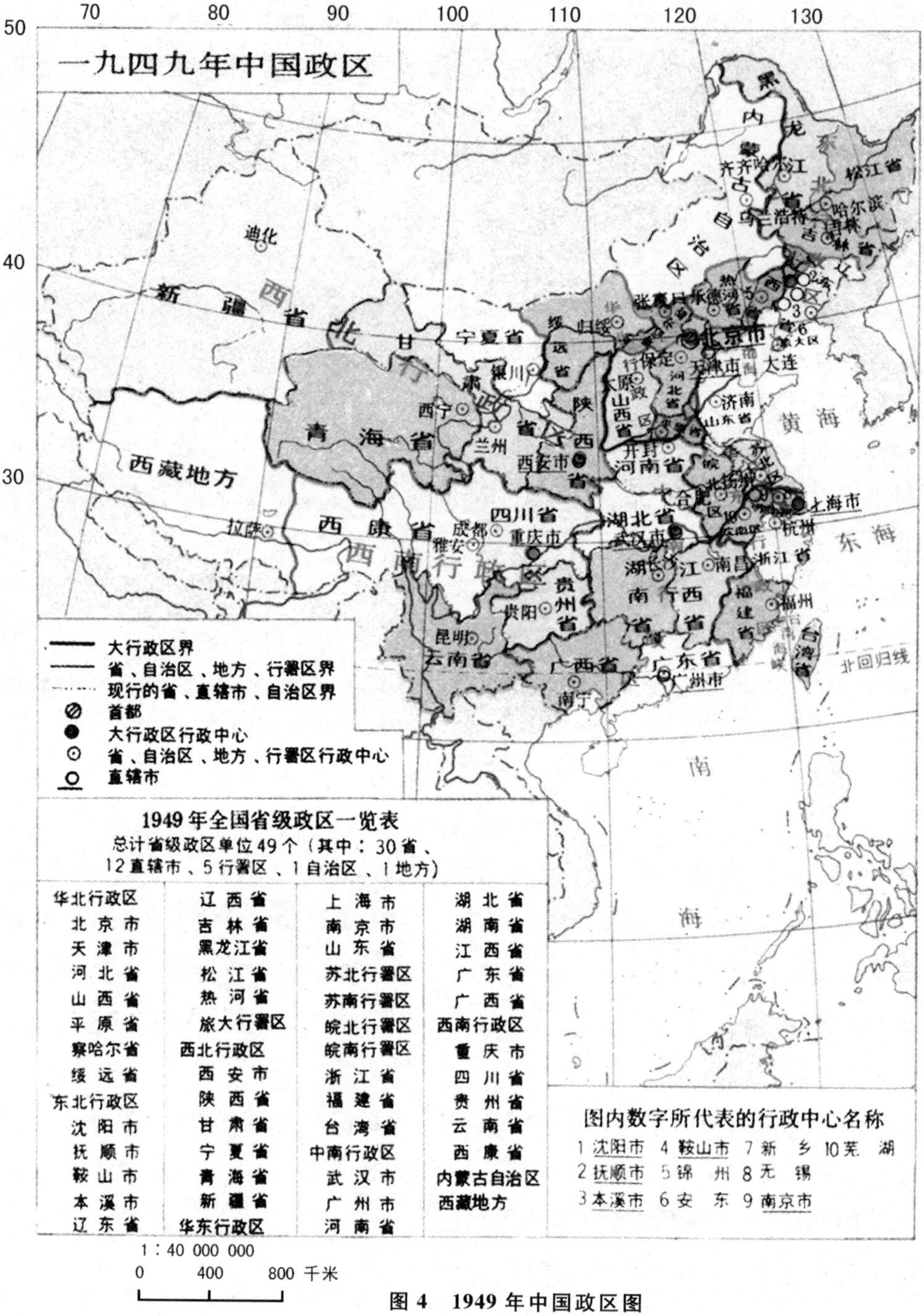

一九四九年中国政区

50

70　80　90　100　110　120　130

40

30

图例：

- ━━ 大行政区界
- ─── 省、自治区、地方、行署区界
- ─── 现行的省、直辖市、自治区界
- ⊘ 首都
- ● 大行政区行政中心
- ⊙ 省、自治区、地方、行署区行政中心
- ◎ 直辖市

1949年全国省级政区一览表

总计省级政区单位49个（其中：30省、12直辖市、5行署区、1自治区、1地方）

华北行政区	辽西省	上海市	湖北省
北京市	吉林省	南京市	湖南省
天津市	黑龙江省	山东省	江西省
河北省	松江省	苏北行署区	广东省
山西省	热河省	苏南行署区	广西省
平原省	旅大行署区	皖北行署区	西南行政区
察哈尔省	西北行政区	皖南行署区	重庆市
绥远省	西安市	浙江省	四川省
东北行政区	陕西省	福建省	贵州省
沈阳市	甘肃省	台湾省	云南省
抚顺市	宁夏省	中南行政区	西康省
鞍山市	青海省	武汉市	内蒙古自治区
本溪市	新疆省	广州市	西藏地方
辽东省	华东行政区	河南省	

图内数字所代表的行政中心名称

1 沈阳市	4 鞍山市	7 新 乡	10 芜 湖
2 抚顺市	5 锦 州	8 无 锡	
3 本溪市	6 安 东	9 南京市	

1 : 40 000 000

0　400　800 千米

图4　1949年中国政区图

94

在北京，通州旧地名有很多，如贡院、皇木厂、江米店、姜厂子、粮食市、通州卫、土坝等。通州城镇地区的"蛮子营"后已改名上营。明清漕运兴盛时期，南方随船而来的船夫多居此地，因带南方口音故称"蛮子营"，显然有歧视南方人之意。通州原有"校书里"一地名。"校书"原是妓女的雅称，显然寓意不健康，后改名新德巷。原次渠镇"骚子营"后改为安定营。嘉庆年间，皇都北京危急，屯军参战后，留下一些伤残军士就地屯种，多为"跛"足者，且以南方江淮人为主，吴语称"跛"为"骚"，显然"骚子营"具有侮辱意味，理应改名。

20世纪90年代以来撤区建市、撤县建市，地级市管县级市成风，特别是盲目复古，为争夺历史上的名人、名山、名水、名物而争相改名，风气不正。其实，把一些生僻、难认、拗口的地名改为通用文字也无不可，而在全国范围内消除县级以上政区的同名实在必要。例如，北京市（省一级行政单位）下辖通州区，与江苏省通州市就疑似重名。因为江苏省原有"南通"（县级行政单位）而素有"一京二卫三通州"之说的"通州"位于北运河北端起点，金时（1151年）升潞县为通州，俗称"北通州"，但只有"南通"，向来并无"北通"之名。今江苏省南通县升格为南通市（地级市），离南通不远的南通镇（又名金沙）似应定名为南通市（县级市或南通区），即所谓地级市管县级市（区），也就迎合了一时间撤区建市、撤县建市、地级市管县级市之风。2011年江苏省又将"通州市"改为"通州区"，即地级市下辖的区，这个"通州区"就名副其实地成为重名、同音了。这明显违反了"全国范围内的县、市以上的名称，不应重名，并避免同音"的"地名管理条例"。

直辖市和较大的市分为区、县，但每年都有一批县改市，又有一批县级市改设为区，仅1987年1月—1988年6月全国行政区划变动就有80多个。到2006年年底，中国大陆共有283个地级市，大多数省已经全省皆"市"了，其实只有直辖市的辖"区"属于城市，但也有郊区县，而北京市只剩密云、延

庆两县，天津市只剩静海、蓟县两县，上海市只剩崇明一县了。①

"你是哪里人？"这是中国人常问人或被人问的问题。答案有多种，即实际居住地、户籍所在地、出生地、籍贯或祖籍等，如北方人，南方人；河北人，湖南人；若问籍贯或个人履历表籍贯栏应填省（自治区、直辖市）、县（市、自治县、旗等）两级行政区名，因为一般省、县两级相对稳定，县级区域常最具乡土人文特色，如黑龙江海伦、湖南桃源、内蒙古包头、广东深圳、河北丰润等，而不必详尽到乡、镇、村、组、街道、门牌之类。

十六、北京市通州区面积的科学数据

地理区域范围有大有小，由于行政区划的变动和丈量、计算方法等原因，面积数据常有变化。通州区面积曾有 870 平方千米之说，至 1982 年 10 月，旧通县地名志确定为 907 平方千米，但其中通州镇约 10 平方千米、城关镇约 22.5 平方千米，与 16 个公社的总面积之和 907 平方千米数据并不一致。1990年 9 月版《北京市通县地名志》起用 912.34 平方千米的数据。事实上，1982 年 5 月已经有了科学数据，中国科学院地球物理研究所卫星遥感监测显示准确数据，北京市 19 个县、区，275 个公社，县以上行政界线调整 367 处（市内217，与河北省、天津市 150 处），据核实量算结果 13 个县、区扩大，6 个减少，全市总面积 16427.2 平方千米，如表 2：

表 2　北京市各县区面积表　　　　　单位：平方千米

县　区	市统计局数据	新量算数据	增、减面积
密　云	2335.6	2224.8	−110.8
怀　柔	2557.3	2128.7	−428.6
延　庆	1980.0	1992.7	+12.7
昌　平	1430.0	1343.1	−86.9

---

① 参考葛剑雄著：《人在时空之间》，北京：中华书局，2010 年版。

续表

县　　区	市统计局数据	新量算数据	增、减面积
顺　　义	980.0	1015.5	＋35.5
平　　谷	1075.0	945.1	−129.9
通　　县	870.0	912.3	＋42.3
大　　兴	1012.0	1040.2	＋28.2
房　　山	1833.7	1975.9	＋142.2
门 头 沟	1331.3	1455.1	＋123.8
朝　　阳	470.8	454.2	−16.6
海　　淀	426.0	428.7	＋2.7
丰　　台	304.2	300.5	−3.7
东　　城	24.7	25.6	＋0.9
西　　城	30.0	30.6	＋0.6
宣　　武	16.5	18.9	＋2.4
崇　　文	15.9	16.6	＋0.7
石 景 山	81.8	85.2	＋3.4
燕　　山	33.0	33.5	＋0.5
合　　计	16807.8	16427.2	−380.6

通县17个公社，面积数据都精确到小数点后3位，全县面积912.341平方千米，见表3。

表3　通县各乡镇面积表　　　　　　　单位：平方千米

乡　　镇	面积	乡　　镇	面积
徐辛庄	61.829	牛堡屯	55.039
宋庄	54.355	觅子店	47.150
城关（含通州镇）	47.963	漷县	44.115
胡各庄	31.939	马驹桥	41.336

续表

乡　镇	面　积	乡　镇	面　积
梨　园	24.829	永乐店(共六乡镇)	193.447
张家湾	47.413	大杜社	46.294
侉　店	38.810	台　湖	33.613
郎　府	44.286	次　渠	48.927
西　集	50.996	合　计	912.341

《通县地名志》、《通县县志》、《北京市大百科全书·通州卷》都采用了如上数据。但在通州区统计局统计年鉴和某些网上数据中通州面积仍沿用 907 平方千米，在通州区规划书中，区统计局的数据为 906.27 平方千米，且都未能说清各乡、镇、办事处面积数据，使用数据仍不统一。

十七、国际年　地球日

"国际年"是由联合国会员国或某个国际组织向联合国提议，经联合国讨论并做出相应决议而确定的。1980 年，联合国制定有关"国际年"的原则是：选择的主题必须符合宪章；优先考虑与经济、社会发展及人道主义、人权相关的主题；特别关注发展中国家的情况等。"国际年"的目的是为了唤起世界公众对全球范围某个问题的关注，提请各国政府和人民为解决该问题加强国际合作与交流。

为了唤起世界各国政府、政府间国际组织、非政府间国际组织以及其他国际力量对全球范围某个问题的关注，提请世界各国人民为解决该问题加强国际交流与合作，国际社会自 1957 年起开展了一系列国际年(也称世界年)以及国际十年活动。

国际年主题的确立属于世界范围内的政治、经济、社会、文化、人道或人权领域的优先问题，特别是与发展中国家最为相关的问题；国际年通常是

由联合国成员国或某个国际组织向联合国提议，由联合国大会依据设立国际年的标准、程序直接通过决议宣布，或由联合国的下属机构宣布，联合国大会通过决议给予确认。联合国指定联合国专门或某一机构的负责人担任国际年的主导机构或协调人，负责组织和协调国际活动的开展。

国际年的时间通常为一年，一年只设一个主题。近年来国际主题设立的情况有些变化，同一年可以是多个不同主题的国际年。由于一些国际年确立的主题所涉及的问题复杂，需一个较长的时间才能够完成，联合国把这些活动的开展以 10 年为一个目标期，这种持续 10 年的活动则被称为国际十年。如自然灾害与"国际减灾十年"活动，一般说，自然灾害可分为突发性灾害和趋向性灾害两类：突发性灾害指的是在生态系统中，由某种不可控制或者难以控制的破坏性因素引起的短时间里发生的灾害；趋向性灾害指的是由于人类日积月累的行为错误，造成环境污染、生态不平衡，而导致的巨大灾害。"国际减灾十年"活动，是经第 42 届联大决定的一个全球性减轻自然灾害的活动。它旨在通过各国一致的行动，以减轻自然灾害所带来的生命、财产破坏，以及由此引起的社会和经济停滞。这一活动从 20 世纪 90 年代第一天开始，每年 10 月的第二个星期三为"国际减灾日"。当一个主题的国际十年开展后，可根据需要依次再举办相同主题的国际十年。除"国际减灾十年"外，其他国际年还有"国际极地年"、世界气候研究计划、人与生物圈计划、大洋钻探计划等。

通过数十个国际年和国际十年活动的开展，联合国的作用、形象和价值得到了推广和展现。在经济、社会发展及人道主义、人权等方面，尤其是关注发展中国家的发展，国际年成为联合国成员国开展合作的重要窗口和途径。具体而言，每个国际年活动主题的提出，无疑都会引起国际社会、世界各国、各国人民对相关问题的关注，使国际社会的注意力集中在这一主题上。国际年活动的开展，提高了人们对相关问题的认识，推动了联合国各系统、各成员国和所有其他方面利用国际年促进相关事业的可持续发展；国际年活动的开展，通过动员国际舆论，为执行联合国及其他国际机构的决议注入活力，

并以此加强有关领域的国际合作。国际年的活动成为在全世界推动相关方案实施的特殊时机，激励各国政府、国际和区域组织及非政府组织加强合作，以期实现国际社会所定立的维护世界和平、促进世界发展的目标。

从个体的角度看，通过参与联合国创办的国际年活动，可以使我们有机会接触有关问题，提高对相关问题的认识和理解，增强我们的责任感、时代感和全球意识，自觉地投入到为国家及人类社会长远发展的伟大事业中。

世界（国际）日是联合国的专门机构及其他国际组织建议，由联合国大会讨论确定的，也有些是由联合国的专门机构及其他国际组织根据自己的任务而确定的，在国际范围内开展的单项活动日。其宗旨跟国际年有些相似，目的是为了推动各国政府和社会各界进一步重视一些社会问题，并通过开展各种活动，为社会解决一些问题。

地球是人类的共同家园，然而，随着科学技术的发展和经济规模的扩大，全球环境状况在过去30年里持续恶化。有资料表明：自1860年有气象仪器观测记录以来，全球年平均温度升高了0.6摄氏度，最暖的13个年份均出现在1983年以后。20世纪80年代，全球每年受灾害影响的人数平均为1.47亿，而到了20世纪90年代，这一数字上升到2.11亿。目前世界上约有40％的人口严重缺水，如果这一趋势得不到遏制，在30年内，全球55％以上的人口将面临水荒。自然环境的恶化也严重威胁着地球上的野生物种。如今全球12％的鸟类和四分之一的哺乳动物濒临灭绝，而过度捕捞已导致三分之一的鱼类资源枯竭。

1970年4月22日，美国的一些环境保护工作者和社会名流发起了"地球日"活动。这是人类有史以来第一次规模宏大的群众性环保运动，是在西方工业发达国家震惊世界的公害事件频繁发生的背景下出现的，它有力地推动了世界环境保护事业的发展。

世界地球日活动旨在唤起人类爱护地球、保护家园的意识，促进资源开发与环境保护的协调发展。中国从20世纪90年代起，每年4月22日都举办世界地球日活动，并根据当年的情况确定活动主题。

十八、世界著名山峰

　　中国科学院兰州冰川冻土研究所的专家们在编制乔戈里峰地图的过程中，在新疆喀什地区新发现一座海拔 8011 米的山峰，名为"中央峰"。这是我国地质学史上的一个重大发现，这一重大发现使地球上海拔超过 8000 米以上的山峰增加到 15 座（见表 4）。中央峰位于喀喇昆仑山脉主脊，世界第二高峰乔戈里峰东南方向 8.35 千米的地方。

表 4　世界上 15 座海拔超过 8000 米的山峰

排序	山峰名称	海拔高度（米）	所在地
1	珠穆朗玛峰	8844.43	中国—尼泊尔
2	乔戈里峰	8611	中国—巴基斯坦
3	干城章嘉峰	8586	锡金—尼泊尔
4	洛子峰	8516	中国—尼泊尔
5	马卡鲁峰	8463	中国—尼泊尔
6	卓奥友峰	8201	中国—尼泊尔
7	道拉吉里峰	8172	尼泊尔
8	马纳斯卢峰	8156	尼泊尔
9	南伽峰	8125	巴基斯坦
10	加舒尔布鲁木山	8080	中国—巴基斯坦
11	安纳布尔纳峰	8078	尼泊尔
12	布洛阿特峰	8051	中国—巴基斯坦
13	加舒尔布鲁木第二	8034	中国—巴基斯坦
14	希夏邦马峰	8027	中国
15	中央峰	8011	

　　注：资料来自中国地图出版社三种地图集：
　　《世界地图集》和《中国地图集》2004 年版（2、3、5、6、7、8、9、11、14）；《中学教师地图集·世界地图分册》1996 年版（2、3、4、5、6、7、8、9）；《中学教师地图集·中国地图分册》1989 年版（2、4、5、6、10、12、13、14）。2005 年中国复测珠峰，国家测绘局公布了珠穆朗玛峰的最新测定高度：8844.43 米。消息来自记者杨永林的文章《他为珠峰量"身高"》。2006 年以后出版的地图都已采用新数据。新发现的中央峰在中国—巴基斯坦边境上，尚未标注到图上。

表5　世界七大洲第一高峰

序号	大洲	高峰名称	海拔高度（米）	所在地
1	亚洲	珠穆朗玛峰	8844.43	中国—尼泊尔
2	欧洲	厄尔布鲁士峰	5642	俄罗斯（高加索山）
3	非洲	乞力马扎罗山	5895	坦桑尼亚
4	北美洲	麦金利山	6194	美国（阿拉斯加）
5	南美洲	阿空加瓜山	6960	阿根廷
6	大洋洲	查亚峰	5029	印度尼西亚
7	南极洲	文森山	5140	

注：7项数据分别出自《世界地图集》，北京：中国地图出版社，2004年版。《中学教师地图集·世界地图分册》，北京：中国地图出版社，1996年版。《中学教师地图集·中国地图分册》，北京：中国地图出版社，1989年版。

喜马拉雅山和青藏高原地区地壳平均厚度值较大，它比全球地壳多出一倍以上。喜马拉雅山平均海拔6000米，这里超过7000米的山峰就有30多座，海拔4000米以上的高原面积达300万平方千米，都是"地球之最"。青藏高原号称"世界屋脊"，喜马拉雅山脉是高高翘起的南檐，世界15座海拔超过8000米的高峰，有10座在喜马拉雅山脉，主峰与马里亚纳海沟高度差超过20000米，与全球内陆最低点相对高度差也达9000米。喜马拉雅山脉是世界上最年轻、最雄伟的山脉，珠穆朗玛峰被称为"世界第三极"，名不虚传。

十九、"袖珍国度"

"袖珍"多用于形容体积较小、便于携带的物品，如袖珍词典、袖珍收录机等。"袖珍国度"显然首先指国家面积小，其次指国家人口少。请看"袖珍国度"面积、人口表。

表 6 "袖珍国度"面积、人口表

国　　名	面积（平方千米）	人口（万）	地理位置和特色
梵蒂冈城国	0.44	0.14	位于意大利首都罗马城西北角的梵蒂冈高地上，中立国，世界天主教会领导中心
摩纳哥公国	1.95	3.4	地形狭长，南北最窄处仅 200 米
瑙鲁共和国	22.1	1.2	珊瑚岛国，无河流
图瓦卢	26	1	位于中太平洋南部
圣马力诺共和国	61	2.7	国土四周被意大利包围，内陆国中国
列支敦士登公国	160	3.3	内陆山国
马绍尔群岛共和国	180	5.7	西太平洋珊瑚岛礁国，交通运输以海运为主
圣基茨和尼维斯联邦	267	4.2	东加勒比海背风群岛北部，属火山岛
马尔代夫共和国	298	27.6	两列平行珊瑚礁组成，地形狭长低平，平均海拔 1.2 米
马耳他共和国	316	39.5	有"地中海心脏之称"，无铁路，是世界第四大船舶登记国
格林纳达	344	10.1	东加勒比海向风群岛最南端
圣文森特和格林纳丁斯	389	10.9	东加勒比海小安的列斯群岛南部的火山岛国
巴巴多斯	431	26.8	东加勒比海小安的列斯群岛最东端
安提瓜和巴布达	442	7.2	东加勒比海小安的列斯群岛北部
塞舌尔共和国	455	8.1	印度洋西部的群岛国家，地处欧、亚、非三大洲中心地带，亚、非交通要冲

注：参考《世界地图集》，北京：中国地图出版社，2004 年版。

二十、"泰内雷之树"的警示

我国西北蒙、疆、甘、宁等省区，地处亚欧大陆内部，远离海洋，属温带荒漠带，气候干旱，动植物生长环境恶劣，但在广阔的戈壁沙漠中栖息着黄羊、野骆驼等珍贵动物，傲然生长的沙生植物也有三百多种。

当地有"黄羊站一站，马跑一身汗"之说，是说黄羊奔跑速度很快，可以赶得上高速行驶的卡车。那里野骆驼忍饥耐渴，足可拖垮捕食它的饿狼；胡杨树凌风傲沙、不畏干旱、抗逆盐碱。随意散布的胡杨树，每一棵都有绝对独立的姿态，有的枝繁叶茂，有的已只剩下树干，有的颓倒在沙丘上，有的倾斜着，用强大的根系做着顽强的支撑。传说胡杨可生长千年不死，死后千年不倒，倒后千年不朽。沙蒿、骆驼刺、甘草、芨芨草等都是枝叶短小干黄，但根系发达，能顶风冒雪、抗御严酷的自然环境，适应沙漠中不利的条件。所谓"疾风知劲草"，说的就是芨芨草。

西非属热带荒漠带，热带沙漠气候，终年炎热干燥，条件更加险恶。在西非国家尼日尔的沙漠中有棵"泰内雷之树"，在沙漠里生长了1800多年，然而在遭受一次汽车撞击后，这棵树却枯萎了。两千年风沙干旱尚能顽强生存的古树，却经不起一撞，引起人们的思考。深入探究后人们发现：原来自古树"成名"后，路过的车队和驼队不仅为它竖起屏障遮挡风沙烈日，还经常用珍贵的饮水浇灌它。本已习惯了恶劣生长条件的古树，从此无须再与环境抗争，生命机能逐渐退化，以致脆弱到难以抗受一次碰撞。风沙的砥砺，没有让古树倒下，善意的呵护反倒让它送了命，"泰内雷之树"的悲剧令人感慨，也催人思索、警醒。

联想生活中的一些现象，颇与"泰内雷之树"相似。譬如，每年的会考、中考，特别是全国统一的高考前后，考生成了举国上下关注的焦点。为给考生创造一个好的迎考、应考环境，从政府部门、学生家长到社会各界都想尽了法子，从"禁噪令"、"考试保姆"到"考生绿色通道"，真可谓是用心良苦、

呵护备至。但就是这样，还是不时有遗憾的事情发生，有的考生因精神压力过大而离家出走，有的考生落榜后甚至选择了结束生命。再譬如。孩子考取大学值得高兴，但近年来，家长送孩子入学报到，不少家长租住、陪读，也已成"景"。"中国式溺爱"值得每个家庭和整个社会反思。

俗话说"寒门出贵子"、"穷人的孩子早当家"，娇生惯养中的"娇惯"真如泰内雷之树中的"浇灌"。温室里培养的花朵经不得风雨，倒是如胡杨、芨芨草一类的野草经受风霜雨雪考验，"野火烧不尽，春风吹又生"。

艰苦的环境、困难和挫折，往往会激发人的进取勇气和创造活力，砥砺人的意志和品格。对于青少年来说，在给予必要而适度的关注的同时，减少过分的"呵护"，让他们凭借自己的智慧和努力，独立地去面对人生的大考场，勇敢地承担起自己应当承受的考验，是他们的成长所不可或缺的。

"泰内雷之树"的倒下令人惋惜，但愿它以生命换来的警示能为我们所铭记。

二十一、有关中国区域划分的争论

"区域"是由某个或某几个特定指标划分出来的一个连续而不分离的空间，这个空间是指地球表层的一定范围，它的界线由这些指标来确定，这些指标可以是均质共性（如气候区、植被地带等），可以是辐射吸引力（如运输枢纽、流域、贸易区等），也可以是一定的管理权（如行政区、经济区、工业区、农业区、文化区、民族区等），还可以是起着一定的职能作用（如城市规划中的功能分区）。总之，根据划分指标的不同便有不同的分区。传统的区域地理研究包括区域的自然、经济、社会文化研究，如自然区划就是按自然地理条件的相似性和差异性进行的区域划分。有时以单项自然地理要素为对象，如气候区划、地貌区划、土壤区划等。综合考虑多种自然地理要素，把地表分为不同的等级单位，如带、地区、地带等，则称为综合自然区划。划分的每一个单位相对地具有发生上的一致性和共同发展趋势，这对合理利用和改造自

然，对农业生产规划等都很有参考价值，也是公民应该掌握的一般地理常识。

2009年6月版北京市义务教育课程改革实验教材八年级上册《地理》第九章"中国的区域差异"选定五节内容："华北地区"、"青藏地区"、"沿海地区"、"香港和澳门特别行政区"和"台湾省"，这种把"中国的区域差异"选定五个地区来讲述的分类方法，笔者认为有欠妥当。

(1)"华北地区"不宜再用，因为原有华北、东北、华东、中南、西南、西北六大行政区和经济协作区的划分早已失去原意，现在为照顾历史习惯，仍保留六大区的概念，但不作为行政区的实体，一般只习见于"华北、东北大范围雨区"、"东北老工业基地重新振兴"、"华东沿海地区"、"西南边陲"等特定用法中。本处教材写得明白"华北地区的范围，北界是长城一线，南界是秦岭—淮河一线"，此"华北地区"是"中华民族的重要发祥地"——黄河流域，讲的是"文化区"。甘肃临洮、渭源、天水一带，宁夏大部，陕北、关中都属黄河流域，是中华民族的文化发祥地。有的老师讲课中本不应该刻意渲染"甘肃、宁夏、陕西属华北"，况且原"华北地区"特指内蒙古、山西、河北、京、津(五省区市)，不包括甘、宁、陕，教师讲课时出些失误也不值得大惊小怪。

(2)"青藏地区"是自然区；"沿海地区"是东部沿海经济地带，是三个经济地带的经济分区；港、澳、台又是行政区，把几者并列讲述有点"不搭调"，应该按统一标准区分。

(3)既是讲"中国"的区域差异，选定五节，不全面。但要全面介绍又过于烦琐，特别是"行政区"，如果按23个省、5个自治区、4个直辖市、2个特别行政区的划分讲述也无必要。

(4)讲中国的区域差异，还是恢复三大自然区、四大地理区为好。综合自然区划不同于行政、经济、文化分区。中国科学院地理研究所的《中国综合自然区划》将自然区分为东部季风区、西北干旱区、青藏高寒区。东部季风区又以秦岭—淮河(白龙江)为界分为北方、南方两大地理区，进而分为二十八个地带和亚带、九十个自然省，如京、津地区同属北方半湿润地区海河平原省，而陕西西安、宝鸡、甘肃天水和冀北山地一样也同属半湿润地区晋南关中盆

地自然省。三大自然区、四大地理区、五大气候类型以及六个温度带（区）等都是中学生很熟悉的一般地理知识（见图5所示）。

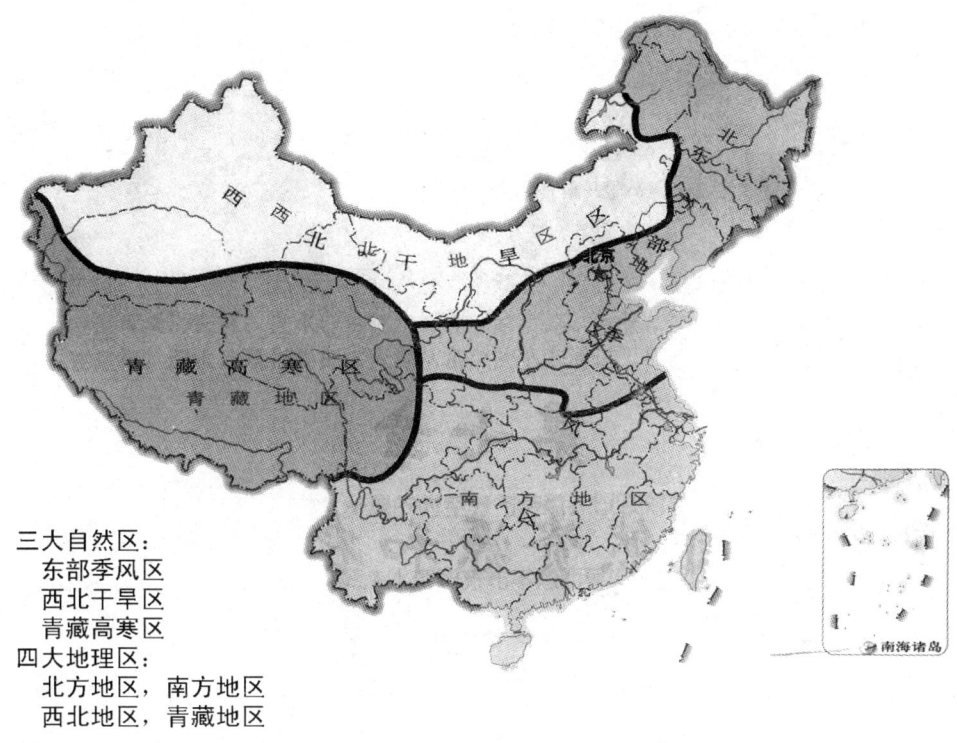

三大自然区：
　东部季风区
　西北干旱区
　青藏高寒区
四大地理区：
　北方地区，南方地区
　西北地区，青藏地区

图5　中国自然地理分区

英国生物学家赫胥黎，在通俗科学演讲《人类在自然界的位置》中"想到教学相长"，谈到"通俗讲演……是澄清自己思想上一些模糊之处的一种最好的方法"。地理课、地理教材引起争论、热议是大好事，它对一纲多本原则下的地理教材编、审，对地理课堂教学和区域地理研究等都将起到巨大的推动作用。

二十二、关心时事政治，提高民族科学文化素质

地理区域、地理事物空间分布是地理学中常用的概念。"区域"是由某个或几个特定指标划分出来的一个连续而不分离的空间，这个空间是指地球表

层的一定范围。根据划分指标的不同便有不同的分区，有自然区、经济区、行政区，等等。如我国国内的乡镇、县市、省区，世界上的大洲、大洋、地区、国家等都是大大小小不同的区域。

当今世界，人们面对的是国际政治多极化、经济全球化、区域经济一体化、社会信息化的局势，人们普遍关心国家的发展，关心国内外大事，而书报、广播、电视、网络等新闻媒体信息传播迅速，人们通过这些途径关注时事政治时，都需要一定的地理知识，需要有区域和空间分布的概念。头脑中有幅中国地图、世界地图可以使人消化信息时心明眼亮，有助于更深入地了解国内外大事。

例如，2011年2月利比亚国内动乱已滑向内战边缘，我国在利比亚的侨民、务工和工程技术人员的生命财产安全受到严重威胁，牵动国内人民的心，他们急需救助，接运回国。很多人不禁要问：利比亚在哪里？那么多人怎么接？消息中频频出现的北非、西亚、南欧、地中海、埃及、突尼斯、希腊、意大利、马耳他、土耳其，以及克里特岛、兰佩杜萨岛和的黎波里、班加西、米苏拉塔、雅典、开罗、瓦莱塔等与其有什么关系？

翻开非洲地图可以发现，地中海是非洲、欧洲和西南亚洲之间的大海，拉丁语中"地中海"原意即"大地中间的海"，地理学上称为陆间海，它的南面有利比亚、埃及、突尼斯等北非国家，北面有意大利、希腊等南欧国家，东面有土耳其、叙利亚等西南亚（通常也称西亚）国家。马耳他是地中海上的岛国，首都是瓦莱塔，克里特岛是地中海上的较大岛屿，属于希腊，兰佩杜萨岛位于马耳他与突尼斯之间，属于意大利（在一般地图上很难找到）。再看看比例尺较大的利比亚地图，利比亚的首都是的黎波里，东部的班加西是"反对派"的大本营，政府军和反对派在米苏拉塔展开激战，反复争夺苏尔特、艾季达比亚等地，空中有以法国为首的战机进行狂轰滥炸，情况十分危急。

利比亚地处北非，与我国远隔万里，接机救援难度很大。为营救三万多名滞留的中国公民，中国政府紧急通过陆海空不同管道，调派民航包机，利用大型邮轮、远洋渔船、大客车等交通运输工具，火速展开史上最大规模的

紧急帮助中国同胞撤离行动。分几批或从利比亚邻国突尼斯转机，或由瓦莱塔转港，或分别到希腊克里特岛集中。3月2日，中国驻希腊使馆租用的"韦尼泽洛斯"号邮轮载着从利比亚撤出的中国公民抵达希腊克里特岛。至此，已接运有回国意愿的35860人（另外还有印度、孟加拉等12国多达2100名外国侨民），到就近第三国集中，后陆续空运回国。

十几年前，人们只听说过美、英等国为保护海外公民和利益而大规模撤侨的事例，如今多国媒体把中国行动当成一个"标准"。

中国在利比亚的撤员，是中国外交史上的空前行动。中国撤员塑造了国家形象、政府信誉，展现的是国力的强盛。

第三章

地理野外观察、考察和社会调查等实践活动

为了更好地完成地理教育教学教研任务，地理教研员必须在野外进行观察、考察和社会调查等实践活动，苦练基本功。一线地理教师，也只有不断提高实践活动能力，才能更好地完成教学大纲规定的"同地理基础知识教学紧密结合的基本技能训练与能力培养要求"。

我是北京师范学院（今首都师范大学）第一届地理系毕业生，后成为一名中学地理教师、地理教研员。作为一名普通地理工作者，我曾立志服务于基础教育事业。在从事地理教育教学研究工作中，我有机会到全国不少地方走走，同时，也努力争取到通州区二中、六中、北关、草寺、龙旺庄、西集等中学，或给予地理教师资助，或给予工作安排上的关照，使得不少地理教师有机会参加北京地理学会暑期考察活动。

一、天气气候谚语

"天气"是一个地方瞬时或较短时间内气温、气压、湿度等气象要素及其所引起的风、云、雨等大气现象的综合状况。人们谈天说地或漫无边际的闲聊天儿，也常离不开天气，如"今天风和日丽"，"明天大风降温"、"看到早霞了吗"，"出门带上雨具"。"气候"则指某一地区多年常见，包括某些特殊年份偶然出现的天气状况的综合。如通县属于暖温带大陆性季风气候，受季风影响，形成了春季干旱多风，夏季炎热多雨，秋季天高气爽，冬季寒冷干燥，四季较分明的气候特点。天气、气候与人类生产生活关系非常密切，是中小学师生和老百姓时时关心的话题，是地理实践活动的重要课题。

1."冷在三九，热在三伏"

一年之内气温高低的变化叫气温的年变化，"冷在三九，热在三伏"指的是一年之中最低和最高气温出现的季节和日期。

太阳辐射是地球获取热量之源。在北半球，太阳辐射最弱的月份是 12 月，由于地面储存热量和大气热量收支差额的盈亏关系，使整个北半球气温最低的月份落后于 12 月份一个月左右，出现在 1 月份，这在气象学上称为"滞后性"。因为北半球夏季经秋至冬正午太阳高度不断降低，热量支出大于收入，气温逐渐降低，虽然在冬至日正午太阳高度达到最低值，但地球有巨大的热容量，仍然是热量支出大于收入，气温继续降低，以后转入收入大于支出，气温回升。冬至日在每年 12 月 22 日前后，冬至开始数九，九天一九，"三九"滞后 27 天左右，所以说"冷在三九"。海洋的热容量比陆地大，传热方式比陆地复杂，其热量收支盈亏转换还要推迟，一般最低气温出现在 2 月份。

和"冷在三九"一样，最高气温也不出现在夏至日，而是"热在三伏"。夏至后第三个庚日开始数伏，十天一伏，滞后 30 天左右。有人说"热在中伏"，是因为中国农历规定立秋后必有一伏，立秋后的庚日才数"三

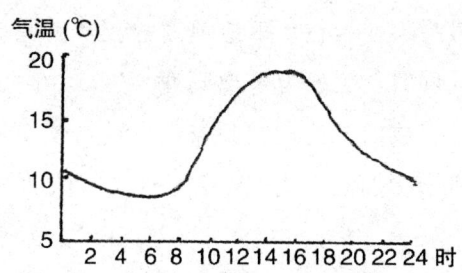

图 1　北京 10 月份气温日变化平均情况图

伏"，因而有时中伏为 20 天，而且中伏为 20 天的机会更多。其实"三伏"也常常泛指暑热伏天，不一定特指"第三伏"，所以还是称"热在三伏"更贴切，滞后一个月左右。

同样道理，日最高气温出现在午后两点左右，而不是在正午（见图 1）。

2."瑞雪兆丰年"

雪是云中降落的液体水滴因气温较低，水汽在空中直接凝华所致，和雷雨、冰雹一样也属降水。"瑞雪兆丰年"有几个原因：一是积雪层对越冬作物的防冻保暖作用。新降积雪疏松多孔，雪花与雪花之间存在着大量空隙，含

有不流动的空气。厚雪覆盖大地，能减少土壤内部热量的外逸，又能阻止外界寒气侵入，如同盖一床厚厚的棉被，外面的天气再冷，积雪下面的表土温度也不致降得很低。二是积雪层对越冬作物的增墒保墒和肥田作用。因为雪水中含有的有利于庄稼生长的氮化物比普通水高，用腊月的雪水浸泡种子能增产，灌溉庄稼也长得好。三是雪水中含有大量的氮化物，这些氮化物进入土壤中，能合成各种盐类，如硫酸铵就是作物良好的天然肥料。雪水中还有作物所不可缺少的铁、磷、硫多种矿物质，也能增加土壤中的养分。四是积雪层的杀虫作用。积雪阻塞了地表空气的流通，可使一部分地下害虫窒息而死。融雪时消耗热量又使地温下降，可以冻死一些附着在土壤表面或作物根部越冬的病菌和螟、蝗虫卵。五是积雪层的融雪水主要是轻水，有明显的增产效应。

需要特别指出的是，"瑞雪"指的是"立春"以前下的冬雪。一般来说，每年农历三月间下雪就非常不好，因为此时正值农作物开始生长的重要阶段，怕下雪。在农作物生长期间，其土壤表面和植株表面的温度降低到可以使庄稼受冻或死亡的温度以下就叫"霜冻"。霜冻是一种农业气象灾害，对晚秋庄稼和早春作物危害都很大。2001年3月26、27日，山西、河北、山东、苏北等地普降了三月里罕见的飞雪，华北北部的部分地区气温下降11～17℃，出现"倒春寒"就是例证。

3."水缸穿裙大雨淋"

夏季天气炎热，因为农家屋里的水缸传热的性能比空气好，吸热和散热都比较快。一般情况下，室内水缸的温度要比空气的温度低。下雨之前，闷热潮湿的空气接触到水缸表面，温度马上降低，随着气温降低，空气逐渐达到饱和或过饱和状态，空气中的水汽于是在缸口壁上凝结成小水珠，这就是告诉人们：天要下雨了。其实自来水的上、下水管和某些金属器物也常给人湿漉漉的感觉，都是下雨的征兆。

4."下雪不冷化雪冷（下雪不冷雪后寒）"

我国有句谚语，"下雪不冷化雪冷"，这是常见的天气现象。但"化雪冷"

的原因常被误解为"化雪蒸发时要吸收大量热量，所以天气变得严寒"。

在日常生活中，我们经常见到蒸发和溶解的现象。液态水转化为水汽的过程叫蒸发，例如，潮湿的衣物，经晒晾可以变干，一碗水经过一定时间，也可以自行消失。由液态水蒸发为同温度的气态水，所消耗的热量，叫蒸发热(汽化热)，由固态水转化为液态水，叫溶解热，而汽化热比溶解热大得多。

水因蒸发而消耗的热量，使水的温度比周围环境的温度低，在这种情况下，就必须从周围吸收热量以维持蒸发。蒸发速度和蒸发量与温度和风密切相关，所以在盛夏热季，人们常用洒水的办法以达到降温的目的，用热水洗洗擦擦再扇扇风就更觉凉爽，所以化雪蒸发时要吸收大量热量，容易被误解为化雪耗热是天气变严寒的原因。

其实，一个地方的气温变化主要原因是气团活动和昼夜交替，特别是在天气剧烈变化时段更是如此。例如，冬季极地大陆气团常常可以在 24 小时降温 12℃以上，北京地区强冷空气前锋南下过境时常常先发生降雪，但大北风未起，天气并不是很冷，起风后，北京换位正处冷空气中心位置，完全被干冷的极地大陆气团控制，天气变得严寒，但此时却值雪后天晴，寒冷，并非因为化雪。数九隆冬冷锋过境有时只阴阴沉沉，并不下雪，但大风过后同样可以十分严寒，甚至更冷。西伯利亚冷空气南下时，常可控制我国西北、华北、东北多个省区，上百万平方千米，地面上两三千米厚的大气层都是寒冷的，这绝不是局部地面上一点点积雪蒸发耗热所能造成的，因此"下雪不冷化雪冷"，应改为"下雪不冷雪后寒"。再说雪的融化、蒸发主要在白天，房屋的南侧或房顶的向阳坡积雪融化的早、融化的多，谁会认为白天比夜间冷、阳坡比阴坡冷呢？同样，我国北方，特别是东北地区冬季严寒，多场降雪，经久不化，如果是化雪更冷，如何解释冬季积雪，春季融化，迎来春风呢！我国南方下雪后常很快融化，甚至边下边化，可是最低气温并不出现在化雪之时，而是出现在化完雪之后，想来一定是降雪、化雪后，冷气团完全控制了南方大部分地区的一次寒潮天气的影响。

5. "八月十五云遮月，正月十五雪打灯"

广大农民群众从社会实践中，经过长期不断地摸索，归纳、总结经验，

他们发现八月十五夜间若是乌云满天云遮月，则第二年的正月十五夜间便会雪花飘飘，所以农民将八月十五和正月十五出现的不同的自然现象联系起来说"八月十五云遮月，正月十五雪打灯"。

2004年八月十五日（阳历9月28日）乌云遮月，下年正月十五（2005年2月23日）迎来了一次小雪天气过程，正应了"八月十五云遮月，正月十五雪打灯"的谚语。事实上，只能说，去年的"八月十五云遮月"，那么今年的"正月十五雪打灯"的可能性比较大，但毕竟是不常遇到的事情，八月十五到正月十五，时间相隔150天，二者并无必然联系。

6."春雨寒，冬雨暖"

地球大气层是地球环境的重要组成部分。万物生长靠太阳，但太阳辐射到达地球首先要通过大气圈，大气通过吸收、反射、散射，对太阳辐射有"削弱作用"，使到达地表的太阳辐射量比大气上界的太阳辐射少（或称为"阳伞作用"）。同时，大气中的水汽和二氧化碳对地面辐射的吸收能力很强，使地面辐射的大部分保留在大气中，大气由此增加热能；大气逆辐射将大部分热量送还地面，对地面起到保温作用。由于这些作用与温室玻璃的作用相似，故称为"温室效应"。

春天，正午太阳高度逐渐升高，地面上得到的热量逐渐增多，气温也就逐渐升高。如果出现阴雨天气，使阳光被遮挡，太阳辐射被削弱，再加上空气潮湿，也容易吸收热量，使气温降低，所以农谚说"春雨寒"。

冬天，正午太阳高度角小，太阳辐射量小，气温基本上靠地面长波辐射热量维持。如果天晴无云，热量散失得快，天气就会变冷；而阴雨雪天气，乌云密布，热量散失得慢，所以农谚说"冬雨暖"。

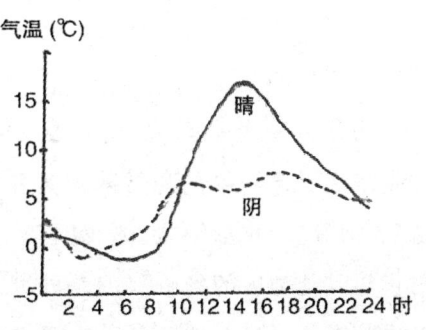

图2 春季北京天气状况对气温日变化的影响

7. "北雪犯长沙，胡云冻万家"

据记载，我国长江中下游和岭南地区，500 年来曾有四次寒冷期，最近一次在 1955 年。2008 年（1 月 10 日突发，春节前突然结束）的低温程度虽不十分严重，但其灾害程度和范围之广是少见的，就长江上游和岭南地区而言，至少是五十年一遇的大雪冰冻灾害，而对长江上游来说可谓百年一遇的冬季低温冰冻灾害。在如此低纬度地区，持续低温冰雪 20 多天，以冰灾（冻雨）为主，使部分山区输电铁塔倒塌或电线积冰垂断，公路、铁路也因冻雨，即雪后到处是冰凌，造成运输极度困难。

为什么冰雪灾害不发生在严寒的北方反而发生在温暖的南方呢？北方冬季晴天多，气候寒冷干燥，大气中水汽很少，冰天雪地，冰封雪飘，积雪低温不化。真正降雪多的地区在南方江淮及其附近，正常年份，淮河以北低温水汽较少，而江南中南部水汽多但缺少降雪低温，都难下大暴雪。这次也是江淮北部多雪灾，南部主要是冻雨（冰）灾。冻雨（雨凇）的形成，需要大气低层中有一个气温在零上的暖层，以使得从高空中降落下来的雪花能在那里融化成水滴，当它在继续下降到贴近地面的零下冷气层中时成为零下而尚未冻结的过冷却水滴，最后落到温度零下的地面上时立刻冻结成透明的冰层，或落到房顶、屋檐、树木枝杈、电线等物上，造成灾害。冻雨（冰）灾并非夏季强对流产生的冰雹。

为什么说这次冰雪灾害主要"导演"不是"拉尼娜"？众所周知，"拉尼娜"是指东太平洋海区的异常降温现象，所以有人把这次冰雪灾害归罪于"拉尼娜"。而其实"拉尼娜"远离我国几千千米，主要决定它海区周围地区的天气，对世界其他地区的影响只能是外因。再者，全球变暖不等于全球每个角落的冬季都变暖，每个地区冬季冷暖变化都有它自己的特点，即主要取决于当地大气环流的变化规律，大气环流形势有利，冷空气南下多了、频了，就是冷冬；反之就是暖冬。全球变暖的结果，一是可以造成暖冬，二是可以造成全球极端天气气候事件多发。2008 年冬罕见的冰雪灾害显然是一种极端天气气候事件。

为什么"北方冰雪成景",而"南方冰雪成灾"? 黑龙江哈尔滨、北京延庆等地常常举行冰雪艺术节。北京著名的"燕京八景"中就有"西山积雪"(又名"西山晴雪")一景。我国北方的冬天,有时并未下雪,但清晨浓雾过后,树枝上、电线上、屋顶上也会出现白皑皑的一片,仔细看去都是冰粒或冰晶,洁白晶莹,玲珑奇巧,十分好看,这就是雾凇(民间又叫"树挂")。这些冰雪美景产生的先决条件是要有严寒低温,故南方少见。

北方因为常有积雪,所以一般冰雪只会成景而不会成灾;南方少有冰雪,一旦冰雪较多就易成灾。其实北方冰雪也可成灾,如内蒙古、北疆等地牧区的暴风雪常常困住牧民,冻、饿死牛、羊。

8. "厄尔尼诺"和"拉尼娜"

(1)厄尔尼诺

南美秘鲁沿岸,每年12月中下旬海水都发生季节性升温,秘鲁渔民称这种现象为"厄尔尼诺"。

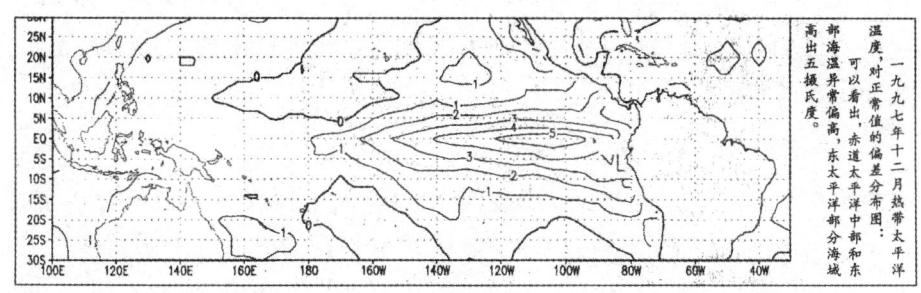

图3 1997年12月热带太平洋温度对正常值的偏差分布图

注:出自李晓燕:《来自海洋的气候信号》,《光明日报》。

后来,科学家又把从秘鲁海直到日界线附近、出现周期呈2—7年的不规律的海水异常升温现象称为"厄尔尼诺现象"。海温上升0.5℃(甚至1℃—2℃)时间持续半年(甚至一年)就是发生了"厄尔尼诺事件"(它与工业革命带来的全球变暖是两回事)。

在气象学上,人们将南太平洋与印度洋海平面气压场反位相的关系称作"南方涛动",厄尔尼诺与南方涛动有着很好的同时相关关系。这种相关关系产生大

范围影响:

东南亚及太平洋中部,如印尼、巴布亚新几内亚、斐济和澳大利亚大部分地区干旱;而以往降雨量很少的厄瓜多尔、秘鲁等地则会屡降大雨;中国东北和日本会出现暖冬冷夏;美国东部则出现寒潮。

(2)拉尼娜

"拉尼娜"现象正好与厄尔尼诺相反。升温叫正异常,降温则称负异常,实际上就是两种极端形式。但事物的发展都会走向自己的反面,海温会升高,高完之后过一段又慢慢会变低,低了也会变高。

气象学家说,海洋是大气的母亲,地球的自转运动使得大气与海水相互作用,导致海洋里的暖水和冷水对流,出现厄尔尼诺和拉尼娜现象,可见厄尔尼诺和拉尼娜是伴随人类历史的一种自然现象,我们已经在无意识中经历了不知多少次(据统计,从 1950 年到 1998 年共发生了 16 次厄尔尼诺现象,10 次拉尼娜现象①),生活在今天的人们大可不必惊慌失措。加强科学监测、预报,利用这种自然规律调节生产、安排生活,相信科学的发展一定会给人类带来美好的明天。

9."老云接驾,不是风就是雨"

所谓"老云接驾",是指夏天太阳落山时,太阳被大块乌云遮住的现象。夏天,太阳落山的时候,遮住它的云有浓积云和积雨云两种。浓积云是积云的一种。浓积云出现之前,先常出现扁平的小朵积云,叫淡积云。淡积云表明空气比较稳定,是天晴的预兆。但是,夏天出现淡积云,通常一到下午,因为天气热,空气的上升运动加强,云朵逐渐变大,变得像锅里的开水那样翻腾,就成浓积云了。浓积云的下部多是小水滴或雨点,上部还有小冰晶或雪花。浓积云是由空气强烈的上升运动形成的,常会产生风。所以浓积云的出现是刮风下雨的预兆。如果空气对流运动继续发展,浓积云就会变成积雨

---

① 数字来源于《气象奥秘》编写组编著:《气象奥秘——综合知识卷》,北京:气象出版社,2012 年版。

云。积雨云又叫雷雨云，是天上唯一会下雷阵雨和冰雹的云。

"老云接驾"是浓积云或积雨云把西方将落的太阳遮住了，表明西边天气已经变坏了，不是在刮风，就是在下雨。北半球中高纬度高空气流是从西往东流动的，过不了多久就要刮风或下雨了。

10."早霞不出门，晚霞行千里"

清晨或傍晚，西方或东方天边的云彩常常是通红的，像火烧的一样，叫作火烧云，又称早霞或晚霞。清晨或傍晚时太阳光斜射，只有波长较长的红、橙色光能够穿透稠密大气层。这时候，如果天空有云，或者有比较多的水蒸气，就会把红、橙色光挡住一部分，因而把天空染成红、橙色。因而早霞、晚霞的出现表明天空有云，或者空气里存在的水滴很多，说明有下雨的可能。早晨，太阳从东方升起，早霞表明西方天空有云，或者空气里有比较多的水滴；傍晚，太阳从西方下落，晚霞表明东方天空有云，或者空气里有比较多的水蒸气。

和"老云接驾"，西方的坏天气会随西风逐渐东移，离我们越来越近的道理一样。早霞，表明将有阴雨天气过境；而晚霞表明云雨区出现在东方，将远离我们而去。所以说早霞不出门，因为将有坏天气，晚霞则可以放心远行。

11."东虹日头，西虹雨"

虹，是太阳红、橙、黄、绿、蓝、靛、紫各种不同颜色的光，穿过透明的水珠时，因折射程度各不相同而形成的。夏天，地面上的水分蒸发的很快，特别是在雷阵雨之后，空中飘浮着很多水蒸气或小水珠，太阳光照射到它们上面就会出现一条彩虹。所以不论是哪个方向上出现虹，都说明那儿正在下雨或刚下过雨。我国大部分地区处在北温带，下雨的云，特别是夏天的雷阵雨或雷雨，几乎都是随着高空气流由西向东移动的。

虹的方位和太阳遥遥相对。太阳西落，东虹，说明东方在下雨，云雨将远离我们而去；太阳东升，西虹，说明西方在下雨，将有云雨天气过境。所以说东虹是晴天，西虹将有雨。初唐诗人董思恭的《咏虹》"春幕萍生早，日落雨飞馀。横彩分长汉，倒色媚清渠。梁前朝影出，桥上晚光舒。愿逐旌旗转，

飘飘侍直庐。"说的就是最常见、也最容易被看到的雨后彩虹(东虹)。

12."十雾九晴天"和"早雾晴，晚雾阴"

雾，是近地面空气遇冷达到饱和后，水汽凝结，由很多细小的水滴组成的，水面或雨滴受热蒸发也可以形成雾。前一种称为冷却雾，后一种叫作蒸发雾。平时我们见得最多的是冷却雾。

按空气冷却成雾的原因，又可分为平流雾和辐射雾等。暖空气沿水平方向流动到冷的地面上，水汽凝结形成的雾叫作平流雾。由于白天地面被太阳晒热之后，夜里地面往外散热，温度降低，空气里的水汽凝结而成的雾叫作辐射雾。清早，我们看见的冷却雾就是这种雾。夜里，没有太阳，地面散热，温度逐渐降低。如果天空晴朗无云，地面散的热既快又多，近地面空气温度很容易降低，水汽凝结成雾。天亮之后，太阳升起，地面温度逐渐上升，组成雾的小水滴也随着蒸发消失了。如果夜里天阴有云，因为云的遮挡，地面的热不易散发，近地面空气温度不容易下降，就不能凝结成雾。清晨笼罩大地的辐射雾，是夜里晴天后产生的，因而是晴天的预兆。我国大部分地区出现的雾，辐射雾最多，所以说"十雾九晴天"。既然是夜里天气先晴了，气温降低，然后才产生的雾。清晨，又是一天里气温最低的时候，雾也最浓。所以早晨的大雾说明天气早已放晴，日出后一定是个大晴天，即"早雾晴"。如果夜里的天气本来很好，并且已经出现了雾，可是远处有云移动过来，那么雾就不容易消散了。白天因为阴云遮挡，地面气温也不会很高，这样，雾既不易蒸发消失，也不能随着热空气上升变成云。因而雾会维持很长时间，甚至直到傍晚也消散不了，这是天气已经变坏的缘故，当然晚雾就是天气转阴的预兆了，即"晚雾阴"。

13."雹打一条线"

冰雹是在强烈的雷雨云中形成的。雷雨云是在夏季，挨近地面的暖湿空气急剧上升凝结而成的。由于强烈的对流作用，空气上下翻腾得很厉害，雷雨云不断向纵向和横向发展，上下温差很大，从下到上，云中既有小水滴，也有冰晶和小雪花。云顶的小雪花，在上升气流弱的时候下降。下降到比较

暖和的空气层里，小雪花表面开始融化，并且吸收周围一些水汽。这时，如果它们再碰到比较强的上升气流，又会被送到高空，并且外面的水还会结成冰壳。以后，遇到空气上升运动减小，它们还要下落。这样上下翻腾几次，冰壳层层增加，体积越来越大，越来越重。重到空气再也支持不住了，落到地面就成为冰雹。但是，并不是所有的雷雨云都能下雹子。在下冰雹的雷雨云里，只有空气上升最猛烈，而且是忽强忽弱的那部分，才有冰雹落下来。下冰雹的雷雨云中真正下冰雹的部分，通常只有两三千米的宽度。但是，因为空气极不稳定，不仅上下翻腾得厉害，这种云水平移动距离也可达几十甚至几百千米，所以遭受雹灾的地区常常是一条狭长的地带。

14."雪打高山霜打洼"

雪打高山，是因为高处不胜寒。为什么"霜打洼"？因为冷空气密度大，夜间坡地上辐射冷却的较冷空气，好比天上下来的雨水一样，沿坡往下流，沿沟汇聚，最后集中在盆地之中。因此，晴夜中洼地里的气温比起凸出地形显得特别低，小洼地更容易遭受霜冻和冷害。

15."燕子低飞，蛇过道，大雨不久就来到"

天快下雨的时候，空气里的水蒸气增多，变得潮湿，气压也低。这种变化，有时候人还没有感觉出来，一些小动物和昆虫已经感觉到了。比如，小虫子的翅膀变软飞不高了；燕子为了吃小虫子，所以也就不用飞得很高了。同样的道理，许多住在洞里的动物，如蛇、蚂蚁等，在洞里也待不住了，就会爬到地面上来活动。所以燕子低飞、蛇过道、蚂蚁出窝等，都是下雨的预兆。

16."热生风，冷生雨"

具有一定质量的地球大气，受到地球的重力作用，表现有一定重量。有重量的大气对地面有一定的压力，叫气压。受气温的影响，气温升高，气压降低；反之气压升高。冷热不均产生气压高低差异（产生气压梯度力），空气总是从气压高的地方流向气压低的地方。由于冷热不均引起的大气水平流动就是风。所以说"热生风"是有道理的。

雨、雪、冰雹等统称大气降水。大气降水的充分条件是空气中存在着大量水汽，当水汽达到饱和、过饱和状态时，就会有水汽凝结出来，成云致雨（大气中所含水汽产生的那部分压力，称"水汽压"，水汽压的大小与大气中水汽含量成正比。饱和空气中的水汽压，就是"饱和水汽压"）。通常大气中或多或少存在着水汽，但常常处于不饱和状态，而饱和水汽压随气温的升高而增大，也随气温的降低而减小，所以尽管大气中水汽含量不太多，即不饱和，只要有降温条件，随着"饱和水汽压"减小，就可能达到饱和或过饱和状态，多余水汽就会凝出来，成云致雨，产生对流雨、地形雨或锋面雨等形式的降水。所以"冷生雨"也是有道理的，这是中学生已经学过、很容易理解的地理知识。

二、通县多年趋暖、偏旱的气候

通县位于我国东部季风气候区，属于暖温带大陆性季风气候。

通县全年日照充足，热量条件较好，年平均降水量 620 毫米左右，略少于全市平均数。降水主要集中在夏季，作物生长季节（≥10℃期间）降水量占全年总降水量的 80%—90%。雨热同期是通县气候的一大特点，也是一大优点。

通县气候除受冬、夏季风影响，冬季以刮西北风为主，寒冷干燥，夏季常刮东南风，炎热多雨外，还受北京市特殊海陆位置、地形引起的"海陆风""山谷风"效应的影响，白天多吹偏南风，夜间转为偏北风，形成明显的地方风特点。此外，还常有旱涝、低温、冰雹、大风等灾害性天气的影响。

根据通县气象站资料分析，20 世纪 50 年代中期以来，40 多年间通县气候的总趋势是气温偏高，降水偏少（如表 1、表 2、表 3、表 4 所示）。

表 1　通县气象站气温记录表　　　　　　　　　　单位：℃

月 年	1	2	3	4	5	6	7	8	9	10	11	12	年均
1955—1970	−5.3	−2.8	3.8	12.7	19.8	23.8	25.9	24.6	19.3	12.1	3.4	−3.3	11.2
1955—1984	−5.2	−2.6	4.3	13.0	19.5	23.8	25.8	24.4	19.3	12.2	3.7	−3.0	11.3
1961—1990	−5.1	−2.4	4.7	13.3	19.5	23.9	25.7	24.4	19.3	12.5	3.9	−2.9	11.4
1985—1990	−5.2	−1.8	5.0	13.8	19.3	23.7	25.2	24.2	19.3	13.0	4.0	−2.3	11.5

注：极端最高气温1961年6月10日，达40.3℃；极端最低气温1966年2月23日，达零下21.0℃。1986至2009年间已累计16个暖冬。参考《通县气象站资料》内部资料。

表 2　通县气象站降水记录表　　　　　　　　　　单位：mm

月 年	1	2	3	4	5	6	7	8	9	10	11	12	年均
1955—1970	2.2	7.3	7.6	24.3	30.1	63.2	217.3	231.3	65.0	22.3	7.5	1.3	679.2
1955—1984	2.5	6.0	7.2	21.5	27.7	79.8	190.9	202.3	51.1	23.4	6.3	2.2	620.9
1961—1990	2.3	5.5	6.0	23.4	27.3	77.2	182.2	180.3	43.7	20.5	6.7	2.0	577.1
1985—1990	2.7	5.9	13.9	25.2	36.4	77.1	186.5	171.4	60.3	16.8	10.9	1.1	608.2

注：降水最多的1959年达1114.2mm；降水最少的1981年达310.4mm；最大日降水量1984年8月10日，达192.1mm；最长连续降水日数1959年7月27日—8月7日，共12天，降水量416.9mm；最大积雪深度1979年2月13日，达22cm。参考《通县气象站资料》内部资料。

表 3　通县各月各种平均气温值一览表

气温值　　月份 类别	1	2	3	4	5	6
平均气温（℃）	−5.2	−2.6	4.3	13.0	19.5	23.8
极端最高气温（℃）	12.9	19.1	25.3	31.8	36.8	40.3
出现日/年	25/1979	28/1963	31/1989	27/1988	27/1958	10/1961
极端最低气温（℃）	−20.3	−21.0	−15.8	−3.1	2.5	8.3
出现日/年	15/1958	23/1966	3/1971	1/1972	6/1979	7/1962

气温值 月份 类别	7	8	9	10	11	12	年平均值
平均气温(℃)	25.8	24.4	19.3	12.2	3.7	−3.0	11.3
极端最高气温(℃)	38.3	36.2	34.2	30.4	21.0	17.3	40.3
出现日/(月)年	2/1968	8/1967	3/1970	8/1979	5/1990	3/1989	10/(6)1961
极端最低气温(℃)	15.4	10.0	3.5	−4.0	−12.4	−17.5	−21.0
出现日/(月)年	27/1989	31/1972	28/1986	30/1986	30/2年	2/2年	23/(2)1966

注：出自《通县志》(通州区地方志编纂委员会，北京出版社，2003 年版)。

表 4　通县历年降水量一览表　　　　　　　　单位：mm

数据 年份 年代	0	1	2	3	4	5	6	7	8	9
50						1074	1061	507	820	1114
60	414	654	599	513	793	326	589	559	377	861
70	605	504	442	613	521	413	614	666	724	867
80	461	310	459	531	633	552	610	712	621	414
90	671	610	513	460	814	690	551.1			

注：出自《通县志》(通州区地方志编纂委员会，北京出版社，2003 年版)，刊载 1955—1996 年气象资料，年平均气温 11.3℃，各月和年度极端最低气温都出现在 20 世纪 80 年代中期以前。20 世纪 60 年代以来也是降水偏少，趋暖，偏旱。

三、通州城镇的"热岛效应"

为首都经济圈和环渤海区域经济发展需要，国家在"六五"期间，20 世纪 80 年代初就提出了"京津地区生态系统特征及污染防治研究"的课题，进行了城市生态气候因子专题观测。课题由中科院地理所气候室徐兆生先生主持，原计划由京津 14 所城区中学承担观测任务，通县地处北京远郊，但经申请特

批，在通县二中设立了气象观测站。①

经短期学习培训，由刘宝堃等三位地理教师率领，前后四届初一、初二学生参加每天三次定时观测记录气温、降水、风向风速等气象数据，并用前一天20点气温和当天最低气温的平均值代替凌晨气温，算出日平均气温值。

公式：$\left[8+14+20+\left(\dfrac{前日20+当日最低}{2}\right)\right]\div 4$

1983年5月10日—1985年12月31日，967天逐日与通县气象站比较，可明显看出"城市热岛"效应(指城市中的气温明显高于外围郊区气温的现象)。因气象站的逐日资料不能公开引用，特归算出1983年半年多，1984、1985两个完整年，共32个月的气温数据(见表5)。

表5　通县二中观测站与通县气象站气温数据表　　　　单位：℃

年\月		1	2	3	4	5	6	7	8	9	10	11	12	全年
1983	县站				(20.2)	24.7	26.7	24.6	20.9	12.8	5.1	−1.0	(16.8)
	二中				(22.2)	25.7	27.8	25.5	22.4	13.2	5.9	−0.1	(17.8)
1984		−6.0	−3.7	2.9	12.6	19.7	24.1	26.2	24.6	19.0	12.9	4.2	−3.8	11.1
		−5.1	−2.5	3.7	13.3	21.2	25.2	26.9	25.3	20.2	13.7	4.9	−2.6	12.0
1985		−6.1	−3.0	2.7	13.9	23.2	25.1	24.5	17.9	13.2	3.0	−4.8	10.6
		−5.3	−2.3	3.7	15.1	19.6	24.7	25.8	25.3	19.4	14.9	4.0	−3.7	11.8

注：参考沈建柱等编著：《京津区域和城市生态气候因子图集》，北京：科学出版社，1986年版。

通县气象站从1955年开始有系统数据资料，后从乔庄迁至取中庄(旧时村人以制造贩卖取灯儿——火柴为生，故曾名"取灯庄")，仍属典型的农村环境。二中是城镇环境，人口多，工商业集中，每日每时在消耗着大量能源，两地下垫面状况也不相同。月平均气温二中都高于县站，年平均气温二中高

①　其他13所设立气象观测站的中学有：北京66中、127中、128中、143中、157中和龙潭中学，天津3中、5中、7中、14中、16中和实验中学、延安中学。

127

于县站 0.9℃—1.2℃，绝对最高气温出现在二中，最低在县站（据地理所资料显示，县站年均温也比市台低 2℃左右），资料已收入科学出版社《京津区域和城市生态气候因子图集》。课题组也庆幸在通县二中设了站，因为未设专题观测站的相邻郊区县，如大兴、廊坊、武清等都靠抄录当地气象站资料，难得通县气象站和通县二中观测站的对比资料。

中学气象观测实践活动，是素质教育的绝好形式，师生既学习了科学知识，培训了技能，进行了思想教育，也为社会经济发展服务做了一些切实的贡献。"文革"前有"中学 60 条"，地理教学大纲明文规定每年组织一周气象观测实习，1956 年前后建校的中学都配备有整套器材。改革开放后，通县在西集中学、第一职业学校（原北寺中学）、北关小学、通县二中都建立了像样的气象观测点。严格地说，县站只是一个点，通县气象站曾力图找村队或公社机关、广播站、邮电所、储蓄所等协助观测，中学恰当此任，而且肯定观测更科学、更有保障。

四、通县的水

通县地处北京东南郊，地势低平。北京五大河流，都属海河流域北系，除西部拒马河外，永定河、北运河、潮白河、蓟运河简称北四河，都汇聚在通县境内，中部为温榆、北运河水系，东部为潮白、蓟运河水系，西部为永定河水系。通县的主要河流是潮白河、北运河和凉水河，其次还有温榆河、玉带河、萧太后河、小中河、凤港河等，在通县境内河流总长 200 多千米，向来就以"九河下梢，多河富水"著称。

但是，通县属温带大陆性季风气候，降水集中变率很大，河流变率也大，平原地区又无水库拦蓄，地表水易流失，再加上通惠河、凉水河等污染严重，降低了水资源质量，也殃及地下水。因此，必须"开源、节流，水源保护并重"大力提倡节约用水，科学用水，合理开发地下水。

通县地下水的水位、水量等，受区域地质和水文地质条件所控制。潜水

位一般年初开始缓慢下降，3月中旬，由于大地解冻，潜水埋深较浅的地区，水位略有回升。此后，到四五月份正值春旱时期，大面积的冬小麦处在孕穗灌浆阶段，需要大量抽取地下水灌溉，因而水位迅速下降，一般在5月中旬至6月上旬出现潜水最低水位值。雨季时雨水渗入补给，农业灌溉用水停采，水位回升，夏末秋初出现最高水位值，以后慢慢下降到年底。除100米以下大部分地区仍保持自然动态的特征外，浅层承压水一般在5－6月份形成常年或季节性水位降落漏斗。

通县水资源匮乏，地下水取水越来越紧张，探求原因，除自然因素外，人们不科学的水资源观是更深层原因。

通县地势低平，土壤肥沃，玉米、小麦等主产粮食作物不怕旱，只怕涝，特别是冬小麦，只要浇得上水，就可连年增产。根据60年代中期系统地层资料分析，全县可采地下水2－2.5亿米^3/年，可布井2000眼左右，每井控制0.7平方千米，井距700米左右。但到1979年年底，已有6271眼大口水泥管井，井距不足300米。加上小麦大水漫灌，明渠、跑水、渗漏、土地不平，每亩耗水550米^3，而现代工业万元产值仅耗水100－200米^3，高耗低值，何谈经济效益。

想要建立资源节约型、环境友好型社会，实现又好又快地科学发展观，全面、协调、可持续发展思想的学习宣传非常重要。

五、大自然的语言

1. 物候与物候学

中国采用的传统历法"农历"是阴阳合历，它用严格的朔望周期定月，又用置闰月的办法使年的平均长度与回归年相近。如何安插闰月，要根据和季节、气候有密切关系的二十四节气来定。二十四节气是中国古人的独特创造，但它纯属阳历，二十四节气告诉人们太阳运动到黄道上二十四个具有季节意义的位置的日期（如2011年4月5日11时12分，太阳黄经15°，清明节。再

如太阳黄经位置和日期，春分0°（3月21日左右），夏至90°（6月21、22日），秋分180°（9月23日左右），冬至270°（12月22日左右），四立（立春、立夏、立秋、立冬）为四季的起点，二分（春分、秋分）二至（夏至、冬至）为四季的中点。雨水、谷雨、小雪、大雪等表示降水；小暑、大暑、处暑、小寒、大寒等表示气温；白露、寒露、霜降等兼有水分和气温的意义。而惊蛰、清明、小满、

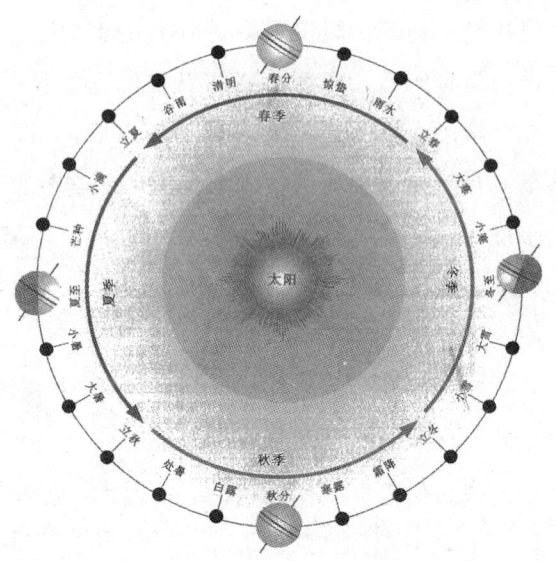

图4　二十四节气图①

芒种等节气名称，讲的是物候现象。所谓"物候"，概括说来，其内容主要是指动、植物的生长、发育、活动规律与非生物的变化对节气的反应。例如，植物的冬芽萌动、抽叶、开花、结实、落叶；动物的蛰眠、复苏、始鸣、交配、繁育、换毛、迁徙等均与节气有密切关系。非生物现象，例如，初霜、初雪、结冻、解冻等，也属物候现象。如每年阴历二月，天气转暖，雨水逐渐增多，并开始出现春雷，冬眠的动物渐渐出土活动。所以古人将"雨水"后的节气称为"惊蛰"。每年阴历三月，我国大部分地区气候温暖，大地上的百草树木开始渐渐萌茂，改变了冬季严寒使大地百草树木枯黄的景象，逐渐出现新生嫩绿的枝叶，按照古人的解释来说是"……物至此时，皆以洁齐而清明矣。"所以列出了"清明"节。"小满"、"芒种"节气时，我国北方夏熟农作物籽粒渐渐饱满，"有芒之谷物可嫁种矣"，农业生产上多忙于三夏抢收抢种，所以，作为"立夏"后的"小满"、"芒种"两个节气列入了二十四节气。

---

①　刘勇民主编：《谈天说地》，北京：中国地图出版社，2011年版。

最初，物候只限于一年中二分、二至、四立八个节气上，后来物候按二十四节气记，以后更细化为"候"，以七十二候来记物候①，即每隔五天就记一个物候，而且总结概括出每候"候应"②。"七十二候"的"候应"概括说来主要有两大类：一类是生物物候，其中有动物的，如"鸿雁来"、"寒蝉鸣"、"蚯蚓出"、"螳螂生"、"蜩始鸣"、"鹿角解"等；也有植物的，如"桃始华"、"萍始生"、"苦菜秀"、"半夏生"、"禾乃登"等。另一类是非生物物候，如"凉风至"、"白露降"、"雷始收声"、"水始冰"等。如"立春"节气的三候应是："东风解冻"、"蛰虫始振"、"鱼上冰"。"立夏"节气的候应是："蝼蛄鸣"、"蚯蚓出"、"王瓜生"。"立秋"节气的候应是："凉风至"、"白露降"、"寒蝉鸣"。而冬季六个节气中则有"水始冰"、"地始冻"、"虹藏不见"、"雁北乡"、"鹊始巢"、"鸡乳"、"水泽腹坚"等候应。

几千年来，中国百姓用二十四节气、七十二候应，指导农业生产，进行农事活动安排，对农、牧业发展起到了重要作用。

人类用仪器进行气象观测的历史很短，辛亥革命后中国才建立起正规气象站，北京、上海等大城市系统气温记录只有百年。古老的物候观测记录仍是基础教育阶段，中小学师生课内外科技实践活动的一项重要内容，可涉及小学自然、社会，中学地理、生物、历史等学科。北京市中小学物候观测网的建立，通州地区根据连续十年的观测记录实践，划分物候季，编制出物候历，就是证明。

---

① 竺可桢：《看风云舒卷》，天津：百花文艺出版社，2009年版。
② "候应"，主要是指动植物的生长、发育、活动规律与非生物的变化对节气的反应。农业二十四节气的"七十二候"的"候应"，概括说来主要有两大类：生物物候与非生物物候（每月两个节气，一个节气有三候应）。如：孟春之月"立春"候应"蛰虫始振"。"雨水"节气"候雁北"就是候鸟大雁开始北归。"草木萌动"就是百草树木开始发芽新生。"苦菜秀"、"麦秋至"则是"小满"节气的两候应。而"雷乃发生与始电"是"春分"节气的两候应。"水始涸"、"水泽腹坚"分别是"秋分"、"大寒"两节气的候应。"涸"是枯竭的意思，"水泽腹坚"是指最后一个节气大寒，正值三九、四九，古人文言"冰之初凝，水面而矣"，到大寒天气最冷之时，其水"则彻上下皆凝，故云腹坚。腹，犹内也"。

《九九歌》

一九二九不出手，

三九四九冰上走，

五九六九沿河看柳，

七九河开，八九雁来，

九九加一九，耕牛遍地走。

《九九歌》是黄淮地区家喻户晓的一首农谚，人们依据它看物候，定季节，掌握农时。

动物的生活节律习性，如候鸟的来去、蛇虫的蛰苏鸣叫，是它们对天气气候变化的反应。物候的南北纬度差异、东西经度差异、高下差异、古今差异等都是"大自然的语言"，从其中可以了解到大自然的本质，掌握自然规律。

几千年来的物候观测记录，经过古代农艺学家的搜集整理，已成为一个有系统的论述，可称为我国土生土长的一种学科——物候学。

植物的阶段发育受当地气候影响，而气候又制约于该地区所在的纬度、海陆分布和地形等因素。有人从大量植物的物候材料中得出结论：在其他因素相同的条件下，北美洲温带地区，每向北移动纬度 1 度，向东移动经度 5 度，或上升 122 米，植物的阶段发育在春天和初夏将各延期 4 天，在秋天则相反，即向北 1 度，向东 5 度，向上 122 米，都要提早 4 天（不完全适用于我国）。看来，物候的南北差异主导因素是气温，物候的东西差异主导因素是水分，物候的高下差异决定于气温垂直递减率，近地面气温高，所以平原上物候在春季总是早于山上，同时还要注意逆温①现象。

---

① 对流层大气的主要特征是：气温随高度的增加而递减，因而有强烈的对流作用；与之相反，对流层大气随高度的增加而升高的现象叫"逆温"。逆温妨碍空气的垂直运动，使大量水汽、固体杂质、大气污染物等聚集在大气的底层，会降低大气的能见度，影响人类的生产和生活。秋冬之交，天气晴朗，空气中常出现逆温层，即在一定高度，气温不但不比低处低，反而更高。这一现象在山地冬季，尤其早晨极为显著，引种作物、预告农时，都要注意逆温现象。

农作物也是植物，它的生长，取决于温度、雨量、阳光等因素，所以以某种野生植物的生长发育来定农时，更有其准确性。完全根据现代精密仪器来定农时，在某些方面未必优于物候学。

因为物候学依据的是比仪器复杂得多的生物。各种气象仪器虽能比较精密地测量当时的气候要素，但对于季节的迟早尚无法直接表示出来。请看竺可桢、宛敏渭著《物候学》举出的具体实例。

> 1962年春季，华北地区的气候比较寒冷，但是五一节那天早晨，北京的温度记录却比前一年和前二年同一天早晨的温度高摄氏两三度之多。因此，不拿一个时期之内的温度记录来分析，就说明不了问题。如果从物候看来，就容易看出来。1962年北京的山桃、杏树、紫丁香和五一节前后开花的洋槐的花期都延迟了，比1961年迟了十天左右，比1960年迟五六天。
>
> 我们只要知道物候，就会知道这年北京农业季节是推迟了，农事也就应该相应地推迟。可是1962年北京地区部分农村，在初春种花生等作物时，仍旧照前两年的日期进行，结果受了低温的损害。若能注意当年物候延迟的情况，预先布置，就不会遭受损失了。①

当然不能因为有了一个地方完整的物候历，就断定以后几十年或一百年内都用这个物候日期，因为物候的迟早、气候的温寒，永远不会停止在一个水平上，总是变化的。不过相差日期不会太远，各种物候先后出现的次序，循环而进是不会错乱的。

2. 北京市中小学物候观测网

物候观测记录活动是中小学地理、生物等学科有益的课外实践活动。即使有了各种精密仪器，到了高科技信息时代，物候观测，划分物候季，编制

---

① 竺可桢、宛敏渭：《物候学》，北京：科学出版社，1973年版。

当地物候历对于农业生产、农事安排仍然有实用价值。

由北京师范学院(今首都师范大学)地理系牵头儿,1978年筹备组建了有47所中小学参加的"北京市中小学物候观测网",通县一中(今潞河中学)、门头沟西辛房中学、23中等单位取得了丰硕成果。

学校物候观测记录活动主要由生物、地理学科老师组织领导,如通县有三所中学参加,包括通县一中赵曙明(生物教师)、张治明(地理教师),宋庄中学徐心会(地理兼生物教师),永乐店中学陈端敏(生物教师)。此外,如门头沟西辛房中学杨兰敏(地理教师)、23中霍潜(原昌平教师进修学校地理教研员)都积极参与。物候观测记录活动一年四季全靠师生眼看、耳听、手记,随时随地捕捉物候现象,春、秋季最为紧张忙碌,固定种类,多年连续观测记录植物40多种、昆虫十几种、气象水文十几项;将植物从芽萌动、展叶、开花、果熟到枝叶秋季变色、落叶的日期一一记下,根据最早、最晚时间算出平均日期;昆虫、候鸟观测始鸣、终鸣、始见、绝见;气象观测,如初霜、终霜、初雪、末雪、河开、河冻等现象,并记下日期。

通县一中和门头沟西辛房中学,共同观测记录了加拿大杨、小叶杨、山桃、榆、枣、杏、紫丁香、臭椿、洋槐、垂柳、旱柳等乔灌木树种,冬小麦、玉米、棉花等农作物,家燕、雨燕、楼燕、蛙、蜻蜓、蟋蟀以及雷、雨、霜、降雪、终雪、结冰、解冻等天气现象。同天文四季和我国传统四季划分一样,根据所观测记录的物候现象,准确地划分了物候季节,编制了完整的物候历。

表6　通县物候季划分

季别	季段	日平均气温(℃)	平均起止日期 日／月	经历天数 季段	经历天数 季	物候指标
春	初春	>3—5	13/3—22/3	10	61	加杨花絮出现,垂柳芽开放,毛白杨盛花
	仲春	>5—10	23/3—7/4	16		加杨、毛桃盛花
	季春	>10—19	8/4—12/5	35		杏花开,枣发芽,小麦起身

续表

季别	季段	日平均气温（℃）	平均起止日期 日／月	经历天数 季段	经历天数 季	物候指标
夏	初夏	>19—24	13/5—19/6	38	127	刺槐花盛期转末期，小麦扬花到成熟
夏	仲夏	>24—26.5	20/6—17/7	28	127	春玉米拔节，槐始花
夏	季夏	<26.5—19	18/7—16/9	61	127	春玉米孕穗到成熟，大白菜播种
秋	初秋	<19—16	17/9—30/9	14	38	槐果成熟，冬小麦开播
秋	仲秋	<16—13	1/10—12/10	12	38	枣树开始落叶，榆、刺槐叶开始变色
秋	季秋	<13—10	13/10—24/10	12	38	初见霜，杨叶变色
冬	初冬	<10—5	25/10—8/11	15	139	垂柳变色，毛白杨始落叶
冬	隆冬	<5—3	9/11—12/3	124	139	杨、柳等树叶子落尽，江河封冻

注：见《通县地区物候历(1979—1988年)》，载于《通州之史》，1990年第1期。

表7　门头沟城镇地区物候季划分

季节		物候标志	日期	平期
春	初春	榆树、旱柳、垂柳芽膨大开放期，杨树、榆树、山桃开花期，大雁迁来，蜜蜂群飞	2月28日 3月25日	3.12
春	仲春	加拿大杨、杏树开花期，连翘、紫丁香、旱柳、垂柳开花期	3月29日 4月14日	4.6
春	晚春	毛桃、苹果、桑、核桃开花期，乔灌木展叶始期，蛙鸣	4月18日 4月21日	4.20

季节		物候标志	日期	平期
夏	初夏	乔灌木展叶盛期(嫩叶封住树冠),蜜源花开放(洋槐、柿子、枣、荆条)蜂忙、蝶舞	5月4日 / 5月31日	5.14
	盛夏	石榴开花,合欢飘香,蚱蝉长鸣,杏变黄	5月26日 / 8月13日	7.4
	晚夏	水果成熟	8月15日 / 9月19日	9.2
秋	初秋	梨、苹果成熟,蚱蝉终鸣,白蜡、加拿大杨叶变秋色	9月23日 / 9月30日	9.27
	仲秋	杂草枯黄,柿树叶变红,北雁南飞	9月28日 / 10月12日	10.5
	晚秋	乔灌木落叶,枣、加杨、白蜡大量落叶,池塘见冰,土壤开始冻结,蟋蟀终鸣	10月12日 / 11月6日	10.24
冬	初冬	落叶达50%,垂柳叶落尽	11月7日 / 12月19日	11.19
	隆冬	落叶末期	12月1日 / 2月28日	1.14

注:观测网统一规定将春、夏、秋、冬四季划分为11个物候季,而各季段名称并未统一要求,所以各季段名称稍有差异。如通县和门头沟城镇地区的各季段名称,初春、仲春、初夏、初秋、仲秋、初冬、隆冬完全相同,而通县的季春、季夏、季秋,门头沟城镇地区则分别称为晚春、晚夏、晚秋;通县的仲夏,门头沟城镇地区称为盛夏,彼此并不矛盾。同时,通县的物候季划分很注重日平均气温值的变化幅度,两地区所选的物候指标也有所不同,但都各具地方特色,如山区果树多种多样,蜂、蝶飞舞,平原农耕区则更多地关注玉米、小麦、大白菜,所以只能尊重原资料,不好强求统一。

表8 通县地区物候历(1979—1988年)(节选)

物候现象	统计年数	平均日期	最早日期	最晚日期	标准差(天)
珍珠梅芽膨大	5	3月5日	2月28日	3月12日	6
侧柏芽开始膨大	5	3月9日	3月4日	3月19日	6.1

续表

物候现象	统计年数	平均日期	最早日期	最晚日期	标准差（天）
海棠芽开始膨大	3	3月9日	3月1日	3月17日	8
连翘芽开始膨大	8	3月11日	3月4日	3月19日	5.4
油松芽开始膨大	7	3月12日	2月28日	3月28日	9
重瓣榆叶梅芽膨大	7	3月13日	3月6日	3月21日	5.7
桧柏芽开始膨大	6	3月13日	3月6日	3月22日	6.1
黄刺梅芽膨大	8	3月15日	2月28日	3月24日	8.9
银杏芽开始膨大	9	3月21日	3月7日	4月8日	13.5
花椒芽开始膨大	4	3月25日	3月10日	4月17日	16.5
黑枣芽开始膨大	3	3月27日	3月22日	4月3日	6.2
紫藤芽开始膨大	7	4月7日	3月31日	4月17日	6.1
垂柳展叶盛期	6	4月8日	3月20日	4月29日	14.1
连翘花盛期	8	4月9日	3月30日	4月20日	7
旱柳花盛期	7	4月9日	3月31日	4月17日	7.7
白丁香花序出现	8	4月10日	4月3日	4月17日	5.7
杏花盛期	6	4月10日	4月3日	4月20日	7
桧柏花末期	4	4月11日	4月7日	4月21日	6.7
核桃花序出现	3	4月12日	4月6日	4月22日	8.9
海棠始花	3	4月12日	4月8日	4月17日	4.5
小叶杨花末期	6	4月13日	3月24日	4月23日	13.1
旱柳花末期	3	4月14日	4月5日	4月22日	8.6
连翘花末期	7	4月16日	4月4日	4月24日	6.7
垂柳花末期	5	4月16日	4月7日	4月25日	7.8
构花序出现	3	4月16日	4月12日	4月19日	3.7
小叶杨展叶盛期	7	4月17日	4月1日	4月24日	7.7
毛白杨展叶盛期	8	4月18日	3月25日	4月30日	12
榆展叶盛期	8	4月18日	4月9日	4月26日	6.6

续表

物 候 现 象	统计年数	平均日期	最早日期	最晚日期	标准差(天)
杏展叶盛期	5	4月18日	4月12日	4月26日	5.9
泡桐花序出现	4	4月18日	4月13日	4月26日	5.9
核桃始花	6	4月21日	4月13日	4月30日	6.6
油松花盛期	7	4月22日	4月5日	5月3日	11.1
泡桐始花	7	4月22日	4月13日	5月1日	6.6
枣芽开始膨大	7	4月17日	4月10日	4月29日	7.4
枣芽开放	6	4月22日	4月16日	5月3日	6.1
枣开始展叶	6	5月2日	4月25日	5月8日	5.1
枣展叶盛期	4	5月6日	4月30日	5月14日	6.6
枣花序出现	4	5月13日	5月4日	5月20日	7.6
枣始花	6	5月28日	5月15日	6月2日	6.4
枣花盛期	5	6月3日	5月22日	6月10日	7.2
枣花末期	5	6月14日	5月26日	6月23日	12.7
枣落叶末期	3	11月5日	11月4日	11月7日	1.5
山楂芽开始膨大	4	3月27日	3月18日	4月6日	8.1
山楂芽开放	5	4月6日	4月2日	4月11日	3.5
山楂开始展叶	4	4月11日	4月8日	4月13日	2.8
山楂展叶盛期	4	4月16日	4月12日	4月23日	4.9
山楂始花	3	5月1日	4月23日	5月6日	7.2
山楂花盛期	4	5月10日	5月3日	5月22日	8.2
山楂花末期	3	5月10日	5月6日	5月13日	3.6
山桃芽开放	8	3月20日	3月10日	4月7日	8.7
山桃花序花蕾出现	5	3月20日	3月14日	3月25日	4.1
山桃始花	8	3月30日	3月22日	4月7日	4.9
山桃开始展叶	8	4月5日	3月22日	4月15日	8.5
山桃盛花	8	4月5日	3月28日	4月20日	7.5

续表

物 候 现 象	统计年数	平均日期	最早日期	最晚日期	标准差（天）
山桃花末期	8	4 月 10 日	4 月 1 日	4 月 27 日	8.2
山桃展叶盛期	5	4 月 11 日	4 月 6 日	4 月 19 日	4.9
杏花序花蕾出现	4	3 月 23 日	3 月 17 日	3 月 28 日	4.6
杏始花	6	4 月 7 日	3 月 31 日	4 月 12 日	5.4
杏盛花	6	4 月 10 日	4 月 3 日	4 月 20 日	7.0
杏开始展叶	4	4 月 11 日	4 月 8 日	4 月 16 日	3.5
杏展叶盛期	5	4 月 18 日	4 月 12 日	4 月 26 日	5.9
杏果实成熟	3	6 月 13 日	5 月 28 日	6 月 16 日	13.0
秋子梨芽膨大	5	3 月 16 日	3 月 5 日	3 月 27 日	7.8
秋子梨芽开放	5	3 月 26 日	3 月 19 日	4 月 3 日	6.5
秋子梨花序花蕾出现	4	4 月 4 日	3 月 28 日	4 月 9 日	5.1
秋子梨开始展叶	4	4 月 4 日	3 月 30 日	4 月 9 日	4.1
秋子梨始花	4	4 月 13 日	4 月 5 日	4 月 20 日	6.3
秋子梨盛花	4	4 月 19 日	4 月 6 日	4 月 27 日	9.8
秋子梨花末期	4	4 月 28 日	4 月 8 日	5 月 4 日	8.3
柿芽开始膨大	3	4 月 10 日	4 月 2 日	4 月 17 日	7.5
柿开始展叶	3	4 月 27 日	4 月 17 日	5 月 3 日	8.9
银杏芽开始膨大	9	3 月 21 日	3 月 7 日	4 月 8 日	13.5
银杏芽开放	8	4 月 3 日	3 月 10 日	4 月 17 日	13.4
银杏开始展叶	8	4 月 10 日	3 月 18 日	4 月 24 日	12.2
银杏展叶盛期	9	4 月 20 日	4 月 1 日	5 月 16 日	12.6
银杏叶开始变色	6	10 月 8 日	9 月 22 日	10 月 28 日	14.7
银杏叶全部变色	4	10 月 29 日	10 月 12 日	11 月 13 日	13.2
银杏开始落叶	4	11 月 7 日	11 月 3 日	11 月 15 日	5.4
银杏落叶末期	7	11 月 13 日	11 月 4 日	12 月 7 日	11.0
小麦返青	8	3 月 15 日	3 月 7 日	3 月 26 日	7.6

物 候 现 象	统计年数	平均日期	最早日期	最晚日期	标准差（天）
小麦起身	7	4 月 2 日	3 月 26 日	4 月 10 日	4.8
小麦拔节始期	8	4 月 16 日	4 月 5 日	4 月 23 日	5.7
小麦拔节盛期	8	4 月 18 日	4 月 8 日	4 月 24 日	5.3
小麦拔节末期	8	4 月 21 日	4 月 11 日	4 月 25 日	4.7
冬小麦孕穗	8	5 月 1 日	4 月 22 日	5 月 7 日	4.5
冬小麦开始抽穗	8	5 月 8 日	5 月 2 日	5 月 15 日	3.7
冬小麦抽穗盛期	8	5 月 10 日	5 月 3 日	5 月 13 日	4.0
冬小麦抽穗末期	8	5 月 12 日	5 月 9 日	5 月 17 日	3.1
冬小麦始花	8	5 月 14 日	5 月 10 日	5 月 18 日	2.7
冬小麦花盛期	8	5 月 16 日	5 月 11 日	5 月 19 日	4.2
冬小麦花末期	8	5 月 17 日	5 月 13 日	5 月 20 日	2.5
冬小麦乳熟	7	6 月 2 日	5 月 28 日	6 月 6 日	3.4
冬小麦黄熟	7	6 月 12 日	6 月 7 日	6 月 16 日	3.3
冬小麦成熟	7	6 月 14 日	6 月 10 日	6 月 17 日	2.6
夏玉米出苗期	7	5 月 27 日	5 月 21 日	6 月 4 日	4.7
夏玉米三叶始期	7	5 月 29 日	5 月 22 日	6 月 6 日	4.5
夏玉米三叶盛期	7	5 月 30 日	5 月 24 日	6 月 8 日	4.8
夏玉米三叶末期	7	5 月 31 日	5 月 25 日	6 月 9 日	4.7
夏玉米七叶始期	7	6 月 13 日	6 月 6 日	6 月 19 日	4.7
夏玉米七叶盛期	7	6 月 15 日	6 月 9 日	6 月 21 日	4.9
夏玉米七叶末期	7	6 月 17 日	6 月 10 日	6 月 25 日	5.4
夏玉米拔节始期	7	7 月 3 日	6 月 28 日	7 月 8 日	4.3
夏玉米拔节盛期	7	7 月 6 日	6 月 29 日	7 月 10 日	4.9
夏玉米拔节末期	7	7 月 9 日	7 月 1 日	7 月 13 日	4.8
夏玉米孕穗始期	7	7 月 16 日	7 月 8 日	7 月 23 日	4.9
夏玉米孕穗盛期	7	7 月 18 日	7 月 10 日	7 月 26 日	5.3

续表

物　候　现　象	统计年数	平均日期	最早日期	最晚日期	标准差（天）
夏玉米孕穗末期	7	7月19日	7月10日	7月28日	5.7
夏玉米抽雄始期	7	7月22日	7月13日	7月26日	4.8
夏玉米开花始期	7	7月25日	7月16日	7月30日	5.3
夏玉米抽雄盛期	7	7月26日	7月17日	7月31日	5.2
夏玉米抽雄末期	7	7月27日	7月18日	8月2日	5.8
夏玉米吐丝始期	7	7月27日	7月19日	8月2日	5.3
夏玉米花盛期	7	7月29日	7月19日	8月4日	5.8
夏玉米花末期	7	7月31日	7月21日	8月6日	5.8
夏玉米吐丝盛期	7	7月31日	7月21日	8月5日	5.6
夏玉米吐丝末期	7	8月3日	7月23日	8月10日	6.0

　　注：此表见《通县地区物候历（1979—1988年）》，载于《通州文史》，1990年第1期。与天文四季、气候季节不同的是，文章根据物候现象，划分了以通州镇为中心约50平方千米的物候季，编制出完整的物候历。文章根据通县一中师生长达10年的物候观测记录，并参照多年的物候记录和邻近省市季节划分经验，详尽分析气温指标，对照物候现象划分物候季，通过对四十多种植物、十多种动物、十几项气象水文的观测记录，一一记下最早、最晚日期并算出平均日期，数据多达387项。本文收入部分数据。

　　从乡土地理研究的角度看，几千平方千米范围内，经度差异、纬度差异都不明显，高下差异却已显现。西辛房为浅山区，同平原区比较，门头沟比平原地区春季来得晚，而秋季来得早，时间差两三天到半个月，门头沟植物生长期较短。23中、北海（竺老和中科院地理所物候记录。竺老从1921年起就观察记录物候，83岁高龄，直到生命的最后一天还坚持记下当日的天气状况）和通县在气象学分区上同属"平原一般区"，但由于"城市热岛"、"城市雨岛"效应等原因，也存在城乡差异。

　　3. 通县地区物候举例

　　远在三千多年前的周朝就有了许多物候歌谣，如《豳风·七月》"蚕月条桑，取彼斧斨……四月秀葽，五月鸣蜩……八月剥枣，十月获稻。"说的是三月修剪桑树枝，取来锋利的斧头……四月远志结籽，五月知了叫个不停……

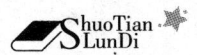

八月打枣，十月收稻。但那时还是用阴历而不用阳历，二十四节气创立后的物候所载实际也仅符合黄河下游的地理环境。

我国疆域辽阔，南北跨纬度 30 多度，东西跨四个干湿地区，地形复杂，高下差近万米，八大古都多在中原地区，安阳、北京稍北，南京、杭州偏南，西安、洛阳、郑州、开封都在北纬 35°附近。物候的地域差异很大，《九九歌》既不适用于秦岭、淮河以南地区，也不适用于北京地区。秦淮以南，大寒时一般也不结冰，北京"一九"已可在冰上行走，用不着等到"三九"、"四九"，而"河开"、"雁来"要等到"八九"以后。

一般人对物候学很陌生，即便是农民虽有意无意日常应用物候知识，也不知物候学的存在。下面试举通县的一些农谚：

(1)"豌豆大麦不出九"。"冬至"(12 月 22 日前后)数九，"出九"总在下一年的 3 月 12 日前后；3 月 6 日前后惊蛰，天气转暖，雨水渐多，始现春雷，冬眠的动物渐渐出土活动，所谓"惊蛰一犁土"，早春作物应及时播种。

(2)"谷雨前后，栽瓜掩豆"。4 月 20 日前后为"谷雨"，它是春季最后一个节气。雨生五谷，每年到"谷雨"节令，降水越来越多，我国北方大部分地区正值农作物播种、出苗的重要季节。布谷鸟"布谷、布谷、布谷"地叫，提醒人们，农事活动要抓紧，不要违误农时。

(3)"头伏萝卜二伏菜，三伏种荞麦"。6 月 22 日前后"夏至"，夏至后第三个庚日数头伏，农历还规定"立秋"后必有一伏，8 月 8 日前后立秋，立秋后的庚日才为三伏(中伏有时 20 天)，所以"三伏"常常要拖到 8 月中旬。头伏间种晚熟的萝卜，二伏瓜后种菜(如北京地区的大白菜)，三伏就更晚了。荞麦晚熟速生，品质较低，一般农民不爱种植，但如遇暴风或冰雹等严重灾害性天气，禾苗或瓜果尽毁，救急而种荞麦，(再补种其他作物很难再有收成)以避免颗粒无收。

(4)"六月六看谷秀"。"六月六"指农历日期，一般已过"小暑"(7 月 7 日前后)的节气，已进入相当炎热的时期，农业生产上多忙于夏秋作物的田间管理，谷子、高粱等作物都在抽穗开花。

　　(5)"白露早，寒露迟，秋分前期麦子正当时"。每年"处暑"（"处"，止也，暑气至此而止之意。8月23日前后）节气后天气渐凉，9月8日前后"白露"。"9月气渐重，露凝而白"，人们正忙于大秋作物的抢收抢种。但冬小麦是越冬作物，若种得过早，冬前已发旺生长，不利于越冬。"白露"、"寒露"有轻重之别，"寒露"的"露气寒冷，将凝结也"，所以冬小麦播种也不宜过迟。若因上茬不能及时收割，晚种"埋土麦子"是不得已而为之。通州地区的"两年三熟"制，就是今年的春播作物及时收割，适时播种冬小麦，但明年小麦收割后的下茬玉米等到成熟收割后，就绝对不能再种冬小麦了。

　　(6)"处暑找黍"。8月23日前后"处暑"。暑热天结束，气温逐渐下降，百草树木渐渐开始变黄，枯萎脱落。"处暑"是二十四节气之一。"天地始肃"、"禾乃登"是处暑节气的两"候应"。古时社会生活实践中，有许多认识都受阴阳说的影响，将十位数中的双数名为"阴数"，将单数名为"阳数"，并将"阳数"之极"九"视为"天数"，因天大地小，故九之"天数"格外受崇。古时人们将每年秋季"处暑"节气自然气候规律性变化的反应归纳概括为"阴"，或曰"气肃"，即现在所说的"寒气"。用古人的话来说，天气的变化将会渐渐"气肃而凝，露结为霜矣。"也就是说因"气肃而凝"，大地上的百草树木，渐渐开始变黄，枯萎脱落。所以古人将"气肃"这种自然现象列入了"七十二候"，作为"处暑"节气二候的"候应"，叫做"天地始肃"。古时人们将黍、稷、稻等粮食作物概括称为"禾"；将农作物成熟称作"登"，例如"五谷丰登"。[①] 所以作为"处暑"节气三候的"候应"，归纳为"禾乃登"。糜、黍同属大田早熟作物，称为小杂粮。现代农业扩大规模经营以后，品质较差的大麦、荞麦，低产的糜、黍等已基本不再种植。

　　此外，通县地区还有许多民谣、农谚及天气气候谚语，都与物候有关。如"早黍晚麦，不收别怪"，说的是掌握播种时（机）间，适时下种。"暑伏不出

---

　　① 参见高桂莲、施连芳编著：《气象谚语与历法节气趣谈》，北京：中国社会出版社，2010年版。

荚，十年九不打"，也说不要违误农时。"种地不榜，念书不讲"，是说田间管理的重要性。20世纪六七十年代以前，由于干热风和冰雹雨季的影响，小麦欠收使百姓不得不经常吃发霉麦子，现代由于品种改良，加强管理，六月中下旬就可以收割，夏至前后就"净场"了；"清明飐去坟前土，飐到五九四十五"，大概说的就是干热风；"有钱难买五月旱，六月连阴吃饱饭"，说的是为使幼苗根系发达、防止疯长，在一定时期内控制灌水和施肥，进行中耕，利于"蹲苗"。通县地区水热同期，高温期、多雨期一致，是气候的一大特点，也是优点。

4. 通县、门头沟、中心城区物候历对照

请看通县（通州镇）、门头沟城镇和北京市中心（以北海为例）城区的物候历对照表，可以明显看出山地和平原地区的物候差异，通州镇和中心城区虽然都属平原区，但也有明显的城乡差异。

表9 通县、门头沟、中心城区物候历对照表

通县地区物候历 (1979－1988年)					门头沟城镇地区物候历 (1979－1984年)		北海物候历
物候现象	统计年数	平均日期	最早日期	最晚日期	标准差（天）	物候现象	平均日期	平均日期
加杨芽开始膨大	4	3月5日	2月27日	3月8日	4.0	加拿大杨芽膨大	3月17日	3月1日
加杨花序出现	4	3月15日	3月10日	3月18日	3.3	加拿大杨始花	3月22日	4月2日
山桃芽开始膨大	8	3月9日	3月4日	3月18日	5.6	山桃花芽膨大	3月4日	3月2日
榆果头成熟	3	4月21日	4月8日	4月28日	11.5	榆钱散落	4月28日	4月27日
枣芽开始膨大	7	4月17日	4月10日	4月29日	7.4	枣树发芽	4月15日	4月11日
紫丁香始花	7	4月17日	4月14日	4月22日	2.6	紫丁香始花	3月31日	4月15日
蛙始鸣		4月13日				蛙始鸣	5月4日	4月19日
臭椿始花	5	5月21日	4月14日	6月1日	7.1	臭椿始花	5月27日	5月24日
刺槐盛期	9	5月9日	5月3日	5月18日	5.9	洋槐开花盛	5月14日	5月9日
蚱蝉始鸣		(9月6日)				蚱蝉始鸣	9月23日	9月25日
加杨叶开始变色	3	10月15日	10月10日	10月20日	5.0	加拿大杨开始变色	9月30日	10月2日
加杨开始落叶	4	10月25日	10月17日	11月7日	9.5	加拿大杨开始落叶	10月4日	10月9日
垂柳叶开始变色	4	10月27日	10月23日	11月2日	4.5	垂柳叶开始变色	10月12日	10月15日
小叶杨开始落叶	5	10月23日	10月13日	11月10日	13.1	小叶杨开始落叶	10月17日	10月25日
枣树落叶末期	3	11月5日	11月4日	11月7日	1.5	枣树落叶末期	10月30日	10月31日
旱柳开始落叶	4	11月8日	11月1日	11月18日	7.0	旱柳落叶始	10月18日	11月1日
杏落叶末期	3	11月13日	11月7日	11月16日	5.1	杏树落叶尽	11月6日	11月9日
山桃落叶尽	5	11月18日	11月7日	11月26日	7.9	山桃叶落尽	11月7日	11月14日

续表

通县地区物候历 (1979－1988 年)					门头沟城镇地区物候历 (1979－1984 年)		北海物候历
物候现象	统计 年数	平均 日期	最早日期	最晚日期	标准差 （天）	物候现象	平均 日期	平均 日期

物候现象	统计年数	平均日期	最早日期	最晚日期	标准差（天）	物候现象	平均日期	平均日期
小叶杨落叶末期	5	11 月 17 日	11 月 5 日	11 月 29 日	8.7	小叶杨叶落尽	11 月 10 日	11 月 22 日
初雪	10	11 月 28 日	10 月 31 日	2 月 11 日	31.8			11 月 25 日（最早 11 月 9 日，最晚 12 月 15 日）
终雪	9	3 月 13 日	2 月 16 日	4 月 4 日	18.4			3 月 31 日（最早 2 月 10 日，最晚 4 月 21 日）
积雪初日	10	12 月 14 日	11 月 1 日	2 月 16 日	35.8			12 月 16 日（最早 11 月 9 日，最晚 2 月 17 日）
积雪终日	9	3 月 10 日	3 月 4 日	3 月 28 日	9.2			
榆始花	5	3 月 20 日	3 月 4 日	3 月 28 日	9.2			
毛白杨始花	8	3 月 21 日	3 月 10 日	3 月 29 日	7.9			
初霜	10	10 月 17 日	9 月 28 日	10 月 23 日	7.5			
终霜	10	4 月 9 日	3 月 30 日	4 月 27 日	10.6			
初雷	10	4 月 21 日	4 月 9 日	5 月 7 日	8.6			
终雨	10	10 月 2 日	9 月 22 日	10 月 19 日	10.0			

注：表内通县地区指以通州古镇为中心约 50 平方千米范围；门头沟城镇地区，以西辛房中学为代表，属浅山区；北海指城市中心区，以中科院地理所竺可桢和 23 中所监测数据为代表，对比参考。其中，通县地区的物候观测记录，时间长，项目多，列在表的第一格，表后注释也是通州镇的物候现象。门头沟城镇地区和北海为对比资料。因当时关于物候现象的名称未规定统一标准，所以通县和门头沟城镇地区的名称稍有差异。如加杨—加拿大杨、榆果头成熟—榆钱散落、刺槐花盛期—洋槐开花盛、旱柳开始落叶—旱柳落叶始、小叶杨落叶末期—小叶杨叶落尽等，也有完全相同的名称，如蛙始鸣、初雪等。两地区所有 20 项都是内容相同、一一对应，且有可比性的物候现象。为尊重原始记录资料，收官时也不宜再强求统一。有了一地的完整物候历，对于指导当地和附近地区的农业生产就有相当的作用。有这三个地方的物候历，邻近地区只要有年代不长的物候记录，也就可以推算制定当地的物候历，预报农时了。

5. "春节"不是"春"节

中国人年年红红火火地过春节，全国各地也都有许多庆贺新春的习俗。那么，"春节"是与"春"有关的节日吗？

春节是中华民族的大年。过大年是中华民族的一个习俗、一个文化特点、一个文化现象。这个文化现象在世界影响很广，不仅在中国，在东亚、东南

亚也有部分国家过这个节日。

"年"是几千年来中华民族"阴阳合历（农历）"的一个节日。关于"年"中华民族有很多象征人们除恶扬善、向往美好生活的传说。公历施行后，为不使公历"元旦"与"年"相混，而把农历的"年"正月初一定为"春节"。其实"春节"与春没有多大关系。"春节"并非"春"节，年还是年。

春节是我国最为隆重的传统节日，每逢佳节人们都企盼出现风和日丽、冷暖适中的好天气。但是据 1949—2009 年共 61 年的统计，春节（每年阴历正月初一）分布在阳历的 1 月 21 日（1966 年）至 2 月 20 日（1985 年）之间。不同年份的春节，气温冷暖差异很大，北京地区即使到 2 月下旬，距"春风化雨"、"春意盎然"、"春燕衔泥"、"姹紫嫣红"还差得很远。

"立春"（公历 2 月 4 日左右，）是二十四节气的开始，是春季的起点，春分（3 月 21 日左右）才为中点。中国老百姓习惯上称阴历二、三、四月为"春季"，气象学上一般以候平均温稳定通过 10℃ 和 22℃ 为标准划分冬、夏，期间为春、秋。俗话说"打春以后别欢喜，还有 40 天冷天气"。北京通县地区，"初春"最早始于 3 月 13 日，因焚风、城市热岛效应等原因，气温比北京城区低 2℃ 左右，雨燕、家燕始见期要晚到 4 月中旬。

北京地区 1986—2009 年已累计出现 16 个暖冬，最暖的"春节"（1987 年 1 月 29 日），最高气温 6℃，最低气温仅 −0.5℃，日均温有 3.2℃。2014 年又是一个暖冬，3 月 16 日候平均温已经超过了 10℃，比常年提前了半个月，进入了气象学上的春季。看来"春"节对于北京名不副实。全国各地各年的"春节"温差很大，景象相差甚远，黄淮流域"立春"气温刚刚通过 0℃，不能反映季节时令的稳定特征。当然也无须抬杠说，位于南半球的澳大利亚"春节"已是盛夏，华人也都吃年饭，过"春"之节了。

六、野外观察、考察、社会调查体验

在野外观察、考察和地理调查过程中，所到之处都目不转睛地观察、考

察、调查，不断地记录、分析、思考，发现到处是课题，有学问，生活中司空见惯，生产上常会有用，教育教学研究中也十分需要探究的问题多得很，每一次活动都有艰辛经历，组组数据资料都有篇篇大道理，自信地理科普工作大有可为，地理教师也大可不必因"地理课"被贬为"小四门"而妄自菲薄。

1. 时区　日界线

1982年8月2日—17日，中国地理学会在新疆举办了中学地理教师第三期暑期培训班，北京有三名代表参加，本人同北京师范学院附中的王玉瑄老师同车前往。7月27日，我们乘坐179次直快列车由北京驶往西安，在西安做短暂停留，换乘69次特快，30日7时26分由西安赴乌鲁木齐。

表 10　列车到站、日出日没时刻观测记录表

日　　期	日　　出	日　　没	地　　点
	5 时 12 分	19 时 30 分	北　　京
7 月 27 日	5 时 34 分	19 时 29 分	郑　　州
	5 时 44 分	19 时 40 分	洛　　阳
7 月 30 日	5 时 53 分	19 时 45 分	西　　安
		19 时 57 分	陇海铁路 1618 千米，定西
7 月 31 日	6 时 11 分		兰新铁路 274 千米，头坝河
		20 时 51 分	兰新 972 千米，安北
8 月 1 日	6 时 50 分	21 时 33 分	乌鲁木齐 列车经柳园入夜，3 时 26 分过哈密，一觉醒来，5 时 49 分天仍漆黑，天空阴云密布，7 时 8 分阴云消散，见太阳地平高度约 5°，已至 1472 千米，估计 6 时 40 分日出，瞭墩（百里风区）

这次去新疆学习，西去乘火车，返回乘飞机，使我们亲历了区时制度的规律。

经度不同，地方时不同，东早西晚。如果各地都使用自己的地方时，在交通发达的今天，当进行东西方往来时，会给人们带来极大的不便。于是，

1884年国际子午线会议上确定采用区时制度。

所谓区时，就是在一定的地区范围内，统一使用一种时刻。区时也叫标准时，全球按经度分成24个时区，每区跨经度15度。每一时区，都用该时区中央经线所在经度的地方时为标准时，在一个时区内各地的地方时与区时之差最大不超过半小时。相邻两个时区，时间相差一小时，东早西晚，两地相差几个时区，时间就相差几个小时，也是东早西晚。同时规定了"国际日期变更线"，也叫日界线，日界线以西的日期比日界线以东早一天。这样，全球时刻、日期计算就有统一标准了。

在兰新铁路线上，从西安赴乌鲁木齐，每向西运动经度一度，时间就相差4分钟，在北纬40度地区，每向西运行85千米，日出、日没时间就拖后4分钟。

用这样的实例讲时区日界线知识，学生拍手称快，时区日界线问题已不是教学难点，时区日界线也不再是高考难题。

这次去新疆，经京广、陇海、兰新铁路，北京—乌鲁木齐间运营里程3768千米，东西跨经度约30度，因经度不同地方时不同而有时间差，全国统一采用"北京时间"（1986年新疆改用乌鲁木齐时间即东六区时间），所以沿途日出、日没时间相应向后推移。到达乌鲁木齐，傍晚安顿好住处后，我们听说有露天电影，晚上11点开演，因顾虑"太晚"，怕耽误休息、误正事而未敢去看，而其实因时区差别第二天10点才上班开会，在当地晚上11点也根本不算晚。

8月17日培训班结束，14时30分我们乘飞机返京，飞行3个小时降落首都机场，但到教师进修学院（西外动物园）天已大黑，不得不留住一宿。其实，同样是不着陆飞行，从北京飞乌鲁木齐却飞行了三个半小时，比回来时间长了半小时，原来是西去爬升特别是逆西风飞行的缘故。

1977年10月恢复高考后，几乎每年都有时区日界线考题，如上半个小时的飞行时间差就是一道高考题。最初，时区日界线问题是教学难点，现代国际交往这么多，问题真弄明白了，就一通百通了。

日常社会生活中，人们经常遇到时区日界线问题。无论是美国亚特兰大

奥运会、加拿大温哥华冬奥会，还是南非世界杯，要看开幕式或重要比赛的直播，中国人都不得不熬夜。在日本、韩国的比赛对我们影响就不大。打越洋电话、看比赛等只关心时刻，可以不考虑日期。1972年美国前总统尼克松访华，1973年中美互建联络处，1978年12月16日正式建交；相约在两国首都同时宣布这一爆炸性新闻，即12月16日10时（北京时间）与12月15日21时（华盛顿时间），北京上午阳光明媚，华盛顿也是电视转播的黄金时间，这就是严肃的政治问题了。

如果你有机会从连云港乘陇海、兰新铁路线火车到新疆阿拉山口，还可以体验从湿润、半湿润、半干旱到干旱地区的气候变化。出国沿"亚欧大陆桥"行走就可以体验中亚、欧洲异国风情了。若从北极村漠河到雷州半岛走一遭则会是另一番景象。

2. 极星高度①及其他

如果你有机会从北方到南方旅游考察或出差开会，就可以体验温度带、气候和自然带的变化，北方天寒地冻，海南长夏无冬，寒温带年均气温最低在−40℃以下，热带则在24℃以上，黑龙江大豆、高粱、春小麦都只收一季，海南一年收三季水稻。北方多车马，南方多船，连生活起居也有差别。随着地理纬度的降低，在晴朗的夜晚，还可以发现极星高度降低了，观测天空星座形象也有了明显的变化。

在我国，东西走向的燕山长城一线是暖温带与中温带的界线，长城以南属暖温带落叶阔叶林带，暖温带虽然夏天高温多雨，与亚热带甚至与热带无异，但冬季严寒（还可种冬小麦，两年三熟）；长城以北中温带则只能一年一熟，种春小麦。同在暖温带内，大连纬度虽在北京以南，但因临海而冬温夏凉且春迟，春天百花缓放，到大陆内部则冬寒夏热而春天来得早，那是海洋性气候与大陆性气候的差异。同样，烟台苹果远近闻名，济南苹果不丰产，

---

① 极星高度：极星即指北极星，在北半球，极星高度等于当地的地理纬度。如北京地区极星高度40°，而厦门极星高度不足25°，北斗七星常难找到，只好用仙后星座来寻找北极星了。

也因为烟台滨海，春来较晚，苹果开花较迟，要到立夏以后，其时寒潮已绝迹，所以苹果稳产高产。

秦岭—淮河—白龙江，北纬34°，向西可达104°E（再往西岷山、阿尼马卿山等已是昆仑余脉，为高山气候），大体上就是亚热带北界，秦岭—淮河为界，陕西、河南、安徽、江苏四省被"分割"在南北两方。亚热带南界则横贯台湾省的中、南部和广东省雷州半岛的南部及滇南。我国的亚热带，根据积温、无霜期、年均温和日照时数等指标，大体上以北纬24°，南岭山脉为界分为北、南三个气候带，以北为中、北亚热带，以南为南亚热带。南亚热带包括闽南、两广大部分地区（珠江区）和滇南区，这里"四时皆是夏，一雨便成秋"，习称"岭南"。苏轼就曾写到"罗浮山下四时春，卢橘杨梅次第新。日啖荔枝三百颗，不辞长作岭南人。"曾有电台播音员把"南，亚热带"读成"南亚，热带"，真可谓失之毫厘，谬以千里。

笔者1987年11月底12月初到厦门开会，厦门（24°27′N）（包括上海、南京等地）冬季无完善的取暖设备，北方人难以适应，难怪人们都说"南方人更禁冻"。北方的房屋建筑都很注意采光、采暖，冬季有完善的取暖设备，或烧炕或火炉，一般情况下10月15日哈尔滨已集中供暖，北京集中供暖不会晚于11月15日，如遇突然降温只会提前，如降大雪或连续五天日平均气温低于5℃，立即开始供暖。

此外，在厦门，极星高度大大降低，刚刚入冬，已不见北斗，只能用仙后星座寻找北极星。在北京地区，赤纬－50°以南的恒星是永远看不到的，全天空21颗最亮的恒星有三分之一看不见（包括离地球最近的比邻星），越往南，可见的南天星座越多，如果到南沙，南天星座则可以一览无余，但北极星又难以见到了。

3. 民族团结颂

中华民族是生活在中华大地上所有民族以及海外华人的统称。中华民族共包括56个民族，其中汉族人口最多，约占全国人口的92%，也是世界上人口最多的民族。汉族以外的55个民族，约占全国人口的8%，习惯上称为少

数民族。我国少数民族人数虽然少，但分布广泛，约占全国面积 50%—60%，比较集中的是西南、西北和东北。少数民族大多数和汉族交错分布，多以本民族的或大或小聚居区和汉族交错居住在一起。

在地理野外观察、考察和社会调查实践活动中，无论是旅游观光、出差开会、综合科学考察或做具体的科技工作，还是为提高教育、教学、教科研能力而参加的教师培训，总要接触当地干部群众，特别是到内蒙古自治区、宁夏回族自治区、新疆维吾尔自治区等少数民族地区，与各少数民族同胞交往、交流，会处处感受到新旧社会两重天，体验到党的民族政策和民族区域自治制度的优越性，社会主义民族大家庭其乐融融。

1959 年 3 月至 5 月，地理系野外实习，我们接受国家生产任务，与内蒙古自治区林业厅营林二队合作，参加治沙工作，跑遍了乌兰布和（北到太阳庙，南到吉兰泰）、库布齐、毛乌素沙漠，进行导线测量，植被、土壤、水源调查，绘制大比例尺图，准备飞机播种，植树造林，生物治沙，保护西北交通大动脉包兰铁路。在内蒙古自治区领略过塞外大漠"天苍苍，野茫茫，风吹草低见牛羊"的雄浑风情，感受到"一代天骄"成吉思汗金戈铁马、弯弓射雕的万丈豪情，游览了"民族团结纪念塔"和王昭君衣冠冢——昭君墓。

早在 1947 年就建立了内蒙古自治区。在旧社会，由于"大汉族主义"思想影响，汉商拿几匹布就可以换回一群马、骆驼，存在不公平现象。是党的民族政策和民族区域自治制度，使少数民族融入中华民族大家庭。逐水草而居的游牧民族，新中国成立后逐渐定居，过上了幸福生活。

1960 年 6 月，我们与山西科学院合作，进行霍山野生植物普查、运城盐碱土治理和翼城黄土高原综合考察，并追溯浍河（汾河支流）的中条山源头。那时黄土高原千沟万壑，山区"望山跑死马"，交通不便，信息闭塞。有的山村还能见到抗日标语和战争时遗留的弹痕，有的边远地区三四天才能见到一次报纸，有线电报到县城还要邮送，像样的大村有公用手摇电话，也需要高音喇叭喊叫跑去接听。

新疆主要居住有维吾尔、哈萨克、回、柯尔克孜、蒙古、塔吉克、锡伯、

满、乌兹别克、俄罗斯等民族。160 多万平方千米的新疆面积相当于三个法国、四个日本、七个英国，若羌一县相当于江苏、浙江两省的面积总和。从最北部阿勒泰到最南部和田之间有 2000 多千米的公路里程。从乌鲁木齐到库车，爬天山需一天，绕行得三天，现在通了火车也要十多个小时。考察天山 1 号冰川、哈萨克南山牧场、吐鲁番盆地、天山天池和石河子玛纳斯垦区，用 60 多个小时乘坐 1700 多千米的汽车，看 1/800 万的地图，只跑了几平方厘米小小的一片。维吾尔、哈萨克、蒙古等都是能歌善舞的民族，新疆维吾尔族小孩儿"会说话就会唱歌，会走路就会跳舞"。正如一首歌中唱到的："我们新疆好地方，天山南北好牧场，戈壁沙滩宽又大，积雪融化灌农庄"。

4. 长江干支流的水文特征

6397 千米的长江是世界第三长河，发源于唐古拉山各拉丹冬峰，注入东海，总落差约 1‰。长江上源沱沱河—通天河—金沙江，约占总长度的一半，落差超过 2‰。四川宜宾以下正式称为长江，宜宾—湖北宜昌为上游（习惯上又称川江）。宜昌—入海口为中下游，中下游总落差只有 0.03‰左右。

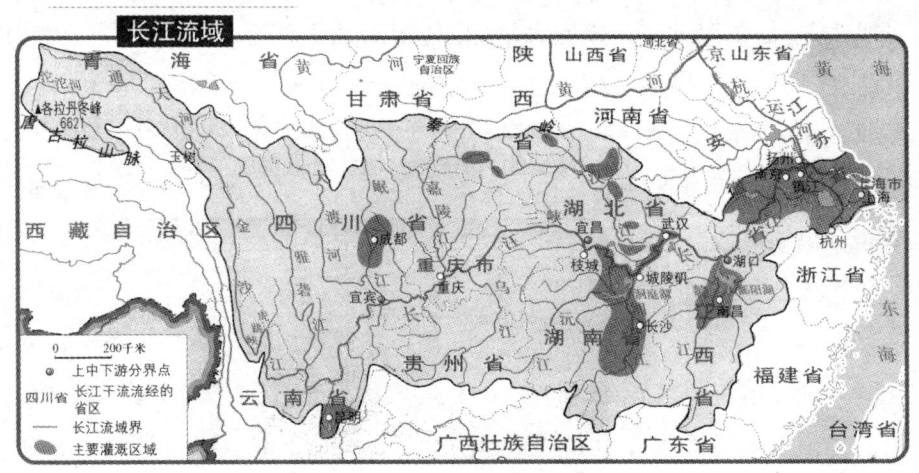

图 5　长江流域示意图

长江上游干流长度约 800 千米，宜宾长江水位 289 米，宜昌水位 59 米，落差约 0.30‰。岷江是长江的一级支流，在宜宾汇入长江，乐山大佛脚下岷江、大渡河水位 373 米，岷江下游落差达 0.7‰左右。重庆朝天门码头 188

米，万县 146 米，巫山县长江水位 123 米。而短小的大宁河也是一级支流，发源于大巴山区，在巫山县汇入长江干流，从大宁河口上溯（著名的长江小三峡）仅 15 千米，水位就到 200 多米，落差竟达 5‰。再看地势低平的通县，北运河北关闸水位 19 米，到牛牧屯潮白河—北运河引河水位为 17.74 米，落差 0.05‰，比大型农田灌渠还平缓。地理课上再讲大河干支流流量、水位、落差等水文特征时就生动活泼多了。

5. 急剧变化的山地垂直自然带

地球表面呈现岩石圈、水圈、大气圈、生物圈四个圈层结构。地表有机体及其生存环境构成一个庞大而复杂的生态系统，人类就是生物圈的一员。

由于热量和水分组合的不同，在地球表层形成了不同的气候类型，有代表的植被和土壤类型以及与其相联系的动物群落，构成了沿一定方向延伸，呈带状分布的水平自然带。如热带雨林带、热带稀树草原带、热带亚热带荒漠带、亚热带常绿硬叶林带、亚热带常绿阔叶林带、温带落叶阔叶林带、温带草原带、温带荒漠带、亚寒带针叶林带、寒带苔原带、极地冰原带 11 个明显的自然带。

在高山地区往往形成垂直自然带，山脚下的起始自然带称为基带，它与该山地所处的水平自然带相符合。山地垂直自然带，除了受所处地理位置的影响，通过基带与水平自然带发生联系，深深打上纬度地带性（和经度地带性）的烙印外，还要受到山坡的方位、山体构造、山体的形态和高度等多方面的影响，使山地垂直自然带呈现出多样性和复杂性。

山地垂直自然带的变化急剧、复杂。通常气温水平变化 1℃，水平距离大约是 110 千米，而气温随高度的变化相差 1℃，其垂直距离大约只有 160－180 米。山地垂直自然带中的一个带的垂直范围，一般只有数百米或上千米，各个带的水热状况、风力大小及生物土壤等自然现象往往呈镶嵌分布，狭窄而又不规则。可见山地垂直自然带比水平自然带，即平原或起伏较小的地区复杂得多，变化快得多。

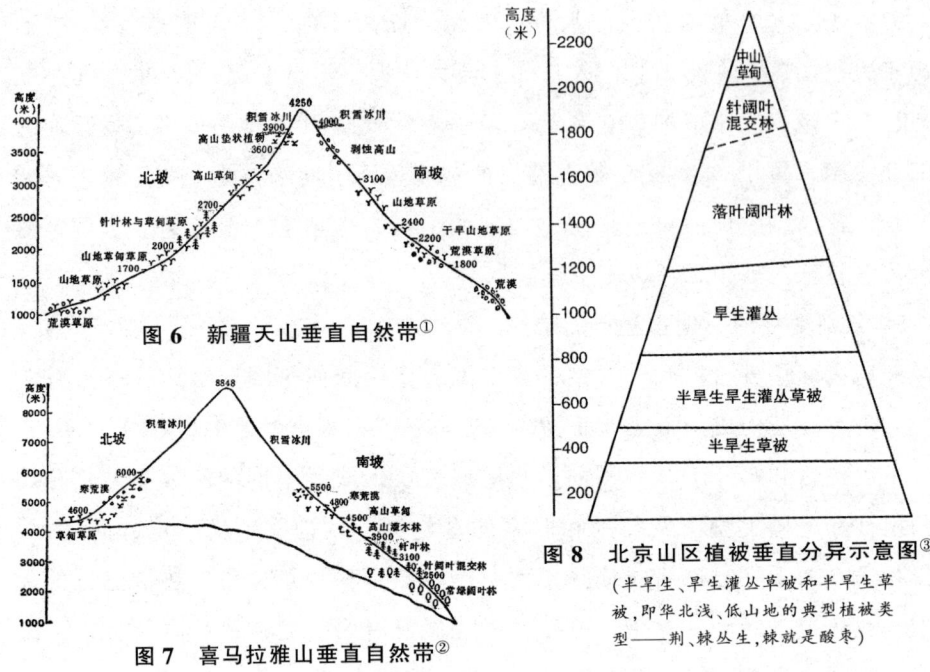

图 6　新疆天山垂直自然带①

图 7　喜马拉雅山垂直自然带②

图 8　北京山区植被垂直分异示意图③
(半旱生、旱生灌丛草被和半旱生草
被,即华北浅、低山地的典型植被类
型——荆、棘丛生,棘就是酸枣)

长白山:因属温带大陆性季风气候东部湿润地带,(中温带)1900米仍有岳桦树生长。

北　京:(温暖带)半湿半干,积温不足,森林上界也在1900米左右。北京地区800—2000米左右
的中山,百花山(1990)可以看到植物垂直带谱,东灵山(2303)山顶可作为夏季牧场,大
海坨山(2241)山脚有松山自然保护区。北部山地的湿度大于西部山地,阴坡植被比阳坡
好。1900米以上,气候寒冷湿润,风大,乔木已难以生长。

东天山:(北坡)乌鲁木齐南山哈萨克牧场森林上界可达2600米以上。

峨眉金顶:亚热带湿润地带,3000多米仍有高大树木生长。

台湾南部:热带季雨林森林上界可达3500米。

喜马拉雅山珠峰南坡和安第斯山(南美赤道附近厄瓜多尔境内)、乞力马扎罗山(非洲赤道附近坦
桑尼亚境内)森林上界都可达4000米以上。

　　①　引自南京大学地理系《自然地理基础》编写组编:《自然地理基础》,北京:商务印
书馆,1981年版。

　　②　引自南京大学地理系《自然地理基础》编写组编:《自然地理基础》,北京:商务印
书馆,1981年版。

　　③　引自《北京市地理图册》,北京:中国地图出版社,1997年版。

长白山（主峰白头山海拔 2691 米），山脚下是落叶阔叶林带，500—1000 米是针叶和阔叶混合林带。这里树木品种繁多，森林景观千姿百态。长白山 1000—1800 米是针叶林带，因为在这个高度气温较低，冬季更为寒冷，而且湿度比山下大，有利于针叶林形成。2000 米左右仍有能适应高山寒冷潮湿气候、躯干短曲多枝的岳桦树生长。再高就没有树木生长了，出现了苔原带。北京及其邻近地区的高山海拔都在 2000 米左右（暖温带半湿润半干旱地区），

图 9　北京灵山　　　　**图 10　北京百花山**

2000 米以上霜期都超过 205 天，积温不足，森林上界也在 1900 米左右（见图 9、图 10）。

　　新疆东天山，位于温带大陆内部干旱半干旱地带，所以天山北坡的基带是荒漠草原，随着高度的增加，水分条件稍好，可出现山地草原带，同时因受来自北冰洋、大西洋水汽影响，降水较多，出现了针叶林带，乌

图 11　南山夏季牧场

鲁木齐市哈萨克南山牧场森林上界可达 2600 米，以上为高山草甸是夏季牧场（见图 11），秋后动物要到山下"偎冬"。

　　四川峨眉山（3079.3 米，亚热带湿润地区）游人所到的峨眉金顶（3070 米）仍有高大的乔木树种生长（见图 12）。

　　山高谷深的横断山区，如雅鲁藏布大峡谷和云南哀牢山、四川贡嘎山地

图 12　峨眉金顶　　　　　　　　　　　图 13　川西山地

等情况更为复杂。特别是贡嘎山(7556 米)，东坡谷底海拔 1000 米，从谷底到山脊水平距离只有 29 千米，竟有 8 个垂直地带。西坡情况尤其复杂，号称"一山有四季，十里不同天"。台湾南部山地位于热带范围，500 米以下为热带(季)雨林带，500－1500 米为亚热带常绿阔叶林带，1500－3000 米为温带落叶阔叶林带，3000－3500 米为针叶林带，高山草甸在海拔 3500 米以上，上部没有出现积雪冰川带，是由于山地高度没有达到积雪所要求的高度。安第斯山(位于南美赤道附近厄瓜多尔境内，海拔 5897 米)森林上界在 4000 米，高山草甸上界可达 4600 米，再以上才为积雪冰川带。同样位于赤道附近的非洲乞力马扎罗山(位于坦桑尼亚境内，海拔 5895 米)，5200－5700 米以上也有永久积雪的积雪冰川带。①

　　若到大洋洲新几内亚岛的查亚峰(5029 米)考察一番，从山脚热带雨林带

---

　　① 可见因所处的"基带"不同，森林上界的海拔高度而有所不同。中温带：长白山—2000 米。暖温带：北京地区因处半湿润半干旱地区无霜期长，积温不足，森林上界也只有 1900 米左右；东天山—2600 米。亚热带：峨眉金顶—3070 米；台湾—3500 米。热带：安第斯山—4000 米。由此可见，从中温带到热带，森林上界逐步抬高的规律。

　　数字出处见南京大学地理系《自然地理基础》编写组编：《自然地理基础》，北京：商务印书馆，1981 年版。

向上推移 5000 米，相当于从赤道地区向北到达北亚寒带苔原带，水平距离足有 8000 千米。

6. 潮白河道（撂荒地）资源开发利用综合考察

1990 年 7 月 20—26 日，通县科协、地理学会举办科技夏令营，在西集中学组织五个学科、五个年级共 33 名师生，对潮白河道撂荒地资源开发利用，进行了综合考察。考察划分综合、测绘、水文、土壤植被四个组，通过七天的分工合作，取得了宝贵的科学数据和图表资料，得出潮白河道综合开发利用大有可为的结论，并提出植树造林，发展养殖业，建设第一职业学校的学农基地，合作开发利用"插花地"等具体建议。

本次考察的重点地段是牛牧屯潮白—北运引河，共 200 多公顷范围，转绘了 1/18 万潮白河段图，通过平板测量，绘制了引河段 1/10000 农田分布和土壤剖面图，绘制了 1/2000 引河道剖面图，进行了土壤肥力速测，调查了野生植物分布，考察了凌家吴村水文站，并到香河查阅了水文资料，用日影竿法确定了子午线方向。全体营员全线踏查了 41.7 千米的河道（见图 14）。

这次考察的成果不仅在市、县获奖，还为领导对相关地区重大问题的决策提供了一定的科学依据。

7. "一竿子高"是多高

日影的长短与寒暑变化相关，要准确地测量寒来暑往的季节变化，很自然地就产生了立竿测影的方法。立竿测影就是用最简单的天文仪器确定时令、季节、制定历法。

立竿测影古称土圭测景、圭表测景。表是直立的竿子，圭是平放在地面上的玉版。一般表示高八尺（约 196.5 厘米），"土圭尺有五寸"（夏至日影长一尺五寸。实际圭面应更长，冬至日应在一丈三尺以上）。周公测景台（在今河南省登封市告成镇，古称阳城）高出圭面 8.5 米，下面的圭面长 30.3 米。

夕阳西下，人们一般说太阳还有"一竿子高"，早晨说已"日上三竿"，俗话说"八竿子打不着"的亲戚，比喻关系疏远或没有关系。中国人一般身高 1.7－1.8 米，表高 196.5 厘米是一人多高。约可称一竿子，相当于地平高度

图14 综合考察调查地区和潮白河道踏查线路示意图

约10°，说的是太阳升落的地平高度。

古人天体测量不但用"度"，而且还有丈、尺、寸。用度如周天365.25度，在北京地区北极星的地平高度40°，北斗七星中天枢—天璇之间距离5°。而目视观测用的丈、尺、寸，显然是人类生产生活中常用的长度单位，跟人类的体型密切相关。如"一人多高"；一般成年人手臂伸向正前上方掌宽约

15°；旧制丈量地亩用"步"和"弓"；两手臂左右平伸两指间长度约 5 尺叫一庹（tǎo）；张开拇指和食指量长短叫拃（zhǎ），一拃约 6 寸等。

日上三竿，太阳视高度 30°（真实高度 19.1°）

两竿　　　　　20°（真实高度 11.8°）

一竿　　　　　10°（真实高度 5.5°）

半竿　　　　　5°（真实高度 2.7°）

三尺　　　　　3°（真实高度 1.6°）

尺璧非宝，寸阴是竞，"一寸光阴一寸金""寸金难买寸光阴"也都说的是以尺量天，时光宝贵。旧时民间估量降雨，说下没下"透"，叫三指雨、四指雨。"指"，一般成年人的食指宽约两厘米，是比寸更小的长（宽、厚）度单位。从而把古人用度测天和以尺量天自然联系起来，但角度和长度不好换算。

8. 站得高，望得远

"白日依山尽，黄河入海流。欲穷千里目，更上一层楼。"这是盛唐著名诗人王之涣的五言绝句《登鹳雀楼》。诗因楼作，楼因诗名。

鹳雀楼又名鹳鹊楼，因有鹳鹊栖其上而得名，故址位于山西省永济市蒲州古城西郊的黄河岸边（见图 15），与黄鹤楼、岳阳楼、滕王阁齐名，被誉为"中国四大历史文化名楼"之一。鹳雀楼始建于北周，经唐历宋，废毁于元初。2002 年复建，楼体总高 73.9 米，保持了原楼的气韵和时代风貌。

《登鹳雀楼》后两句，把人人皆有的"站得高，望得远"的认识表现得生动而豪迈，有"一览众山小"之感。对于这一原理，有图可解（见图 16）。

O 为地球的中心，R 为半径，AB 为观测点距地面的高度 h。ACF 为观测者的视线方向，与地面相切于 C 点，AC 就是观测者所能看到的最远距离（地平视距）。

在 $\triangle ACO$ 中，$AC^2 = AO^2 - CO^2$，

而 $AO = AB + BO = h + R$

$\therefore AC^2 = (h+R)^2 - R^2$

$= h^2 + 2hR + R^2 - R^2$

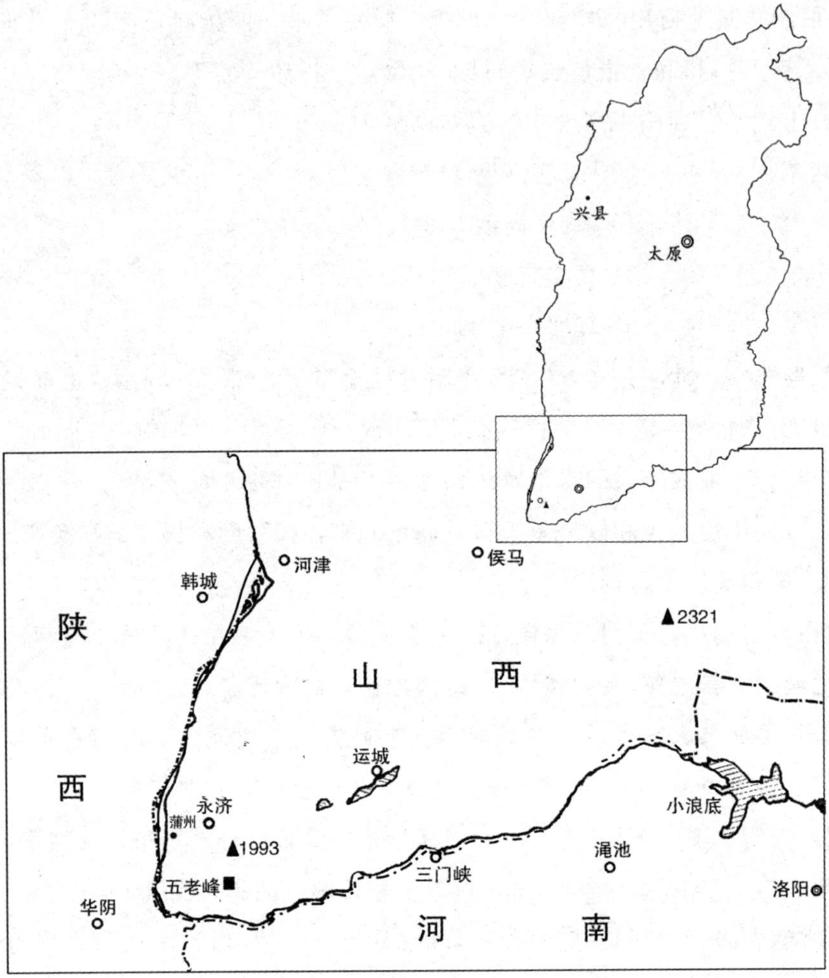

兴县

太原◎

韩城 ◎ 河津◎ 侯马◎

陕 ▲2321

山 西

西 运城

小浪底

永济◎ 渑池◎
蒲州
华阴 五老峰■ ▲1993 洛阳◎
三门峡

河 南

图 15　鹳雀楼地理区位示意图

$= h^2 + 2hR$

又可写为 $AC^2 = 2hR(1 + h/2R)$

在一般情况下，由于观测者在地面上的高度 h 比起地球半径 R 要小得多，

和 $2R$ 比起来显得就更小了。因此 $\dfrac{h}{2R}$ 这项可以忽略不计。

即得：$AC^2 = 2hR$

$AC = \sqrt{2hR}$

显然 AC（地平视距）与 h（身高，山峰高程，人造地球卫星……）和 R 有关，$R = 6371$ 千米（地球半径常用值），是常量，$2R$ 也是常量，AC 是变量。

$$\therefore AC = \sqrt{2 \times 6371\,h}$$
$$= \sqrt{12742h}$$
$$\approx 113\sqrt{h}$$

请注意：由于地球大气的折射作用（天文学称"蒙气差"），使我们看到的地平视距比计算的结果要远

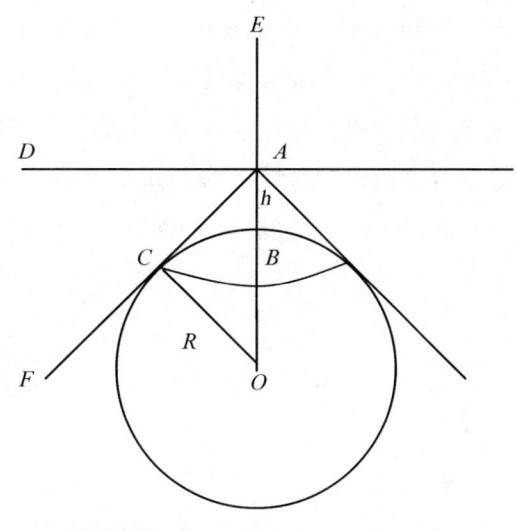

图 16 "站得高，望得远"原理几何说明图

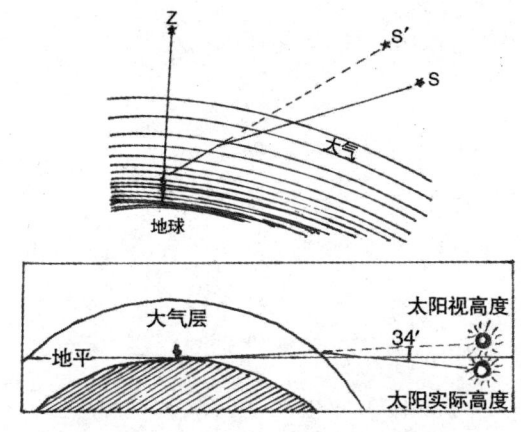

图 17 太阳视位置抬高示意图

一些。因为大气折射使天体向天顶方向偏折（视位置抬高），使得还在地平线以下的天体，而实际人们已见它升起了。科学家反复观测计算的结果，地平视距约远 7%，为此，$\sqrt{h}$ 的系数 113，应调整为 121（$113 \times 7\% = 7.91 \approx 8$，$113 + 8 = 121$）。

即 $AC \approx 121\sqrt{h}$

身高 1.7 米的人，在空旷的原野上向四周瞭望，地平视距不足 5 千米。

如楼高 65 米，能看到的理想距离约 30000 米，再上一层楼到 70 米（今鹳雀楼 73.9 米），最远也只能看到 32000 多米，离"穷千里目"还差得远。（一般人肉眼最远视距只有不足 40 千米）

登泰山（1532.7 米）最远水平视距约 150 千米；登鹳雀楼附近的中条山主峰（雪花山 1993 米）最远水平视距 170 千米；登珠峰（8844.43 米）最远水平视距 360 千米。300 千米高空的人造地球卫星最远水平视距 2000 千米（覆盖面积可达 120 多万平方千米）；定点卫星（35800 千米高处）视界范围更远更大。2012 年 7 月，我国成功发射天链一号—3 星，三颗同步卫星组网运行就可以俯视全球。

9. 北运河

作家刘绍棠笔下《本命年的回想》中提到过通州的运河，即指"京杭大运河"的一段——北运河。

京杭大运河现特指元代形成的运河，北起北京，南至杭州，经北京、天津、河北、山东、江苏、浙江六省市，沟通了海河、黄河、淮河、长江、钱塘江五大水系。纵贯华北平原、黄淮海平原和杭嘉湖平原，在沿线与支线网附近滋养着一大批如杭州、苏州、扬州这样繁华的城镇，还有作为"南通江淮，北达幽燕"的水陆要冲的济宁；作为南粮北运的重要通道，有"江北水城"之称的聊城；天津人则常说"天津是依运河而立，因运河而兴"。这些都证明京杭大运河作为南北交通的主要水运干线、漕运通道，极大地促进了中国东部和中部地区的发展。作为中国的一条搏动不息的大动脉，大运河一直沟通着中国南北方经济文化，

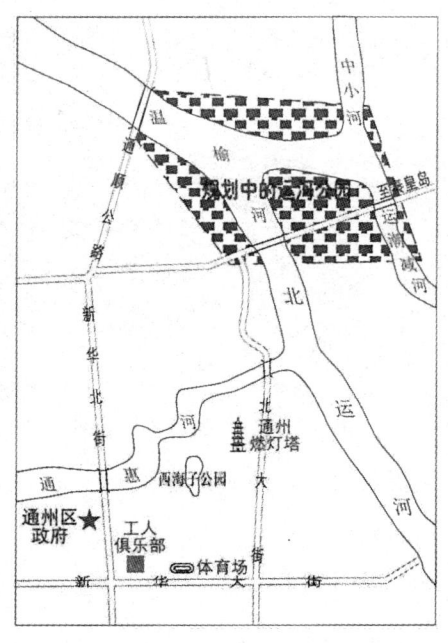

图 18 通州运河公园位置图

维护着国家统一和社会进步，意义重大。

大运河创下了多项纪录：论长度，它比巴拿马运河长 26 倍，比苏伊士运河长 11 倍，比有"运河之王"称号的土库曼运河长 400 多千米；论年代，它的开凿年代比巴拿马运河早 2399 年，比苏伊士运河早 2354 年，比"运河之王"早 2443 年；论文化，大运河保存了具有内河特色的文化，沿岸几十座城市有着独特的人文景观和民俗风韵，是意境别具的高品位文化，其文化的深层价值是难以用简单的经济标准来衡量的。

在近代以前的中国，运河是国命民脉。中国的运河是中华民族文明的象征之一。大运河文化最集中地体现了中华多民族统一国家的特点，表现了中国人民在治理河流、发展城市方面表现出的智慧和才能；大运河为沿线城市带来了物质的繁荣，创造了博大精深的中华文明；大运河文化也深刻体现了爱国主义精神。只是现代，随着铁路、公路、航空、航海业的畅通发达，北运河才失去了水运之利。

北运河北起北京市通州区，南至天津市。未来通州新城区的发展不断突出以北运河为纽带的城市形象及文化内涵。随着新城区规划建设，将在北关闸南再建新闸，组建"运河零点"地标性建筑，设立"海拔高程"标志点。

七、记地理野外实习考察活动

1. 从中学地理教材看野外实习的必要性

在初中地理教材中，无论中国地理、世界地理，都讲到地形、河流等内容，如平原、高原、丘陵、山地、盆地等地形类型，河流的发源地、入海口、干流、支流、上中下游、河谷等概念。讲农业就会提到耕地、森林、草地等土地资源类型。讲工业就会讲到矿产资源。在初中第一册教材中，就举出了中国的主要矿产如：稀土、钨、锑、锡、铅、锌、钛、镍、铜、金、铁、锰、煤炭、石油等，并介绍了煤、铁、石油等矿产资源的分布。在初二《世界地理》教材中，讲世界地形的变化，便讲到地壳表层受到内力作用和外力作用而

形成的各种地形类型，如：由内力作用推动地壳运动形成褶皱、断层等构造和火山、地震等；外力作用则能削低高山、填平低谷或形成平原。地表形态是内力、外力矛盾斗争长期共同作用的结果。在《高中地理（上册）》第三单元"陆地和海洋"中，包括地壳物质的组成与循环、地壳变动与地表形态两节内容。其中，组成岩石的矿物、岩石的类型和成因、地表形态的变化和地质作用、地壳运动与板块构造、地质构造与构造地貌、外力作用与地貌等，都属于地质学的范畴。这些内容需要教师有直观的感性认识，才能给学生讲清楚、说明白。由此可见，地理教师必须到野外去直接观察、考察这些地质、地貌内容，不然就只能照本宣科，使学生不易理解教材的实质。

2. 北京地区的几次野外实习

(1)三家店附近的野外观察。

门头沟三家店、军庄地区的香峪大梁、九龙山，广泛分布着砂、页岩及砾岩和奥陶系灰岩(海相沉积)，九龙山南坡出砂页岩夹煤层。

永定河出山进入华北平原，北京城正位于永定河冲积扇地形的脊梁部分，冲积扇向东伸展到通县附近。三家店拦河闸高程110米，（模式口引水工程）引水渠首进水闸高程105米，是20世纪50年代中期的重要引水工程。由三家店地区的海拔90米到通县的平均海拔20米左右，平均坡度约1.4‰。

(2)昌平南口—居庸关地区的南口河(关沟)有多级阶地。南口山地与华北平原相接处有由南口河和其他小河形成的广阔的山麓洪积扇。

中国第一条自建铁路，京张铁路南口—康庄长20千米的关沟段，地处崇山峻岭、悬崖陡壁之中、后青龙桥车站一带修建了人字形线路，才突破了33‰的坡度极限。由于坡度高，火车上坡时，要有两辆机车前拉后推，载重货车还要进行分段解体，使每列货车不超过15节车厢，即使这样，车辆行驶依然缓慢，运输能力受到很大限制。丰沙铁路建成后，关沟段改以客运为主（客车载重量不大，一般一列客车不超过十四五节车厢）。

(3)沿河城实习。

在沿河城车站附近可见到石灰岩、花岗岩、大理岩三类岩石和褶皱、断

裂、侵入岩体，内外力地质作用和流水地貌，满山荆条、酸枣（"荆棘丛生"）。沿河还可以观察从平原经冲积扇到山区的永定河，以及丰沙铁路横穿西山褶皱带的概况和沿途风光。

丰沙铁路长 105 千米，在我国铁路干线中是很短的一条，但它却承担了京张线沙城以东的主要货运任务。丰沙铁路八处建有大桥，跨过永定河的急流，所以线路时而在河的左岸，时而在河的右岸。这段线路不但要逢河架桥，而且要遇山开洞，在曲折多变的峡谷里仅从三家店到官厅水库的 62 千米的线路上，就开凿大小隧道 65 座。隧道总延长达 27 千米，约占铁路全长的四分之一，火车每行驶 1 千米，平均要穿过 270 米的隧道。最长的隧道将近 2500 米，是 20 世纪 50 年代我国最长的隧道。凡是永定河河道大曲折的地方，往往既有大桥，又有大山洞，桥洞紧密相连，在当时华北地区以桥梁、隧道工程浩大而著称。

（4）海淀北安河金山地区植物地理现场教学。

海淀北安河鹫峰地区山地高度约 1100 米，年降水量 800—900 毫米（高于城区），有利于植被生长，优势植物群落是各种落叶灌丛，山地中上部分布着小片次生落叶阔叶林，有高等植物 500 多种。

植物在自然界不是孤立而杂乱无章的生长，而是在一定地段上，按照一定的规律成群生长，这种成群生长的植物整体就是植物群落，构成该群落的种类成分、结构和环境条件都是一致的。植被是覆盖地表的植物群落的总称。了解植物与环境的相互关系，特别是按照植物生长对水、热（光照）条件的要求，划分出来的生态类型及特征，可明显看出植被的垂直分布规律和阴阳坡的差异。（海淀区山后现已建成鹫峰国家森林公园，北有凤凰岭、阳台山自然风景区，还有大觉寺、普照寺、金鸡庵、响塘庙等景点）。

3. 1985 年 10 月 21—27 日秦皇岛综合实习

（1）柳江盆地地质地貌实习。

柳江盆地地处秦皇岛西北，是一个范围不大的构造盆地。柳江盆地地层出露比较齐全，大都由变质很深的太古代混合岩、片麻岩组成。岩石类型出

露齐全，金属矿、非金属矿都很丰富，而且还有不少化石，如三叶虫、笔石等。秦皇岛地区地质构造稳定，北高南低，低山、中山、盆地相间分布，形成了洋河、戴河、汤河、石河等河道峡谷弯曲的嵌入型曲流河谷。柳江盆地恰处石河源头地区，是很好的地质地貌综合实习基地。

中学教师在职进修地理大专班学员，有了北京郊区的实习经验，再进一步熟悉这里的地层、岩石，所获知识可以更加巩固。

(2)北戴河海滨观察海水运动和海岸地貌。

海岸有沙岸和岩岸之分，北戴河金山嘴以北是沙岸，在那里可以观察潮汐作用所形成的潮间带的特点，还可以让学员分析波浪前进的方向与风向和海岸地形的关系。

金山嘴山体直入海滨形成岩岸，海浪直接冲击岩石，使山体形成悬崖陡壁或乱石滩。

(3)通过请当地专家报告，了解秦皇岛地区的地理环境及秦皇岛港史。

组织游览燕塞湖风光、游览鸽子窝、老龙头、姜女庙、山海关古战场，参观耀华玻璃厂、登杂货码头、油码头、看灯塔、雾号。有人从未见过大海，也有人几次到北戴河海滨起早跑东山看日出未果，这次住海军招待所六楼，一连三天躺在床头看日出，机会难得。

通过野外实习的实践活动，教师大都感到收获颇丰，对中学地理教材中的一些地质、地貌等自然地理基础知识有了感性认识，在教学中能够理论联系实际，提高教育教学效果。如对张家界砂岩峰林地貌，能分析出是水平砂岩地层被水流动切割而成；又如看到三峡江边的几个背斜构造，就能判断出三峡是长江横穿巫山等几条并列的山脉切割而成的等等。由此可见，通过野外实习，教师的实际地理技能有了提高。

八、我读雨果的《"诺曼底"号遇难记》

1870年3月17日夜晚，夜色正浓，薄雾弥漫，"诺曼底"号邮船正沿着从

南安普敦到格恩西岛的航线航行在英伦（英吉利）海峡上。18日凌晨4点钟左右，雾越来越浓，"周围一片漆黑，船桅的梢间勉强可辨"。"玛丽"号货船猛撞"诺曼底"，酿成一场大海难。

通过了解，我们知道英吉利海峡位于北大西洋东部，英国和法国之间，英格兰岛对面就是法国的诺曼底地区。诺曼底地区地处北纬50°的大陆西海岸，正处盛行西风带内，是典型的温带海洋性气候，终年温和湿润，多阴雨多雾。

在英吉利海峡地区，冬季、夏季西风势力有所区别，夏季西风较弱，冬季加强。"诺曼底"号遇难是在冬春之交，正值西风较强的时候，天气多阴雨浓雾。

开辟欧洲"第二战场"是第二次世界大战中的一个重大问题。苏德战争爆发后，苏联要求盟国跨越英吉利海峡在法国开辟第二战场。英国首相丘吉尔以兵力不足和气象条件对渡海作战影响较大等为由，一再推迟。冬季气象条件对渡海作战影响较大，进入了夏季，但就当时的天气预报状况来说正是近40年或50年以来最坏的天气。英国皇家空军上校、首席气象学家斯塔格指出，"一连串的三个低压气旋天气正慢慢地从苏格兰穿过大西洋，向纽芬兰岛移动"。他预测这将导致直到6月7日英吉利海峡都会有强风出现，而且伴有覆盖率100%、低度为500到1000英尺的云层。在这样的天气状况下，无论是海上炮轰还是空中袭击都无法进行。整个作战计划几乎完全依赖于英国气象小组的专家们对这一模糊不清的复杂气旋天气以及几百英里以外的冷锋的估计。斯塔格用了当时最先进的预报方法，在最后的关键时刻做出了坏天气将会有一个短暂中止，这一人类历史上至关重要的预报。最终选择在1944年6月5日进行"诺曼底登陆"。

由此可见，气象条件对航海、战争等有着重要的影响。所以丘吉尔选择夏季"诺曼底登陆"大概就是所谓的"天时"吧。（这是2003年高考文综试题涉及的知识点）

第四章

讲科学　破迷信

一、科学空白的地方易产生迷信

中国古代封建帝王、官员、百姓一般都认为星占为严肃而重大的事件，是谁也不敢不信的。封建社会意识形态的主旋律是"天人合一"（天人感应），"老天爷"人格化，占卜关系到社稷人事兴衰，易挂占卜盛行。

如《易经·离》卦九三爻辞说："日昃之离，不鼓缶而歌，则大耋之嗟，凶。"日昃：指太阳西斜将落。鼓缶：指敲着瓦盆。耋：泛指七八十岁的老人。嗟：是指嗟叹。爻辞的意思是：夕阳西下，这时如果不能敲着瓦盆高歌，就会发生垂老之人的哀叹，有凶险。又如《丰》卦六二、九四都说到"日中见斗"，"日中"，指正午，"斗"，指北斗星。在日正中天时，突然不见阳光，而北斗星却隐约可见，显然指"日食"。还有《小畜》、《归妹》、《中孚》三卦中都说到"月既望"。"望"是满月的天文学名称，"既望"是指满月过后的月相。其实我国古代有丰富的日、月食记录，古代人也摸到了一些日、月食发生的规律。已知月食必然发生在望日，但由于望日不定，可能发生在阴历十五、十六或十七日。月食在那时不是吉相，为避免撞上月食，所以在望后（不会再发生月食）就比较安全。《中孚》六四爻辞说："月既望，马匹亡，无咎。"说的就是，在月既望的时候，失去了马匹，但可无咎。而日食必然发生在朔日，阴历每月初一时，月球运行到太阳和地球之间，跟太阳同时出没，地球上看不到月光，这种月相叫朔。尽管天文工作者已经掌握了日月食发生的一般规律，但易卦占卜的解释却往往带着迷信色彩。再如，"月离于箕风扬沙"，"月离于毕

雨滂沱"，其实"风扬沙"、"雨滂沱"与月亮运行的位置没有什么关系。还有月晕（日晕）是大气云中的光学现象。"月晕而风""础润而雨"（民间称风圈、雨圈），"日晕三更雨"、"月晕午时风"是很有科学道理的熟用民间天气谚语。此外，行星合月、月掩星、金星凌日都是常见的天象，但被叫作"月犯"。古时不解，将其占卜为国家兴亡、战争胜败、年景丰歉，以致吉凶、祸福、输赢、荣枯、贵贱等都与其有关。但也早有人提出疑问，如屈原《天问》就对天体宇宙结构、起源、演化一下子提出了170多个问题。荀子《天论》就说"天行有常，不为尧存，不为桀亡。应之以治则吉，应之以乱则凶"。天行：天道，自然界的运行规律。常：有一定之常规。尧：传说中上古的圣君。桀：夏代最后一个君主，荒淫无道之恶君。应：承接，接应。之：指天道。治：在《荀子》书中，常与"乱"对文，表示合于礼仪，合理。下文的"乱"则指不合礼仪、不合理。还说"雩而雨，何也？曰：无何也，犹不雩而雨也。日月食而救之，天旱而雩，卜筮然后决大事，非以为得求也，以文之也。故君子以为文，而百姓以为神，以为文则吉，以为神则凶也。"雩（yú）：古代求雨的祭礼。说的是祭神求雨而下了雨，这是为什么？答：没什么，如同不祭神求雨而下雨一样。日食、月食发生了人们会去求救，天旱了会去祭神求雨，通过占卜来决定国家大事，这些都不是因为能祈求到什么，而是一种文饰，只是为了向百姓表示关切之心。所以君子认为这些只是文饰，而百姓会以为是神灵之事。顺人之情，只当作文饰就是无害的，以为真有神灵，淫祀祈福，则是凶险的。

同样是荀子的观点"星队、木鸣，国人皆恐。曰：是何也？曰：无何也，是天地之变，阴阳之化，物之罕至者也，怪之可也，而畏之非也。"说的是流星坠落、树木发声，人们都感到恐慌。说：这是怎么回事？答：没有什么，这只是天地阴阳的变化，事物中较少出现的现象。感到奇怪是可以的，但惧怕它却是不可以的。

白居易的《放言五首》更为直接地对真伪、智愚、祸福、荣枯、输赢、贵贱提出诘问，指出龟灵、祝蓍无用，"不信君看弈棋者，输赢须待局终头。""莫笑贱贫夸富贵，共成枯骨两如何。"其实早在列子《天瑞篇》就提出自然生死

观，指出尧、舜、桀、纣生前名声不一，但死后都变为腐土归于自然。

天文学的起源与星占术有密切关系。中国古代在星占术上积累了大量的科学资料，为农牧业生产服务，也促进了历法的发展，星占术成为统治阶级的重要工具。星占术本身虽然不是科学，但它对于作为科学的天文学的产生确实起过推动作用。

科学发展到今天，许多自然现象已能做出科学解释。但科学无法穷尽真理，在科学空白的地方，就是迷信的空间。"三才者，天地人"，人类应该逐渐成为天地的主宰，用自己的智慧和力量，辩证地去认识自然，理智地去利用自然，顽强地去征服自然，科学地去改造自然。"人类的历史，就是一个不断从必然王国向自由王国发展的历史，这个历史永远不会完结。""在生产斗争和科学实验范围内，人类总是不断发展的，永远不会停止在一个水平上。因此人类总得不断地总结经验，有所发现、有所发明、有所创造、有所前进。停止的论点、悲观的论点、无所作为和骄傲自满的论点都是错误的。其所以是错误，因为这些论点不符合大约一百万年以来人类社会发展的历史事实。也不符合迄今为止我们所知道的自然界（例如天体史、地球史、生物史其他自然科学史所反映的自然界）的历史事实。"（《周恩来总理在第三届全国人民代表大会第一次会议上的政府工作报告》，1964 年 12 月 31 日《人民日报》）

二、孩童时代有关天文传说的记忆

古代的传说，如用现代严密的科学方法去检验，大都是像梦一样平凡地消逝了。但是奇怪的是，这种像梦一样的传说，往往是一个半醒半睡的梦，预示着真实。[1]

本人 1935 年出生于贫苦农民家庭。世世代代、祖祖辈辈生活在穷乡僻壤，勤俭度日，无缘读书求学。但孩童时代我常听奶奶讲牛郎织女七夕相会

---

① ［英］赫胥黎：《人类在自然界的位置》，北京：科学出版社，1971 年版。

的故事；看爷爷指点"水平星"，听说它能预示雨水大小、丰年还是歉年。

看中国古星图，在北斗星正南方很远的地方，角宿南边一点儿，有两颗一大一小、一明一暗的"双星"，那就是"水平星"。"二月二，龙抬头"，角宿是"东方苍龙"的犄角，初昏时分见龙角出现在东方地平线上，就预示着春耕春种时节到了。古书上也多有记载，如"辰角见而雨毕"，"龙星左角曰天田，则农祥也，晨见而祭之。"看看现代星图，两颗星之一，长蛇座 γ 即"平一"，而长蛇座 R 则是一颗变星。

"平星"本意是"平天下之法狱事，廷尉之象也。""平"可解作平原，或是断狱的法官。平道二星，就是黄道上（日月五星）的通道（或曰管理道路的官员）；天门二星，是主侍宴应对之所，黄道上的另一道大门；天田二星，是天子籍田，当它晨见于东方的时候，就开始耕种，从而将重要的物候、气象与人事、天象联系起来。

但关于"水平星"，传来传去，后来却演绎为如果两颗星呈水平的样子，便预示风调雨顺。如若大星在上，小星在下呈倾斜状，便预示要暴雨成灾，叫"大灌小，盛不了"。相反，大星在下，小星在上，那便是一个缺少雨水的大旱之年了。此外，还有"黑猪过河"、"小猪打溺、拱地"等说法，传来传去，人们将信将疑。如关于水平星，之所以会以讹传讹，可能是因为两星不够"平衡"，也不稳定，变数颇多的缘故。"平一"为较亮的 3 等恒星，绝对星等 0.3，距离 110 光年。而 R 是颗有趣的长周期变星，它是最早发现的长周期变星之一，变光周期将近 389 天，最亮时可达 3.5 等，和"平一"差不多，而最暗时只有 10.9 等，肉眼是绝对看不到的。

三、"荧惑守虚"、"荧惑在心"

"占星术"亦称"占星学"、"星占学"、"星占术"，是根据天象来预卜人间事务的一种方术。在原始社会文化发展早期阶段，由于人们的知识水平和生产能力都较低，对自然现象中的一些规律没有掌握，于是把人们生活中的吉、

凶、祸、福与某些自然现象联系起来。早期的占星术多是利用星象观察来占卜较为重大的事件，如战争的胜负、国家或民族的兴亡，以及国王或大臣的命运等，后来逐渐扩展到个人命运以及日常生活中的琐事。中国古代人们对占星术是谁都不敢不信、不能不服的，即使是掌握了大量天文知识的有识之士，对于某些天象也常用迷信方法搪塞解释。如将火星运行到虚宿里并徘徊不去叫"荧惑守虚"；将火星走到和心宿二一个视线位置上时叫"荧惑在心"，也叫"守心"或"犯心"，都认为是凶相，或有灾难降临。这类传说或记载在古籍中屡见不鲜。

《晏子春秋·内篇·谏上》有《景公异荧惑守虚而不去晏子谏第二十一》一文：

> 景公之时，荧惑守于虚，期年不去。公异之，召晏子而问……晏子曰：虚，齐野也。且天下之殃，固于富强。为善不用，出政不行。贤人使远，谗人反昌……是以列舍无次，变星有芒。荧惑回逆，孽星在旁。有贤不用，安得不亡……盍去冤聚之狱，使反田矣。散百官之财，施之民矣；振孤寡而敬老人矣。夫若是者，百恶可去，何独是孽乎！公曰：善。行之三月，而荧惑迁。

文章开始说"荧惑守于虚，期年不去"，言过其实。后说"荧惑回逆，孽星在旁"，说的是荧惑在虚宿（宝瓶座）由顺行—留—逆行—留—顺行，再离开虚宿。其实，在虚宿的整个过程，时间一般不足三个月。

晏子先说虚宿，它的分野是齐国。吓唬景公说，上天要降下祸殃，本来就是冲着富强之邦。进而批评景公，行善之人不予重用，发出的政令杂乱无章。贤能之人遭到疏远，谗佞之人反而得志荣昌。……所以众星宿乱了位次，变异的星辰有了光芒。

最后晏子出主意，撤除充满冤屈的官司，让那些人回家耕田；散发百官的财产，施舍给民众；救济孤寡，敬待老人。如果这样做了，再多的邪恶都

可以去掉，何止是这个灾星呢！

三项"善举"，遵照实行了三个月，"荧惑"就移走了。

无独有偶，《吕氏春秋·季夏纪第六·制乐篇》也有：

> 宋景公之时，荧惑在心，公惧，召子韦而问焉，曰："荧惑在心，何也?"子韦曰："荧惑者，天罚也；心者，宋之分野也。祸当于君。虽然，可移于宰相。"……"可移于民"……"可移于岁"。……子韦还走，北面载拜曰："臣敢贺君。天之处高而听卑。君有至德之言三，天必三赏君。今夕荧惑其徙三舍，君延年二十一岁。"公曰："子何以知之?"对曰："有三善言，必有三赏，荧惑必三徙舍。舍行七星，星一徙当一年，三七二十一，臣故曰'君延年二十一岁'矣。臣请伏于陛下以伺候之。荧惑不徙，臣请死。"公曰："可。"是夕荧惑果徙三舍。

子韦说"荧惑者，天罚也；心者，宋之分野也，祸当于君。虽然，可移于宰相。"意思是荧惑是妖星，说明天有罚。心宿是宋国的地盘，这祸殃就应在君王您的身上。虽然这样，也可以将它移到宰相身上。子韦说了三个解决办法，即可以移于"宰相"、移于"百姓"、移于"年成"。

景公真是"有道明君"，连说"宰相是帮我治理国家的，迁祸于他，不吉祥"，"百姓死了，我又做谁的君王呢"，"宁可我一人死去"，"年成不好百姓就吃不饱，吃不饱必定死亡，做君王的以杀害他的百姓来使自己生存，谁还拿我作君王呢？这是我的命本该尽绝了，您别再说了！"子韦听了，转身奔几步面北再拜说"臣向您道贺！天的位置很高，却能听到低处的话。您有这最高道德的三句话，天必定给您三次赏赐"。"今晚火星将从心宿离去三舍，您将延长寿数二十一年。""有三句善言，就一定有三次赏赐，如果火星不离去，我就请求被处死。"这天晚上火星果然移动了三舍（古代行军三十里为一舍）。

"荧惑"就是火星。火星是第一颗地外行星，是一颗引人注目的火红色星，火星同地球的距离不断变化，因此亮度也不断变化，火星最暗时视星等只有

约 1.5 等；最亮时比全天空最亮恒星天狼星还亮得多。它在众恒星之间的视位置也不断变化(行星比恒星移动得快)，时而顺行，时而逆行，时而留。由于它荧荧如火，亮度常有变化，位置又不固定，令人迷惑，所以中国古代叫它"荧惑"。在古人眼里荧惑近于妖星，主战乱、灾害、死葬、妖孽。"心"就是"心宿"二(大火)。荧惑在心，就是火星走到了大火那里，也就是二者到了一个视线的位置上，行星和恒星走到一起，和行星合月、月掩星、金星凌日等一样，是普通天象。

请看书前彩色插页——火星动态图。

火星 2009 年 7—12 月在白羊座—金牛座—双子座，顺行至巨蟹座(示意图)12 月 21 日留后，由顺行变为逆行，2010 年 3 月 11 日留，又由逆行变为顺行，经狮子座—室女座—天秤座，一直顺行至天蝎座，11 月 10 日合心宿二，即"荧惑"在心。

2010 年 12 月—2011 年 6 月，经蛇夫座—人马座—摩羯座—宝瓶座—双鱼座，又回到了白羊座、金牛座。再经双子座—巨蟹座，2011 年内一直顺行。2012 年 1 月顺行至狮子座，1 月 25 日留，变为逆行，(火星 3 月 4 日冲日)4 月 15 日留后又变为顺行。8 月经室女座—天秤座，10 月至天蝎座，10 月 20 日又合心宿二(即又"在心")。(此后，又经蛇夫座，奔人马座、摩羯座而去)

火星在巨蟹座和狮子座，留—逆行—留—顺行各经历约 80 天。两次"在心"相隔约 710 天。2013 年内一直顺行(2014 年 3—6 月在室女座留、逆，9 月底，火星第三次走到和大火一个视线位置上)。

荧惑"守虚"、荧惑"在心"都是普通天象，"守虚"、"在心"是常有的事，20 世纪 80 年代以来，已有十几次"荧惑在心"。

如同火星曾在巨蟹座、狮子座、室女座滞留一样，火星若在天蝎座留、逆，则可能在几个月内发生两三次"荧惑在心"。2001 年 3 月 4 日火星与心宿二相遇，两者相距 5°。三四月份火星在天蝎座顺行，5 月 11 日留，留后由顺行改为逆行，又回到心宿二附近。7 月 20 日火星留，再次接近心宿二；之后再顺行远离心宿二，结束两次"荧惑在心"这一天象奇观。

9 月里火星从天秤座向西顺行至天蝎座，在月底几天里来到心宿二附近，28 日火星与心宿二最近时相距 3.0°。心宿二是一颗红超巨星，它的半径大约是太阳半径的 880 倍，如果将它安置在太阳系的中心，它最外围的表面将介于火星和木星的轨道之间。由于它表面温度只有 3400℃，看起来是明显的红色，而火星也是红色。因此，每当火星来到心宿二附近时，就特别引人注意。

心宿二的英文名 Antares，是两个词 Ant 和 Ares 拼合而成，Ares 是希腊神话中战神和火星的名字，可见心宿二英文的意思就是"火星的敌手"。在中国，火星被称为"荧惑"，心宿二俗称"大火"。两"火"相遇，人称这种天象为"荧惑守心"，荧惑是不祥的征兆，而心宿则代表着帝王。这种天象在古代人看来，是很不吉利的现象。

9 月底时火星和心宿二的亮度几乎相同，都是 1 等星，这就更有"较量"的意味，读者可以尝试分辨一下，谁的亮度更高。

天黑之后向西南方低空看去，不难找到这两颗火红色的星。此时月亮也位于西南方低空，在月底的几天内，在这片天区自西向东运动。在比火星和心宿二更靠西边的低空，还能找到位于天秤座当中的土星。心宿二一天比一天更靠近西南方地平线，这个现象在古代也有一个说法，叫作"七月流火，九月授衣"。其中的"火"就是指大火星，即心宿二。"流"是向下落的意思。"七月流火"就是心宿二晚上向西边慢慢落下去，预示寒冷的季节就要来了，很快就要"九月授衣"了。值得注意的是，三千年前用的太阴历，可知那时七月即今阴历八月，也就是阳历九月，正是由夏入秋、由热转凉的时节，而"九月授衣"说的就是现在阳历十一月份的事情了。①

---

① 马劲：《9 月 28 日当火星遇上"大火"》，《天文爱好者》，2014 年第 8 期。

春秋景公之时，无论是在齐国还是宋国，普天之下都见到了荧惑"守虚"。不管有没有谁的"善举"、"善言"，天体总是在运动发展变化着。

四、两首韵味不同的清明诗

唐宋诗词中有不少咏春诗、清明诗，如：《寒食》(韩翃)、《早春》(韩愈)、《春江晓景》(苏轼)等，晚唐杜牧的《清明》诗"清明时节雨纷纷，路上行人欲断魂。借问酒家何处有，牧童遥指杏花村。"更是家喻户晓，妇孺皆知，广为传颂。

清明时节烟雨蒙蒙的天气里，踏青、祭扫，本该家人团聚。"行人"却独处异乡，孤身赶路，心中倍感孤寂、凄凉，莫名的惆怅、烦忧。问人歇脚、解寒、避雨的去处。隐约可见杏花村酒家，可想行人如何借酒浇愁，意味深长。

杜牧的清明诗在华夏大地家喻户晓、妇孺皆知，无论城市还是乡村，无论过去还是现在，大人们总是拿这首浅近通俗的诗给孩子们进行启蒙，可称为千古绝唱，但北宋黄庭坚的《清明诗》"佳节清明桃李笑，野田荒冢自生愁。雷惊天地龙蛇蛰，雨足郊原草木柔。人乞祭余娇妾妇，士甘焚死不公侯。贤愚千载知谁是，满眼蓬蒿共一丘。"却是对世态时事提出的诘难。

黄庭坚的《清明诗》与白居易的《放言五首》如出一辙。放言五首之三："赠君一法决狐疑，不用钻龟与祝蓍。试玉要烧三日满，辨材须待七年期。周公恐惧流言日，王莽谦恭未篡时。向使当初身便死，一生真伪复谁知。""决狐疑"即判明真伪，他说要告诉人们一个决狐疑的方法，先说不是用龟甲占卜，也不是用蓍草棍来推算。而是作者自注谓："真玉烧三日不热"，"豫章木生七年而后知"。至此，诗人才将决狐疑之法徐纡委婉、生动形象地介绍出来。简言之，就是：要辨别事物的真伪优劣，只需"时间"。经过时间的考验，事物的本来面目就会呈现出来，人们自会判明是非。是非判明了，狐疑也就没有了。最后诗人举对"周公"、王莽的评价，说明以上方法对于判明人事同样适

用。周公辅佐成王之前，曾有人疑其意欲篡权，散布出令人恐惧的流言；王莽未代汉而立之前，曾以"爵位愈尊，节操愈谦"迷惑了不少人。但历史证明，周公对成王可谓一片赤诚，忠贞不贰；而王莽却是伪作谦恭，最终代汉而立。诗人不禁感慨地说：假如周公被疑、王莽作伪之时他们便死了的话，那么，他们的真实面目又有谁能识别呢？周公岂不是要蒙受千古不白之冤，而王莽岂不是要徒得"谦恭"之誉吗？由此可见，"时间"是辨真伪、决狐疑的最好方法。《放言五首》之四、之五则分别指出："……莫笑贱贫夸富贵，共成枯骨两如何"。"……松树千年终是朽，槿花一日自为荣。……生去死来都是幻，幻人哀乐系何情。"

黄庭坚、白居易的诗句与屈原《天问》、荀子《天论》、列子《天瑞篇》提出的自然生死观都是对天命论、对易挂占卜吉凶提出的怀疑和批判。

五、星座和人生没有什么关系

为了研究观测的方便，人们把星空分成若干区域，这些区域称为星座，中国则有三垣二十八宿的划分。将恒星组成星座或垣、宿，是人为的随意过程，黄道十二宫、黄道十二星座也都只有天文意义。但在古代，人们的知识能力和生产力水平都较低下，对自然现象中的一些规律没有掌握，于是把生活中的吉、凶、祸、福与某些自然现象联系起来，利用星象观察来占卜重大事件或个人命运以及日常生活琐事。牵强附会地把天象与人事联系在一起，既无科学依据，也无现实意义，纯属臆测或个人好恶。

地球每年绕太阳公转一周，在地球上的人们虽感觉不到地球公转，却可以观测太阳在天球上的位置每年沿着黄道运行一周。为了方便确定位置，人们把黄道划分成了十二等份，每份相当30°，每份用邻近一个星座命名，这些星座就称为黄道星座或黄道十二宫，它们是白羊宫、金牛宫、双子宫、巨蟹宫、狮子宫、室女宫、天秤宫、天蝎宫、人马宫、摩羯宫、宝瓶宫和双鱼宫。两千多年前，黄道十二宫与黄道十二星座一一对应，由于地球的陀螺运动使

春分点西退，白羊宫随着西退，而恒星天空中的星座却没有受到影响，经过两千多年，白羊宫对应的星座已不是白羊座而是双鱼座了。

例如，双鱼座是全天空88个星座之一，位于黄道带上，是黄道十二星座之一。现代春分点就在双鱼座。地球绕太阳公转的轨道面与天球相交的大圆叫黄道。从春分点起算，太阳沿黄道经夏至、秋分、冬至又回到春分点的时间叫回归年。

常听人说我属这座，他属那座，其实许多古希腊神话故事，并非中国老百姓所喜闻乐见，实在不好牵强附会。"摩羯座"是山林之神的化身，星图绘成一个羊身鱼尾的动物；"宝瓶座"是特洛伊王子的水瓶；"白羊座"是会飞的神羊；"金牛座"是拐走美女的公牛；"人马座"是善射的弓箭手，星图绘成半人半马；"天蝎座"在

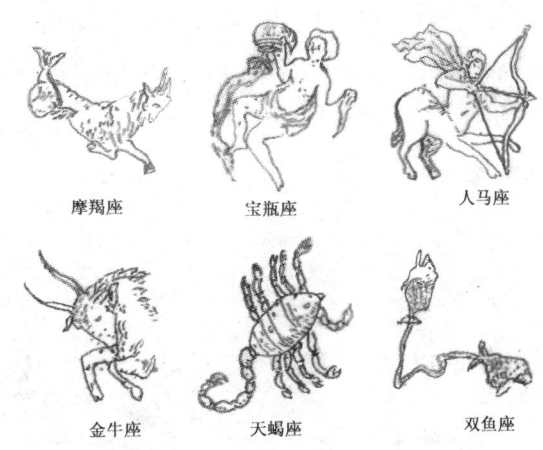

摩羯座　　　　宝瓶座　　　　人马座

金牛座　　　　天蝎座　　　　双鱼座

图1　星座形象图

古希腊神话中是猎人的死敌。(有的材料还煞有介事地编造"2011年12星座的贵人在哪里"，并把室女、人马、摩羯、宝瓶星座，分别窜改为处女、射手、魔羯、水瓶星座)在我国，把"猎户座"中的三星叫作"参"，把"天蝎座"三星叫作"商"。传说古代皇帝高辛氏有两个儿子，一个叫阏伯，一个叫实沈，兄弟不和经常兵戎相见，大动干戈。后来皇帝把阏伯派到商丘，主商星，实沈迁徙到大夏，主参星，使他们永不相见。这个参商不相见的故事就流传了下来。每年6月3日子夜"天蝎座"的中心经过上中天，而"猎户座"中心经过上中天的时刻是12月13日子夜，在天空中两星座相距约180°，此升彼落，此落彼升，当然永不能相见。杜甫诗《赠卫八处士》"人生不相见，动如参与商。……明日隔山岳，世事两茫茫。"也只是比喻而已。

六、二月二龙抬头

"二月二龙抬头"的二月指阴历时间，是指天象。

由于地球绕太阳公转，天空的星相也随季节转换。每到冬春之交的傍晚，"东方苍龙"逐渐升起。"龙"指东方七宿：角、亢、氐、房、心、尾、箕。苍龙头部"角宿"有两颗星，角宿一，即室女座α星，明亮好认。角宿之后的四颗星是"亢宿"，是龙的咽喉，在咽喉下面有四颗星排列成一个簸箕的形状是"氐宿"，代表着龙爪。龙爪后面房宿、心宿、尾宿和箕宿分别代表了龙的心脏和尾巴。

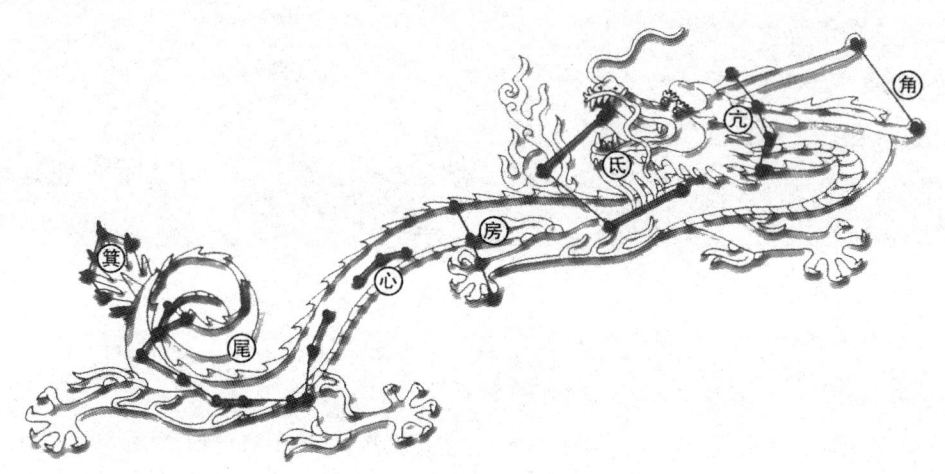

图2　东方苍龙示意图

例如：2010年3月17日，阴历庚寅年二月初二，晚上9点以后，天气晴朗，繁星满天，就可以从容地欣赏"龙抬头"的过程。

9点30分左右：龙的两只犄角首先从东方地平线上浮出。角宿一是明亮的1等星，放射着蓝色光芒，十分耀眼。

10点多钟，龙的咽喉"亢宿"也升到地平线以上，不用等到子夜，龙爪"氐宿"，也会出现，这就是龙抬头的过程。

如果坚持观赏到凌晨4点，就能看到整条骄龙跃升到南方天空，速度是4

分钟 1°，每小时 15°。这之后，"龙抬头"的时间会逐日提前，每天提前 4 分钟（或每天约抬高 1°），这样经过一个多月的"提前"，到了 4 月中旬，同样在 9 点 30 分左右观测，整个"龙头"就已经抬起来了。

同一天晚上观测龙抬头的过程，是地球自转的反映，而后者斗转星移，是地球公转的反映，也就是四季星空形象周而复始不断变化的原因。

"立春"、"雨水"节气，在京津和广大黄、淮、海地区，天上"龙抬头"的同时，春天也慢慢来到了人间，雨水也会多起来，大地返青，万物复苏，所谓"惊蛰一犁土"，春耕从南到北陆续开始。民间谚语说"二月二龙抬头，大仓满，小仓流"，并把二月初二定为"春龙节"。

七、阴历年"无春"并非寡妇年

阳历每年 2 月 4 日或 5 日立春，二分二至，还有"四立"等二十四节气的天文含义属阳历（指太阳黄经的准确位置），即现行公历。农历属阴阳合历。为兼顾朔望月和回归年，采用置闰方法。因而阴阳历日期各年前后错动很大，造成有的阴历年无（立）"春"，有的年又是两头春。如戊子年无"春"，因为鼠年正月初一（2008 年 2 月 7 日，）立春已过，腊月三十（2009 年 1 月 25 日）立春未到。而己丑年两头"春"，牛年正月初十（2009 年 2 月 4 日）立春，腊月二十一（2010 年 2 月 4 日）又立春。庚寅虎年又无"春"，因为 2010 年 2 月 14 日是正月初一，立春已过，腊月二十九（小尽）刚刚到 2011 年 2 月 1 日，未到立春，需到兔年正月初二才立春。

据 1949 年（己丑牛年）至 2009 年（己丑牛年）的 60 年统计，只有 16 个阴历年是当年"打春"，而当年无春或两头春的阴历年各有 22 个。因为一年一个立春，阳历每年 2 月 4 日或 5 日立春，阴历今年无春，明年就可能两头春。今年无春，明年有（一个）春，或今年有春，明年无春，后年一定两头春。长期统计无春和两头春年数是相等的。

因为己丑年两头春，庚寅年无春就很自然，青年男女纷纷抢在牛年登记

结婚为的是规避(无春的)"寡妇年",纯属无稽之谈。

八、历史上的十天空白

早在古代科学家就已认定,地球上的重大变迁都有周期性规律。周期性重复规律对我们的星球产生重大影响,大到造山运动、火山地震、海陆变迁、自然环境和气候重大变化等,小到人类社会。既谈周期性,就有周期长短、时间计量单位问题,人类生产生活中的时间计量单位有年、月、日、时、分、秒。人们常说年年有余、天天上班、时不我待、分秒必争。年是最长的计时单位,而年长度也有银河年、柏拉图年、恒星年、回归年之分。

"银河年":地球随整个太阳系一起围绕银河系中心旋转一周所需的时间,叫"银河年"。银河年长达2.5亿年,地球还很年轻,才刚刚跨入第22个银河年。人类二三百万年的历史,只过了百分之一银河年。所以这一时间单位在人类生产生活中没法应用。

"柏拉图年":地球不停地绕地轴自转,这种自转好像一个巨大的陀螺。由于太阳和月亮对自转着的地球赤道隆起部分的吸引力引起极轴运动,大约每26000年它绕黄道的极画出一个完整的圆。这个周期,实际上是25725年,

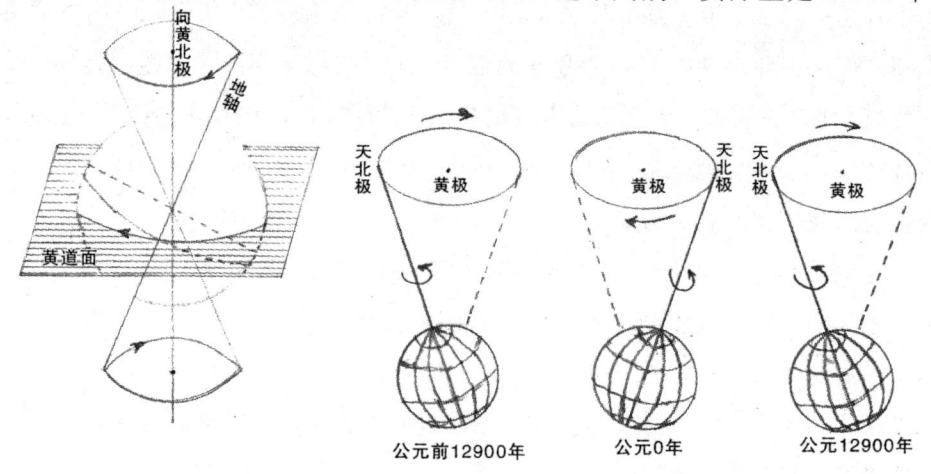

图3　地轴的进动　　　　图4　天极绕黄极的运动及其周期

也叫柏拉图年。如果把地球中心看作是静止不动的，地球一面自转，地轴一面绕着黄轴（垂直于赤道面或黄道面的直线）在宇宙空间画出一个锥面（也就是地轴指向在宇宙空间中不停地"摇晃"、"摆动"——地轴的进动）。春分点西退50.26秒/年，历法上称为岁差。这一时间单位在生产生活中也不实用。

在生产生活中我们常用的是恒星年和回归年。

恒星年：以遥远的恒星为参考点（365.25636 日，365 日 6 时 9 分 10 秒，地球公转 360°的时间）。

在古埃及王国时期，一年中当天狼星清晨出现在东方地平线上的时候，尼罗河就开始泛滥。古埃及人根据对天狼星偕日东升和尼罗河泛滥的周期进行了长期的观测，最初使用的是每年从尼罗河泛滥起算的 360 天的太阳年，后又把一年由 360 日增加为 365 日。这就是现在阳历的来源。但这与实际周期每年仍有约 0.25 日之差。

回归年：以太阳为定标点。太阳在黄道上运行，从春分点经夏至、秋分、冬至又回到春分点的时间是 365.2422 日（即 365 日 5 时 48 分 46 秒）。人类日出而作，日没而息，寒来暑往，秋收冬藏，不能倒转。制定历法，安排年月日，最大的困难是年的长度不是月长度和日长度的整倍数。

现行公历即阳历的前身，是公元前 46 年制定的儒略历，一年 365 天，为找零头 0.2422 日，规定公元年份能被 4 整除的为闰年，闰年加一日，即把年长度算作 365.25 日，同回归年长度相差 0.0078 日，（365.25－365.2422 日，时间多了 11 分 14 秒），从实施儒略历到 16 世纪后期，累差已约 10 天。为了消除这个差数，格雷果里十三世，把儒略历 1582 年 10 月 4 日（星期四）的下一天定为格雷果里历 10 月 15 日，同时修改了置闰的办法，公元年数被 4 整除的仍为闰年，但对世纪年，只有能被 400 整除的才为闰年。这样在 400 年中只有 97 个闰年。即历年的平均长度为 365.2425 日，同回归年的长度更为接近，但每年仍差 0.0003 日（365.2425－365.2422 日，又少了 26 秒）。从 1582 年到 2010 年，428 年中已经累差了 3 小时 5 分 28 秒，3300 多年才累差一日，到公元 4905 年再加上一日就可以了。

我国元代郭守敬的《授时历》与现行公历完全一致，时间早了 300 年。

中国人民大学清史研究所编著的《清代中西历表(1573—1840)》一书中，明万历十年(1582 年)九月十八日是阳历 10 月 4 日，而九月十九日却跳到了阳历 15 日，10 月 5 日至 14 日这 10 天就是历史上的空白(见下表)。

表 1　1582 年 10 月日历表

星期日	星期一	星期二	星期三	星期四	星期五	星期六
	1	2	3	4	15	16
17	18	19	20	21	22	23
24	25	26	27	28	29	30
31						

九 、国庆、中秋十九年见一回

2001 年中秋节(阴历八月十五)和国庆节同一天，这是否是巧合呢？

我国的农历是调和了阴历和阳历的关系，兼顾了月亮绕地球和地球绕太阳运动周期而制定的历法。它的历年长度以回归年为准，历月长度则以朔望月为基础。回归年长度是 365.2422 日，即人们熟知的 365 天 5 小时 48 分 46 秒。一个朔望月的长度是 29.5306 天(29 日 12 时 44 分 3 秒)，12 个朔望月的长度只有 354 天(或 355 天)，比回归年少了 11 天。为了使 12 个朔望月和回归年的时间长度统一，农历采用置闰月，3 年一闰，5 年两闰，19 年 7 闰，闰年 13 个月的方法。这样 19 个阳历年(365.2422×19＝6939.6018 日)和 19 个阴历年加 7 个闰月共 235 个朔望月的时间长度(29.5306×235＝6939.6910 日)差不多相等。因而 19 年一个周期(上下最多只差一天)，如 1982 年中秋节和国庆节在同一天，而 1963 年就差一天。2001 年国庆、中秋又重合，2020 年会再重合。

古籍《算法统宗》中有"苏武牧羊"：

当年苏武去北边，不知去了几多年。

分明记得天边月，二百三十五番圆。

答曰：一十九年。

说的就是根据中国农历，十九个阴历年，加七个闰月，二百三十五个朔望月，和十九个回归年差不多相等。因此本题不能答为十九年零七个月，苏武在匈奴 235 个月（公元前 100 年—公元前 81 年）恰好是 19 年。所以苏武在北海流放了十九年，直到匈奴与汉朝和好才被汉使迎接回国。

同样，中国人的出生年月日。旧时多只记属相和阴历月日，出生那年的阳历月日相应，一般也是能被 19 整除的周岁生日时，阴阳历日期恰好与出生那年一致（最多只相差一天）。如笔者出生日期是民国二十四年岁次乙亥阴历六月二十六日，阳历 1935 年 7 月 26 日。1954、1973、1992，阳历都是 7 月 25 日（差一天），2011 年 76 岁生日时，二者日期就一致了。

关于自己的出生日期对照，查查万年历，则一目了然。

同样道理所有其他阴历节、假日，如腊八、小年、春节、元宵节、端午节、七夕、中元、重阳节等都一样。连日食也有 19 年重复发生的规律。

十、漫话"五星同会"（"五星连珠"）

在古代，我国天文、数学、农、医等领域都曾处于世界领先地位。《周髀算经》《九章算术》《孙子算经》已广泛使用了勾股定理，公元五六世纪，求最大公约数和最小公倍数的方法已被掌握使用。

如《算法统宗》中的"三女归宁"：

张家三女孝顺，归家探望勤劳。

东村大女隔三朝，五日西村女到。

小女南乡路远，依然七日一遭。

何日齐至饮香醪，请问英贤回报。

就是求[3、5、7]最小公倍数的应用题。

《张丘建算经》中的"环山相会"、"三兵巡营"，以及《九章算术》中的"凫雁相逢"、"五渠灌水"等，或求最大公约数，或求最小公倍数，又进而从整数范围推广到分数，如"五星同会"就是天文课题了。直至1543年哥白尼出版《天体运行论》系统提出日心体系，人类还只知道除地球以外，太阳系有五大行星，所谓日月五星中的五星，即指水、金、火、木、土五大行星，它们公转的恒星周期：水星87.969，金星224.701，火星686.980，木星4332.589，土星10759.2。

"五星同会"①是指五星运转反复循环没有尽头，求五星什么时候再同会。只知道五星每日运行各个不同的度数：

甲星二十八度一十六分度之一十三 $\quad\left\{28\dfrac{13}{16}=\dfrac{461}{16}度\right.$

乙星一十九度四分度之一 $\quad 19\dfrac{1}{4}=\dfrac{77}{4}度$

丙星一十三度一十二分度之五 $\quad 13\dfrac{5}{12}=\dfrac{161}{12}度$

丁星一十一度七分度之一 $\quad 11\dfrac{1}{7}=\dfrac{78}{7}度$

戊星二度九分度之七 $\quad\left. 2\dfrac{7}{9}=\dfrac{25}{9}度\right\}$

问多少日子以后五星再同会？问再会总日数及各星分别环绕的回次？

答曰：再会日数368172日。各星回次，甲星29043，乙星19404，丙星13524，丁星11232，戊星2800回次。

各星运旋一周所需天数（即周期日数）为：

甲星 $\quad 365\dfrac{1}{4}\div\dfrac{461}{16}=\dfrac{1461}{4}\times\dfrac{16}{461}=\dfrac{1461\times 4}{461}$日

----

① 郁祖权著，黄澍插图：《中国古算解趣》，北京：科学出版社，2008年版。

乙星 $\quad 365\dfrac{1}{4}\div\dfrac{77}{4}=\dfrac{1461}{4}\times\dfrac{4}{77}=\dfrac{1461}{77}$ 日

丙星 $\quad 365\dfrac{1}{4}\div\dfrac{161}{12}=\dfrac{1461}{4}\times\dfrac{12}{161}=\dfrac{1461\times3}{161}$ 日

丁星 $\quad 365\dfrac{1}{4}\div\dfrac{78}{7}=\dfrac{1461}{4}\times\dfrac{7}{78}=\dfrac{1461\times7}{312}$ 日

戊星 $\quad 365\dfrac{1}{4}\div\dfrac{25}{9}=\dfrac{1461}{4}\times\dfrac{9}{25}=\dfrac{1461\times9}{100}$ 日

各星同会日数为：

$$\left(\dfrac{1461\times4}{461},\ \dfrac{1461}{77},\ \dfrac{1461\times3}{161},\ \dfrac{1461\times7}{312},\ \dfrac{1461\times9}{100}\right)$$

$$=\dfrac{(1461\times4,\ 1461,\ 1461\times3,\ 1461\times7,\ 1461\times9)}{(461,\ 77,\ 161,\ 312,\ 100)}$$

$$=\dfrac{1461\times(4,\ 1,\ 3,\ 7,\ 3^2)}{1}=1461\times3\times(4,\ 1,\ 1,\ 7,\ 3)$$

$$=1461\times252=368172（日）$$

各星运行的周数（回次）为：

甲星 $\quad 368172\div\dfrac{1461\times4}{461}=1461\times252\times\dfrac{461}{1461\times4}=29043$

乙星 $\quad 368172\div\dfrac{1461}{77}=1461\times252\times\dfrac{77}{1461}=19404$

丙星 $\quad 368172\div\dfrac{1461\times3}{161}=1461\times252\times\dfrac{161}{1461\times3}=13524$

丁星 $\quad 368172\div\dfrac{1461\times7}{312}=1461\times252\times\dfrac{312}{1461\times7}=11232$

戊星 $\quad 368172\div\dfrac{1461\times9}{100}=1461\times252\times\dfrac{100}{1461\times9}=2800$

周天 $365\dfrac{1}{4}$ 度，就是古埃及历、儒略历、中国四分历的基础。各星运行周期和周天 365.25 度，都是无理数，不能公约，所以没有明显的周期性，所谓"连珠"不是像糖葫芦串成一条线，而是有弧度地分散在一个有限范围内，散落参差。

"十字连星"("天体大十字")或"五星连珠"一般几十年出现一次，没有任何特殊成分，天体每天都会有各种排列出现。由同会日数 368172 日可知，368172 日÷365.25 日＝1008（年），五星连珠每千年必有一次几乎同样的天象。

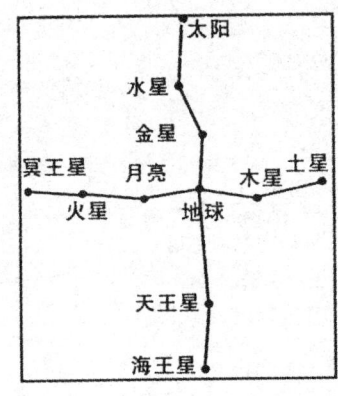 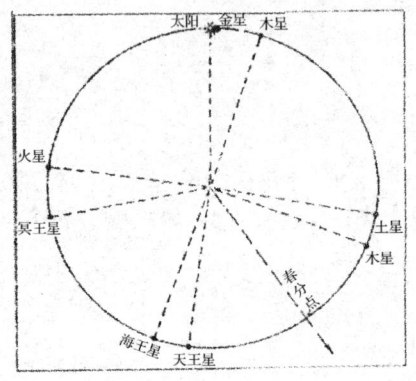

图 5　天体大十字示意图

1999 年 8 月"十字连星"（见图 5）。大行星分别运行到四个基本相互垂直，并且小于 5 度的夹角里，形成一个看似"十字"的图案。

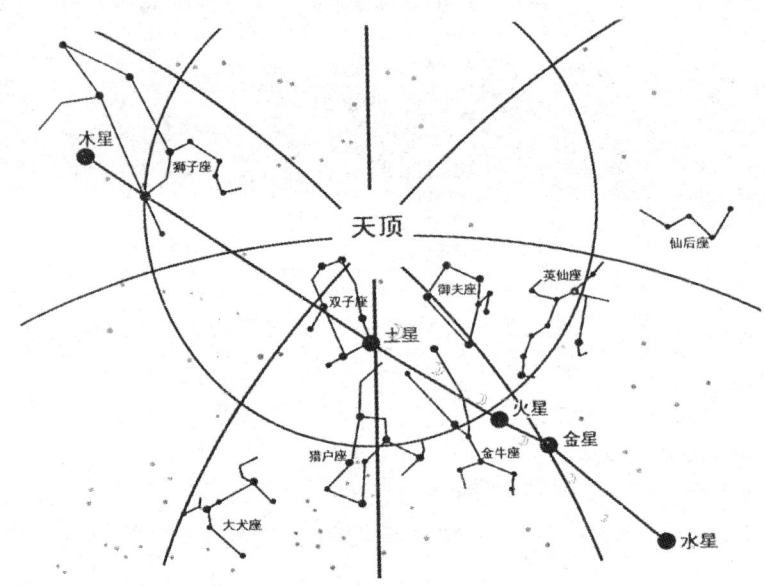

图 6　五星连珠示意图

　　2004 年 4 月初，水、金、火、木、土五星约串一线，依次排列在白羊、金牛、双子、狮子等星座中，月亮也在毕、觜、井宿"疾"行，其中地球、金星、木星成一线，极利肉眼观测。

　　"五星连珠"上次发生在 1962 年，预计下次将在 2040 年。1982 年曾发生太阳系九大行星汇聚的天象。这些天象在古书中也多有记载，在过去两千多年中，据推算，上一次太阳系"十字连星"出现在公元前 110 年（汉武帝元封元年）。距今最近的一次行星排列成行，发生在 1128 年 4 月 11 日（南宋高宗建炎二年）当时包括地球在内的大多数行星还没有被确认为行星。

　　"十字连星"及"五星连珠"甚或"九星连珠"，都是行星绕太阳运行的一种自然组合，是有规律可循的，行星的位置排列与地球上的日常事件没有多大关系，不值得大惊小怪，不必大事炒作，更要警惕误入迷信歧途。

第五章

中学乡土地理教材编写与乡土地理研究

一、乡土地理教学和中学乡土地理教材编写

乡土地理并不是一门独立的地理学科，但它是中学地理学科不可缺少的、非常重要的组成部分。根据全日制中学地理教学大纲要求，在"中国地理"教学最后，教授以本县（市）地理环境为对象的乡土地理课，在课外组织与地理课堂教学内容有关的、全班学生都应参加的野外观察、地理调查或参观活动。由此可见，中学乡土地理教学，是一个内容复杂的地理教学活动系统。

乡土地理教学突出的特点是具有强烈的实践性。在教学中通过多途径、多方式、多内容、多层次的实践活动，直接感知家乡的地理环境，实现从感性认识到理性认识，为学生提供了将书本知识用于实践的机会和条件。乡土地理教学能培养学生利用改造家乡地理环境的技能、能力，为家乡建设做出贡献；使学生获得道德体验，形成高尚的道德行为，产生热爱家乡、热爱祖国的情感；激发学生学习地理的兴趣；使不同类型学生的才智和特长都得到发展。

1. 编写乡土地理教材的重要意义

乡土地理教材是学生获得乡土地理基本知识和能力的重要来源，也是教师进行乡土地理教学的基本依据，它应该给教师备课提供合乎教学大纲要求、经过缜密选择并易于学生接受的地理基本原理和主要地理资料；给教师上课提供文字上准确生动、简洁流畅、通俗易懂、引人入胜的教材；为教师讲授地理知识，提供与课文密切配合、内容可靠、为学生喜爱的各种地理插图、

图表；给师生设计富有启发性的思考练习，特别应该给教师提供搞好乡土地理教学，加强乡土地理研究，进行地理野外观察、考察、地理调查的课题。

内容紧密联系当地生产生活实际的乡土地理教材，不仅可以给学生不少地理基础知识，还可使青少年学生熟悉家乡的自然和社会环境，了解本地区经济发展现状、存在问题、发展前景及有关政策；同时，有助于学生的思想政治教育。通过编写乡土地理教材和进行乡土地理教学，也可使教师关心当地社会、经济、文化，有利于促进教育思想、教学内容、教学方法的改革，还可以使当地的党政领导更加关心教育，关注人才的培养。一本比较好的乡土地理教材，它的影响往往不限于学校内部，而是对社会各方面都会产生积极的作用。

加强乡土教学是我国教学改革的方向之一，特别是地理学科，从传承和发展的观点看，乡土地理在教育教养方面都有重大意义。要保证乡土地理教学的质量，当务之急是各地尽快编印出一套乡土地理教材。

2. 乡土地理教材的特点

乡土地理教材应该具有地方性和实践性两个突出特点。

所谓地方性，就是要突出当地自然地理和人文地理环境最显著的特点，因此，编写过程中不能满足于抄写各类现成的资料，堆砌数据，而必须进行精细的考察、认真的分析，综合研究本县（市）自然条件和经济发展的现状及相互之间的关系，找出其中起主导作用的地理因素和居优势地位的地理条件，这样才能比较真实地突出本县（市）的地理特色。我们的《通县地理》突出通县地理位置向海、开放、首都的东大门和初具规模的首都卫星城等特点。

为了突出地方性，各地乡土地理教材应该有自己的研究侧重点，突出较小区域的乡土特色。如谈地理位置，一般都是着重于经纬度位置、海陆位置、大行政区位置，有时也涉及山河位置、交通位置。但对范围较小的县、乡来说，山河位置、交通位置更有现实意义。又如五种地形，对于绝大多数县（市）、乡（镇）来说，可能只有单调的一种，平原、丘陵或高原等，因而乡土地理教材中的地形应该着重调查小范围内较为特殊的，且对本地经济发展有

影响的小地形。能绘制反映小地形变化的大比例尺地图或平面图更好，比如平原地区在改造沙丘、治理河道、兴修水利工作中，都要注意小地形的变化。再如气候，最宜用当地的气温、降水、日照、风向风速数据（师生通过气象观测亲自取得的最好）说明本乡本土的天气变化和气候特征。重点放在小气候或当地灾害性天气的研究上。其他如农业、工业、交通运输、旅游资源等方面，编写乡土地理教材和进行乡土地理教学时，都应考虑是在学生活动范围所及，周围可见、可闻、可以触及的一个特定的、具体的小区域内。乡土地理教材突出了地方性，学生学起来就会感到亲切，觉得有趣、有用。

乡土地理教材的实践性。地理学是一门实践学科，它的形成与发展是建立在无数地理学家、地理工作者大量地理实践活动基础之上的。地理教育教学就是把这些实践成果、基础理论、基本方法等教给学生。地理科学的研究对象和地理学科特点决定了中学地理教学必须走出课堂，到大自然中去，到社会中去，积极进行各种地理实践活动；而地理教学的实践主要是在乡土地理环境中进行的，因而也可以说乡土地理环境就是地理教学的实践场所。中学地理教学大纲规定的很多基本训练要求内容也需要在乡土地理调查和研究实践中完成。从实践的观点看，最宜于以县为基本乡土单位，按县、乡两级乡土单位组织乡土地理研究，既有鲜明的地方性，又符合实践性要求的乡土地理教材，也只能靠各县（市）自己编、审。

关于乡土地理教材的地方特色和知识性、趣味性相结合，河北省邯郸市乡土地理教材就有"想一想"、"做一做"、"谈一谈"、"读图及选学"等内容，指出邯郸素有"成语典故之乡"的美称。《通州区地理》中谈到"一京二卫三通州"的赞誉是说它交通便利、仓储漕运重地、首都东大门的重要性，但有意回避了"京油子、卫嘴子，通州的狗腿子"的俗语。"京油子，卫嘴子"都极具贬义，"狗腿子"则指日本帝国主义侵略中国，先占东北，后攻华北，在京东、冀东建立"缓冲区"，在通州扶植成立"冀东防共自治政府"，汉奸、狗腿子即指"自治政府"的头子殷汝耕。关于"实践性"，安徽省宣城地区的乡土地理课也提出"开放式"作业的形式，建立校外基地，举办小论文竞赛，召开主题班

会，办手抄报等，除此之外通州北关中学还通过组织师生春游、秋游活动，地理教师事先提出许多观察考查内容，拟定小论文题目，回校总结提高，从而使地理教学内容密切联系了家乡和社会实际，有利于学生理论联系实际和实践能力的培养，使教育更好地为经济建设服务，达到了乡土地理课程的教学目的。

3. 乡土地理教材的编写原则和表达方式

从目前所看到的各地编写乡土地理教材的经验来看，编者从不同角度提出各自的编写原则。如湖北省教研室提出："思想性与科学性统一，综合性与特殊性统一，理论与应用统一"的三个原则。北京石景山区乡土地理教材提出比较具体的两项原则：在人文与自然中以人文地理为主；在历史与现状中以反映人地关系的现状为主。北京市密云进修学校，提出编写乡土地理教材的五条指导思想，也可以说是编写原则：以"人地关系"原理为线索；以"为当地经济建设服务"为主要内容；突出区域地理特色；优化教材内部结构；体现教改精神。而上海乡土地理教材的编者，则提出比较具体的编写原则：减少自然地理内容，增强经济地理内容；有选择地反映上海发展外向型经济的有关内容；在反映上海各经济部门时，既讲述已取得的成就，又说明目前存在的问题和今后发展的远景等。

仅从以上介绍的原则来看，大致可概括为两类：一类是比较概括的，原则性较强；另一类则是比较具体的。前一类原则适应性比较广泛，各地都可参考；后一类原则多是从本地特点出发，更能体现地方特点的一些原则，这类原则别地则不宜照搬使用。

我认为乡土地理教材的编写原则不一定要求统一，一般地理教材的编写原则，对于乡土地理教材也是适用的，但是，还应有乡土地理教材所特有的编写原则，即保证乡土地理教材的特点——地方性和实践性的原则。

现用地理教科书内容表达方式，一般包括课文、图像和作业三个方面。三者之中，课文内容是教材的核心，它是地理知识体系和思想教育内容的体现；图像则是配合文字内容使地理知识形象化，有助于地理知识的掌握；作

业则是学生进一步掌握知识，把知识运用于实践、培养能力的重要环节。三者必须有机结合，缺一不可。

地理教材课文内容编写体系一般有两种类型，一种是地理要素罗列式，一种是要素综合地理特征标题式，也有人称为问题中心式或专题式。地理要素罗列式编写，不论哪一区域，都按位置、地形、气候、水文、植被、土壤、自然资源到农业、工业、交通、城市等要素依次排列，千篇一律，对中小学生的学习来说，不易记忆，不能引起学习兴趣，故有人称之为"地理八股"。由于存在这些缺点，中小学教科书已不采用这种体系，而标题式易于突出重点，形成区域特征的鲜明概念，因而受到师生的欢迎。乡土地理是小区域地理，更宜于采用地理特征标题式。不过区域范围越小，乡土地理教材越是独具特色，别地越不能照搬照抄，只能根据本地情况，通过调查研究，掌握翔实材料，抓住突出特点设计标题。如北京通县通州镇的乡土地理教材，就是以七个专题①，突出了千年古镇随京城的兴衰而发展成为首都重要卫星城的特点。

图像包括地图、示意图、统计图表、照片等。对乡土地理教材来说，各种类型的图表都可利用。首先，地图是不可缺少的，一般可在县（市）乡土地理课本中附政区、地形、水系图。教学挂图可借用一般政区图，通县就有六万分之一比例的政区图。县（市）、乡（镇）区域范围虽然划小了，但学生仍不能一眼概览全貌，而不少地理事物和现象，又是一般教学用地图很难详细表现出来的，因而需要运用各类专题图、示意图、统计图等。城市平面图是城镇乡土地理教材必不可少的附图，它更有实用价值，还可以培养学生用图的能力。城市平面图主要选取省会城市和地、县行政中心城市，这一般是本地区政治、经济、文化、交通中心，较受关注。制作此类图最好附有大比例尺城区街道图，便于查找地理位置。如《通县地理》就附有通州镇城区、规划区

---

① 七个专题分别是：一、首都东大门；二、五河交汇分流，北运河的起点；三、产业结构比较合理，工业基础雄厚；四、四通八达的交通；五、亟待开发的旅游资源；六、初具规模的首都卫星城；七、注意环境污染的防治。

和公共汽车线路大比例尺图。

乡土地理教材的实践性特点决定了作业和练习也以实践为主，在教材中不安排可寻求现成答案的填空、填图、问答题，而是着重提出地理观察、考察和社会调查、参观的要求。如《通县地理》不仅提出了乡土地理野外观察、考察和社会调查参考提纲，而且提供了丰富的乡土地理研究资料，以便给师生做好乡土地理教学，进行地理实践活动提供课题选择。通县建立了乡土地理现场教学实践基地，13所中学可以就近进行现场教学，使多数乡镇中学有充分的条件开展丰富多彩的地理实践活动。

4. 怎样编好乡土地理教材

要编好一本青少年喜欢阅读的乡土地理教材，需要地理教师付出艰辛的劳动，可在"新"、"特"、"实"、"情"四个字上下功夫。

所谓"新"，即编写的指导思想新。从地理教学改革的角度，搜集新的乡土地理资料，用新的教育教学理论、新的教育思想进行选材编写。教材编写的目的是培养全面发展的人才，为当地经济建设和社会发展服务。新资料获得后，如果按编写提纲分工完成初稿，则要注意各部分的体例、表达方式大致相同，引用的同类资料力求统一，避免前后资料相互矛盾。经常变动的数据，最后要校对核实。

所谓"特"，即教材要反映地方特色。编写乡土地理教材的重要问题是如何选定地理特征标题。设计问题既要突出本地地理特色，又要引人入胜，激发探索学习的兴趣。设计特征标题可从以下几个方面考虑：

首先，选取体现家乡地方特色的称谓，如花城、春城、日光城、荔乡、宝山、××门户、××咽喉等地方特色的反映、地理特征的概括。从这些家乡人民亲切、熟悉，甚至引以为荣的称谓出发，可以引发有关家乡的历史地位、地理位置、气候特点、景观特色等许多地理问题。通州镇，是首都的东大门，明清几代王朝建都北京。随着京杭大运河的开凿，通州成为北京仓储漕运重地，首都衰落它凋零，首都繁荣它发展。《通县地理》就设计了"五河交汇分流，京杭运河北运河起点"、"初具规模的首都卫星城"等标题。

其次，体现地理环境特征。通州区的地理环境特征是：平原广阔、土壤肥沃，地处四季较分明的温带大陆性季风气候区，高温期、多雨期一致是通州的一大特点，也是优点。这里九河下梢，多河富水。通州作为首都卫星城的地理区位条件十分优越，表现在卫星城与母城的距离恰当、方位适宜、朝东向海、交通便利。唯一的缺点是环境污染严重。因为通州区地处首都东南郊、大河下游、下风向，北京市七条严重污染河道都汇聚到通州，最严重的通惠河（下游北运河）、凉水河（下游也汇入北运河）都在通州区境内，北京市五大水系，大清河、永定河、潮白河、蓟运河、北运河，它们在京区流域面积、多年平均径流量、最枯年径流量和年度污水入河流量四项指标中，前三项指标，北运河都占五分之一左右，而年度污水入河流量却占近80％。① 要特别注意水污染治理问题。

再次，联系生产生活实际，结合当地的社会经济发展设计标题。邻近县（市）的自然地理特点往往差别不大，但经济发展则可能完全不同，或各有长短优劣。"九河下梢，多河富水"，站在通济桥、北运河的源头地区，平原广阔，五河交汇分流，土坝、石坝、盐滩、皇木场、南仓街、通州卫、贡院等众多文物古迹，会使人不知不觉地沉浸于历史中。

最后，按家乡所面临的问题设计标题，如能源短缺、交通堵塞、水患频仍、风沙肆虐等，都可以从现象探索本质，执果追因。如通县北部潮白河故道和废弃的平原水库地区以及潮白河北运河广阔的河间地带，有很多沙丘，一般沙丘相对高度七八米，最高可达 15 米。这个地区，冬季寒冷干燥，春季干旱多风，强烈的北风、西北风影响显著，形成西北方为一缓坡、东南方呈半月形陡坎的一系列沙丘，也有的为长条形垄岗或孤丘。而北面、西北面邻近的顺义、朝阳地区却很少有沙丘，显然是就地起沙，风成的或河流变迁改道及支流穿插而成的。有的沙丘连年随风移动，流沙掩埋良田，危害房屋建

---

① 参见北京市计委国土处、北京地理学会：《北京经济发展与地理环境的研究报告》，1985 年 7 月。

筑，阻塞道路。应该积极研究封沙育林，改土治水，盖工厂占沙地和利用沙子做原料等治沙问题。

所谓"实"，即教材的实践性。乡土地理教学不仅要使学生认识乡土地理环境，还要组织学生进行地理实践，以提高地理教育教学质量。为此，课文选材和作业练习题目都要以能指导学生的地理实践，有利于培养学生能力为主旨。

首先，加强调查研究，积累大量第一手资料，是编写乡土地理教材、搞好乡土地理教学的基础。要按大纲的要求和地理学科的特点确定乡土地理教学内容要点和基本训练要求，根据需要进行社会调查和索取资料。调查的单位，可以包括县委县政府有关局、组、办，市、县有关企事业单位，特别是专业单位如气象站、地震台站、公路铁路客货运站等。调查的对象应力求广泛，包括各级领导、有关专业人员和其他各方面人士。索取的资料要尽可能的丰富和详细，不同观点也可兼收并蓄，编写时再决定取舍。注意分析经常变动的资料和数据，如行政区划、工农业产值、人口、耕地的变动和文教、卫生、商贸、城建事业的发展情况等，最后定稿时必须保证订正。

其次，调查中，对某一地理事物也可以做具体的实地考察，如局部地形，某一条河流或某一地理事物发展的历史和现状等，要充分运用直接观察法。如通县北部地区由于河道和流水冲刷作用，有些坡岗地需要平整；由于风蚀和风力搬运作用，就地起沙，潮白河和北运河沿岸有不少固定或半固定沙丘需要改造和治理；南部低洼易涝地区十几万亩盐碱土改良已取得积极成果，等等。其实，每个县（区）或城镇都可以给乡土地理调查研究提供题材。如通州北运河岸边的"土坝"、"石坝"、"盐滩"只保留了历史名称，但原来是漕运码头；东、西、南仓的街道地区，现在建了不少工厂和居民楼，历史上原是官方仓储重地。其他如北京市五大水闸之一的北关闸为什么原名"浮桥"，八里桥史称"永通桥"，"李卓吾墓"的变迁，等等。对于名胜古迹、城镇历史沿革和人民斗争史料的调查研究，也都要根据乡土地理教材和教学的需要来决定。

再次，专门组织人力，集中时间进行调查研究，可以获得大量乡土地理资料。教师平时留心观察，随时注意积累素材，对编好乡土地理教材和搞好乡土地理教学也是很有用处的。对于综合性的区域地理特征，如气候同位置、地形的关系，河流、水文跟地形气候的关系，植被、土壤、气候、地形的相互关系，以及人口数量迅速增加耕地却在不断减少，生态环境日趋恶化，合理开发利用资源、能源等问题，要有丰富专业知识和经验的地理工作者或地理教师，在调查研究表面现象之后，才能得出结论。作为一个地理教师，努力提高观察地理事物的能力，养成积累资料的习惯，不断提高专业素养和业务水平，也会使乡土地理教学既符合地理学科的科学性，又有浓厚的乡土气息，学生学起来易懂、亲切，富有生命力和感染力，也才谈得上建立地理事物和现象的空间结构、空间分布和空间联系的概念，进而提高综合认识和分析地理问题与区域特征的能力，使学生建立起科学的人口观、环境观、资源观，并养成保护环境、爱惜资源、节约能源的良好品德。

所谓"情"，即教材要能培养学生热爱家乡的情感。要做到这一点，不仅需要教材语言流畅，文字生动活泼，感情充沛；更重要的是所选乡土地理事实，不论回忆过去，叙述现在，还是展望未来，都要出于对家乡的热爱，写出家乡地理环境的优越性。这样做是为了将家乡建设得更美好。同时，还要指出家乡建设存在的问题，这也是为了认识它、改变它，激发学生建设家乡的责任感。

总之，编写乡土地理教材是大纲的要求，是搞好乡土地理教学和深入进行地理教学改革的需要。全国三千多个县(市)如果都能编写出具有地方特色、实践性强的乡土地理教材，我国的地理教育教学将大大改观。这是一项大的工程，是中学地理教育教学的一项基本建设要求。

5.《通州区地理》教材

现行全日制中学《地理教学大纲》和九年义务教育初中地理教学大纲规定，在中学地理课最后，讲授12—15课时的乡土地理课程。地方自己编、审教材。最初，省(自治区、直辖市)、县两级都在编写乡土地理教材，省级乡土地理

教材，如上海市、湖南省、广西壮族自治区等，因为省区范围过大，导致乡土地理教材内容过多。1986 年以后明确以县（市）为基本单元编写乡土地理教材，"市"指直辖市以下的县级市、地级市、计划单列市、特区城市等。

北京市通县 1977 年秋就开始组织编写《通县地理》，1978 年 7 月，经县教育局审定，县印刷厂印装了试用本，1980 年 12 月正式启用，至 1990 年 5 月取得准印证号（3053－900053）共印了四个版本。至今已沿用了 35 年。

北京市 14 个远近郊区县，如门头沟、石景山、平谷、丰台、昌平、怀柔、

图 1 《通州区地理》课本

顺义、房山、密云，20 世纪 80 年代后期都编印了乡土地理教材。1989 年 10 月，北京教育学院与东城、西城、崇文、宣武四城区合编了《北京市地理》（试用本）。

《通县地理》（后改名《通州区地理》）从试用本开始就采用了地理标题式方法编写。20 世纪 70 年代就将水污染和沙尘、雾霾等环境问题写进教材，指出环境污染是城市化和工业化带来的新矛盾，是全人类共同面临的新问题，但它又是可治可防的。"我们应该正视它，满怀信心地去解决它"。"避免走某些国家先污染后治理的老路"。《通县地理》的另一大特色是书后附有乡土地理野外观察、考察和社会调查的参考提纲，也就是乡土地理基本训练要求①。它以

---

① 指现行九年义务教育初中地理教学大纲规定，同地理基础知识教学紧密结合的基本技能训练与能力培养要求。为达到基本训练要求，地理教师要拟定课题，在学校和班主任老师多方配合下，精心组织与地理课堂教学内容有关的野外观察、考察、地理调查或参观活动。参考提纲可为教师提供课题选择，并提示实践活动的组织形式和实施办法。

丰富的地理实践活动为基础，以翔实的科学数据资料为依托，为师生提供了乡土地理研究的课题选择。如二中的气象观测；一中、宋庄的潜水位观测；北关的水环境调查，人口和土地资源，城市交通车、客、货流量的调查统计，以及各中学地形、地物、名胜古迹的考察，乡、村企业的调查，物候观测记录等等。

进入 21 世纪，经过 2003－2011 年五次再版，《通州区地理》教材面目一新，紧跟形势，不断创新，利用现代化教学手段改进教材，极具趣味性、可读性，增强了教学可操作性。

在《通州区地理》教材成功编写的带动下，《通州区生物》、《创业》、《学会做人》、《通州区历史》、《农作物栽培劳动技术课教材》、《知家乡爱家乡》等乡土教材也先后编印出版，构成较为完整的乡土教学体系。为充分发挥地方教材的作用，进一步推动素质教育的实施，2000 年 5 月底，通州区教育局专门召开中学地方教材教学工作会，组织《通州区地理》、《通州区历史》公开课，二中、三中、北关中学、永乐店中学、牛堡屯中学分别就乡土教材的编写、使用进行了经验介绍或文字交流。会后，教育局领导明确要求各校领导和教师要更新教育教学观念，明确教育为社会主义现代化建设服务，基础教育要为受教育者奠定终身发展的基础；各校要加强地方教材的教学管理，按计划开齐、开足课时，安排好专任教师；研究地方教材教学方法，提倡各校采取各种形式灵活地开展地方教材教学活动。同时也对通县教师进修学校和教育局中教科提出了具体要求。

二、中学乡土地理研究的必要性和对当地经济建设的影响

教育必须为社会主义建设服务，社会主义建设必须依靠教育。百年大计，教育为本。基础教育的主要任务是培养大批中、初级人才，为当地经济建设服务。

当今社会需要的既不是刻板的知识型人才，也不是单纯的技能（工匠）型

人才，而是全面发展的创造型人才，他们应该有追求，善于独立思考，勇于探索，应该通过各种活动给他们以表现的机会。

对中学而言，在以课堂教学形式为主的情况下，如何使青少年学生既学到科学文化知识，又注重能力培养，开发智力，进行生动活泼的思想政治教育，得到综合素质的提高，是很重要的课题。

地理科学研究的对象是地球表面，即大气圈、水圈、岩石圈和生物圈，亦即人类生存的场所，涉及地貌、气候、水文、动物、植物、土壤、资源等多种自然地理要素和社会、经济、人口、民族等复杂的人文地理要素。了解认识纷繁复杂的地理环境各要素，以及他们相互联系、相互影响、相互制约的关系，单靠课堂教学是远远不够的，地理学科特点决定了地理教学必须走出课堂，进行野外观察、考察、调查，并开展各种观测和社会实践活动，必须进行乡土地理研究。

青少年学生兴趣广泛，充满活力，潜能巨大。乡土地理研究的地理课外科技活动课题很多，野外观察、考察和社会调查天地广阔，地理课外活动形式多样。乡土地理研究为当地工农业生产和人民生活服务，内容丰富，题材广泛，大有用武之地。在乡土地理研究和地理课外活动中，教师热情组织、具体指导、适当点拨，可以激发学生的学习兴趣。这样的活动，既可使学生获得大量的感性知识和材料，同时也可提高学生分析问题、解决问题的能力，并学到独立获得新知识的方法。

多年来，通州区不少中学对地理课外活动较为重视，师生很积极，收获不小，体会很深。全区乡土地理研究工作十分活跃，不仅促进了地理教学、教改的开展，也为当地经济建设和社会发展服务，取得了一些较有价值的成果。

比如，北京水文地质一大队在 20 世纪 60 年代中期就在通县北部宋庄中学设有观测潜水位的井点。通州镇地区的承压水，20 世纪 60 年代以前尚可自流，以后地下水位开始下降，通州镇、城关、梨园地区已形成地下水位降落漏斗，漏斗中心在县自来水厂附近，最低埋深 21.22 米。通县一中井点，1965 年潜水

埋深 3.23 米，1978 年下降到 16.29 米。徐辛庄地区，20 世纪 70 年代以来也已形成季节性地下水位降落漏斗。地下水位逐年下降，是多年气候偏旱，通州镇地区工业集中开采地下水，城市生活用水量加大以及农业过度开采地下水等原因造成的。地下水并非取之不尽、用之不竭。我们观测记录了相关数据资料，提出了节约用水、科学用水、合理开发地下水的建议。20 世纪 80 年代初通县县政府已在梨园乡张辛庄等地试验发展了喷灌、滴灌等新技术。

物候观测记录是一项平凡而艰巨的任务，要求逐日、逐年地进行，观测记录的年限越长越好，因为动、植物的各种生活现象和环境、气候条件有密切的联系。物候观测记录就是要记载动、植物在某一区域内各种生活现象的起止日期。这种观测成果对农、林、牧的实践都是很有意义的，对农业区划工作、环境保护工作等都可提供宝贵的依据资料。例如，通县一中的物候观测记录已坚持了十年(1979—1988 年)，观测了 28 种乔木、灌木、观赏和药用植物，还观测记录了小麦、玉米等农作物，以及蚱蝉、蛙、燕等的始鸣终鸣、始见绝见的日期，为通县农业生产、植树造林、绿化美化环境等提供了一定的科学依据。

物候观测记录工作平凡而艰苦，不用任何现代化手段，但却是培养锻炼人的有效途径。这类观测记录成果丰富了人类知识宝库，并且是精密仪器设备不能替代的。

气象观测是一项极有益的实践活动。通县二中的刘宝埜、余养艇、关春萍三位地理教师曾带领四届初一、初二学生进行了 967 天的气象观测。其观测的数据资料还被收进 1986 年科学出版社出版的《京津区域和城市生态

图 2　正在进行气象观测的师生

气候因子图集》中，属国家"六五"攻关课题项目，可见其观测的价值。

通县二中地处城镇地区，而县气
象站(取中庄)则属比较典型的农村环
境。因为城镇地区风力较农村弱，钢
筋水泥建筑物表面和广场、柏油路面
反照大，城镇地区人口稠密、工商业
集中，每日、每时都在消耗着大量能
源，因而出现"热岛效应"。处于日最
高气温时这种效应并不明显，但在处
于日最低气温时，这种效应明显加
强。在天气、风、云量等因素的综合
影响下，冬季风弱而晴朗的晚上，城
乡温差最大。由于北京地区特有的
"海陆风"效应，通县气象站的天气预
报经常是"夜间风向南转北，白天风

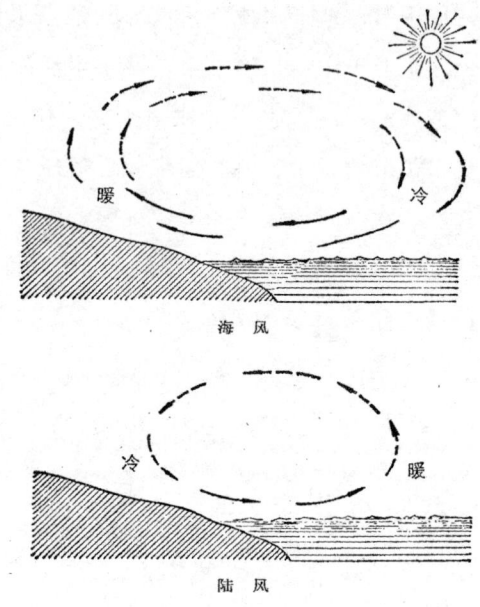

图 3　海、陆风效应图

向北转南"或"夜间风向偏北，白天风向偏南"。而这种效应交替时产生的宁
静、稳定状态，也是城镇地区持续的久些，风向南转北的时刻也往往推迟。

通县许多地理教师还实地考察了潮白河故道地区的沙丘，研究分析了沙
丘的来源和成因，详细调查了沙丘对农田、房屋、道路的危害，并提出了封
沙育林，植树种草，节约用水，合理开发地下水，建工厂有计划地占用沙荒
地和利用沙子做原料的治沙建议。近年来不少村队利用沙荒地搭建苗圃，树
种品种增加，有泡桐、洋槐、杨、榆等。

"珍惜每一寸土地"的调查统计更有现实意义。我国人均耕地较少，用占
世界 7％左右的耕地，养活着 22％的人口，耕地还在不断减少，据统计，我
国 1983—1986 年减少耕地 4368 万亩，1987 年又减少 1308 万亩，相当于 5 个
较小省份的耕地全部消失，应该珍惜每一寸土地。通县这个问题十分突出。
1949 年通县总人口 368578，其中农业人口 308117，耕地 1131506 亩，新中国
成立 37 年，净增人口 186615，耕地却减少了 234375 亩，人均占有土地由

3.07 亩下降到 1.6 亩。其中 1949—1958 年十年，人口增加 28819，耕地减少 34824 亩；1959—1978 年二十年，人口猛增 125849，耕地却锐减 188518 亩。20 世纪 70 年代中期到 80 年代中期，1974—1985 年其中九年的统计，耕地仍以每年 2500 亩的速度减少。核减的耕地中，以水利工程占地最多，其次是国家基建工程占地、公路铁路用地、社员建房占地、乡镇工业、其他公用事业占地和农业结构调整用地、灾害毁地等。造成土地管理困难的原因是各方面对节约用地缺乏责任感、紧迫感；土地无偿、无限期使用，无节约用地的内在动力；土地管理机构不健全。通县规划局有专门机构负责核减耕地，档案馆有历年系统数据资料，应该宣传国家基建、集体和农民建房尽量少占或不占耕地，要大声疾呼"珍惜每一寸土地！"（见图 4）

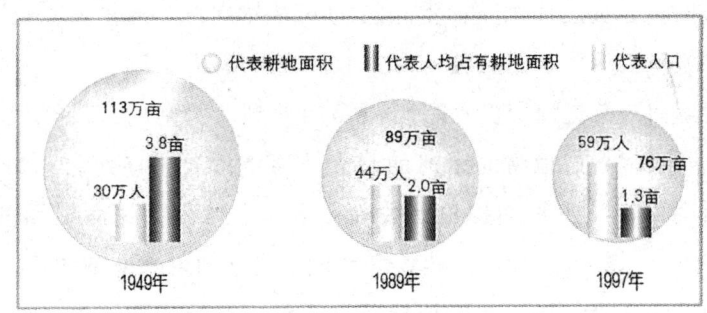

图 4　通州区人口、耕地面积、人均占有耕地面积对比图

注：引自通县统计局：《统计年鉴》，1978—1985 年。

坐落在通惠河畔的通县北关中学的地理课外小组，还对当地的名胜古迹、旅游资源、生态环境进行了综合考察[①]。（见图 5）

---

① 1987 年 6 月 12—18 日一周时间，由教师讲通惠河源流概况、有关的历史及现状、污染的原因及活动的意义，并精心细致地布置采集水样的准备工作，要求每个同学准备 2—3 个空酒瓶，用清水洗净；每个小组第一个人准备一根可以拴住酒瓶的长绳；第二个人准备胶布用于编号；第三个人带圆珠笔在贴好胶布的样瓶上做编号记录。由老师带领全体同学去采水样。从朝阳区西惠普济闸到通济桥，共取 6 个水样，分组布置试验，将男生从稻田边的水沟里抓来的小鱼和蝌蚪，分别放进各个水样里，然后开始计时，观察小鱼和蝌蚪在水中的活动及生存时间并做记录。最后，师生一起归纳调查、试验结果，布置写总结小论文。

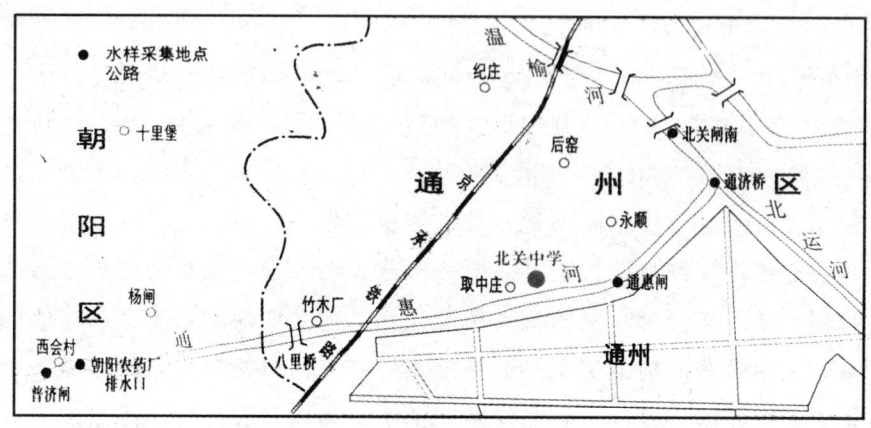

图5　北关中学水样采集点分布图

北运河始于通县北关闸下，温榆河为其自然水源，通惠河早已成为排泄工业废水和城市生活污水的通道，失去了自然河道的特征。

只在通惠河与北运河交汇点（通济桥）向北到北关闸的"盲肠"地段尚可见小鱼小虾，今天很自然地将北运河的起点从通济桥向北移到北关闸下。在这样的实践活动中，学生长知识，受锻炼，增强了他们的使命感和参与意识，使他们了解家乡、热爱家乡，为建设家乡做了充分的思想准备和技能准备。

多年的实践证明，加强乡土地理研究，积极开展地理课外科技活动，不仅是提高普教质量和青少年综合素质的重要途径，还可以直接为当地经济建设和社会发展服务，通过气象、水文、物候的观测记录，资源、人口、环境的调查研究及在城乡交通、公路街区的绿化美化、商业网点布局、区域规划、农业区划、卫星城规划建设等方面的具体工作，为生产、生活服务，为区域地理研究提供基础数据资料，为各级领导对某些重大问题的决策提供一定的参考数据。

三、记通县地理大专班和中学地理教师队伍建设

（1985 年 12 月 30 日总结报告）

按照原教育部文件要求，初中教师学历必须达到大专水平，到 20 世纪 80

年代初通县远未达到这个要求。当时，据北京市教委统计，全市中学教师能胜任（包括经过培训，勉强胜任）各科教学工作的只有 55％。通县 114 名地理教师，按学历统计，可能比全市平均情况稍好。北京市 20 世纪 80 年代初计划经过两期培训（包括函授、在职进修、脱产学习等）到 1990 年达到教育部规定的标准。

1980—1984 年，北京市举办第一期地理教师培训班，全市 44 人参加，其中通县两人，原通县五中和北关中学各一名教师参加，一名教师因改行中途退学，一名后来调到城里工作。1980 年年底，海淀、昌平合办了一个地理大专班，通县、丰台也开办了地理大专班。到 1985 年年底，已有北京教育学院、丰台、西城（宁夏银南地区委托举办）、东城、朝阳和铁道部、农牧渔业部等单位先后举办地理大专班，1985 年暑期开始有毕业生。正是在此背景下，通县教育局决定举办中学地理教师大专班。

1. 情况介绍

通县地理大专班采取在职进修的形式，现任中学地理教师每周一天集中面授学习，按教学计划共 1338 课时，用近五年时间完成学业，学习高等师范院校地理专业的主要课程和一些其他的必修课。

1981 年 3 月 13 日大专班开始上课。当初入学并未经过考试认真选拔，只是提出高中或中师毕业、年龄在 45 岁以下的现任中学地理教师就可以入学，因而学员文化程度、专业知识水平参差不齐。最初报名的学员有 50 多人，因为不少人不了解地理学科，也不了解地理大专班的要求，怕坚持不下来而退学了。第一门"地球概论课"初期有学员 44 人，后来稳定在 30 人左右。四年多时间，大专班只是因为特殊原因流失过几名学员，如改行不教地理课，从中学调往小学，或代课教师被辞退等；也有因为学校工作过于繁重，实在不能坚持到底或水平太低跟不上而退学的。

到 1985 年 12 月 13 日，共有 21 名学员拿到毕业证书（其中顺义两名，朝阳一名），另有多名学员拿到多个单科结业证书，其中有三名学员只缺一门课。这些学员分布在全县 23 所中学（县直中学 7 所，农村中学 16 所）。学习

期间，也曾有顺义、朝阳、西城、丰台、河北三河等区县的教师来听课或补课、补考。

2. 课程设置

地理大专班共设置 12 门课程，后合并为 9 门。除公共必修课"教育心理学"和"中学地理教材教法"课外，共有 7 门专业课：地球概论、地质学基础、气象学基础、自然地理基础（包括地貌、气候、水文、生物圈）、地图、中国地理和世界地理。

按照全市统一要求，大专班有一套教师队伍，每一门专业课确定一二名主讲教师。两名地理教研员分别任教"地球概论"和"地貌"课，并负责各科复习辅导课，其余课程必须外请，分别请北京教育学院地理教研室、北京师范学院地理系、北京教育学院东城、西城分院地理教研员、中国人民大学计统系和中科院地理所气候室等单位的教师任教，具体任课情况如下：

地球概论——谷运如

地质学基础 ——景春泉

气象学基础——徐兆生

自然地理基础分别由几位教师讲授：

地貌 ——付秀山

气候——徐兆生

水文——张仲德

生物圈——周孟召

地图——韩景辉

中国地理——班武奇、刘世栋

世界地理——李永廉、闫玉龙、高密来

中学地理教材教法——孙家镇、王云

教育心理学由教师进修学院统一管理

3. 遇到的困难

通县在举办地理教师大专班过程中遇到了一些困难。

（1）教师。除两门专业课由通县教研员讲授外，其他课程教师都必须外请，涉及六七个单位、十几名教师，课程难安排，外单位教师来通县讲课路途远、条件差、报酬少。

（2）经费。地理教师大专班举办几年来除综合实习报批专款 3200 元、讲义费 500 多元和用正常行政业务费支付了约千元的讲课酬金，总计约 5000 元，别无其他。

（3）学员。能坚持五年在职进修，对学员来说实在是非常困难的事情，原因是多方面的。首先，不少人认为系统进修不是教学需要，而是个人的事情。其次，学员多担任教学工作、班主任及其他社会工作，即使进修期间工作任务不减，负担较重。再次，学员学习时间没有保证，能确保每周听上一次课已实属不易，更谈不上自学复习时间。

4. 取得的效果

（1）中学地理教师大专班的举办使学员系统学习了地理专业知识，巩固了专业思想，增强了学员们的事业心和工作责任感，培养和锻炼了教师的教学实践能力，稳定了教师队伍。不少学员表示愿意踏踏实实地从事地理教育教学工作，深入钻研，努力成为一名优秀的地理教师。

（2）学员能深入浅出地理解初中地理教材，部分学员能基本胜任高中地理教学任务。通过学习，学员对教材的科学性、知识的系统性理解得更深刻了，大大有利于教学质量的提高和对学生的智力开发。

（3）通过学习，学员对地理学科教学改革有了强烈的要求，产生了浓厚的兴趣。又因为他们多数人都有较为丰富的教学实践经验，对地理教学改革认识较深刻，促使教改工作提上日程。

（4）系统学习地理专业知识，对乡土地理考察研究工作也很有好处，大大促进了地理课外实践活动的开展。对于综合性的区域自然地理特征，如气候同位置、地形的关系，河流、水文与地形、气候的关系，植被、土壤、气候、地形的相互关系等，需要有丰富专业知识和经验的地理工作者和地理教师调查研究一切组成地表的现象之后，才能得出结论。学习了系统的专业知识，

便于教师进行科学的乡土地理考察研究。如地理大专班结束后，大东各庄中学的地震测报，一中的物候观测记录，二中、一职、西集中学的气象观测，县少年宫的天文科普活动等都是学习了系统专业知识后的成果。

四、平生的疑　悔与不悔

金无足赤，人无完人，世间万事万物很少十全十美。不完满才是人生，完满只是人们的一种愿望，知足才得以快乐。"积疑起悟，学博渐通"，我的平生有疑有悔也有不悔。50多年前聆听抗美援朝战斗英雄马维华的报告，对其"艰苦就是光荣，克服困难就是胜利"的话语颇有感触。

1956年全国大学招生28万，1958年"大跃进"招生35万，应届毕业生人数不足，曾动员社会知识青年、在职干部报考。1957年因为复杂的政治原因，高考招生名额骤减，仅招10.7万人。我从小喜欢天文、地理，但1957年报考的12个志愿中，南京大学天文系、北京农业大学农业气象系等都未能如愿，被最后一个志愿——北京师范学院地理系录取。毕业后，我有17年从事农村基层中学教育教学工作，却"学非所用"，改革开放后才有机会回到本行专业，做了中学地理教研员。经过中考、会考、普通高考、成人高考，前后送走了30多届毕业生，但很多时候面临考地理的无人能报地理专业，而报地理专业的考生不用考地理的尴尬。其实，地理、生物都是综合性学科，文理划分时只有把文理兼备的地理"算"文科，高考科目"数"才平衡，否则理科考语、数、外、理、化、生、地7科，文科只剩语、数、外、政、史5科明显不均衡。这种分配方式还是不够科学。

我在农村基层中学教过八门课，主抓过教学，管过工会、后勤工作，做过党政一把手。三夏三秋我带队下村参加劳动，常常看不惯有的老师出工不出力，劳动"中歇"时吵吵闹闹，又唱又跳，再开工干活儿时蔫头耷脑，打不起精神。到农户与农民同住嫌环境脏乱，吃派饭嫌味道清淡。不吃派饭，学校自带厨师集体起伙，本来吃的已经很好，每天都跟旧社会"过年"一样，还

挑肥拣瘦，追求花样。那时我用自己生活上的低标准去衡量别人，难以体谅别人，作为带队领导也难以听取群众的各种意见。特别是上级工会按职工工资总额 0.5％下拨的职工生活困难补助款我使用不当，总认为应该艰苦奋斗、勤俭持家，不要轻意向国家伸手。况且深知闲言碎语难听，"困补，不那么好吃"，连自己因组织调动，工作需要，一时买不起一辆自行车，也是上级领导主动借给 100 元钱，四个月还清的（月工资 51.50 元）。正是由于我的领导方式有偏差，导致群众畏首畏尾，真正生活困难的群众也不敢申请困难补助，几年的困补款没能正常发挥困补拨款的作用，现在回想起来我很后悔。

我毕业后初为人师的讲台在宋庄中学，那里 1956 年建校，20 世纪 70 年代开办两年制高中班。由于生源人数多，宋庄地区 1958 年又先后设立翟里中学、师姑庄中学，但西部、南部生源还要分流到龙旺庄、胡各庄、南刘中学，因而在 1973 年筹办了北寺中学（后改为第一职业学校）。北寺中学建校舍、组班子、请代课教师，从宋庄中学划拨两个初一班，1977 年达到 17 个教学班。在这个过程中，一直由我主抓工作。代课教师有老三届初高中毕业生、农机农技干部、复员转业的军人，都是十分可靠、能力很强的高才生、干将，但学校条件艰苦，只有微薄的工资收入（初中毕业的老师每月 31.5 元，高中毕业的老师每月 36 元）还需要到生产队买工分，争取村、队关照。当时，在学校抓教学曾被批为"回潮"，要"头上长角，身上长刺"，不要"5 分加绵羊"。我们顶住了压力，教育教学成绩显著。同时学校与公社拖拉机站、农业技术推广站合作，举办了手扶拖拉机培训班和农业技术员培训班，建学校气象观测点，搞养殖场，进行无土栽培试验。组织师生义务劳动建教学小楼，挖建沼气池，清流沙，动员师生用小车推废弃水库堤坝的黄土铺垫，大水漫灌、填压，在沙荒地上建成全公社公用的 400 米跑道大操场。当时，在学校不敢说"堂上一呼，阶下百应"，但教育教学和各种课内外实践活动都开展得红红火火。代课教师有升学、升迁机会的，学校都主动争取促成，绝不挽留。得益于苦干、实干、真诚、和谐的学校环境，党群、干群、师生和社会关系融洽。

第六章

对基础教育改革的思考

一、谈"杂家"

过去，一个勤奋的学者能掌握多个领域的知识，并深感"学无止境"。历史上，多有学识广博的杂家出现，如：

东汉的张衡，既是数学家又是物理学家，创立"浑天说"，"善机巧，尤致思于天文阴阳历算"。

南朝的祖冲之，精通天文、历法，制大明历。在数学方面也有突出的贡献，算出圆周率的值在 3.1415926 和 3.1415927 之间。

波兰哥白尼，学过法律，懂得医学、数学，是伟大的天文学家，用四个九年时间创立日心说，发表《天体运行论》。

德国开普勒，神学家，数学家，精通天文观测和光学、大气物理学。发现行星运动三大定律。

鲁迅原本学矿、学医，后来却成为革命文学家、伟大的马克思主义战士。

郭沫若则更为"博才"，是文学家、诗人、历史学家、考古学家，还是古文字学家、书法家、翻译家，是在几个学术领域里做出贡献的人才。

"马克思在他研究的每一个领域，甚至在数学领域都有独到的发现，这样的领域是很多的，而且其中任何一个领域他都不是肤浅研究的。"

一百多年来，学科分工越来越细，并且越来越趋于专门化，学科研究领域愈加深奥，甚至于高校的一门专业课要由几位教师分几段讲授。但目前各学科又有了融合的趋势，因为没有多学科多手段的"综合"就不能解决自然或

社会的许多难题。诸如资源匮乏、人口迅猛增长、粮食短缺、环境恶化等人类共同面临的重大难题，就连全球变暖、地质灾害、物种灭绝、外层空间探索等具体问题，也不是哪个人、哪一个专门学科可以解决的。

在地球形成的几十亿年中，地球上的气候一直在发生着变化，它表现出的最普遍的特征是温暖与寒冷、湿润与干燥的交替。这一事实，早就从沉积岩中反映气候环境的岩石、动物化石和植物化石的分布差异得到证实。但科学家们在全力探讨世界气候变迁的原因后，却得出了种种不同的解释。天文学家把气候变迁和地球轨道的长年变化联系起来。物理学家把太阳辐射强度的变化作为气候变迁的原因。地球科学家分析认为大地构造因素与气候变迁的关系十分明显；人类活动对气候的制约作用，如人类对地球表面的改变和对大气成分的改变都会影响气候，等等。

当代自然科学有六大基础学科，数、理、化、天、地、生。西方自然科学偏重分析、实验、归纳（理论）。中国强调天、地、生综合（演绎）研究，注重天时、地利、人和，强调整体，强调变化，主张多学科交叉，自然科学与社会科学交叉。中、西、古、今的交叉更接近唯物辩证法，更能解决全球气候变迁、冰期、间冰期、重大气象灾害等实际问题。天、地、生、人是自然界一个重要的复杂巨系统。当代应运而生的天文地质学、天文气象学、天文地震学、历史自然学等交叉学科、边缘学科或新兴学科，都对研究这个巨系统的整体结构优化，各个组成部分的协调、配合和制约作用具有重要意义。

各学科专门化知识都有专家，专家治学求专、求深，但社会也需要治学求广、求博的"杂家"（至少是一专多能）。

本人是北京师范学院地理系第一届毕业生，从事基础教育工作数十年，职务是中学地理教研员，也是一个名副其实的天文爱好者、普通地理工作者，在农村基层中学教过初、高中文、理科，包括物理、数学、珠算、生物、农基、政治、历史、地理八门课程。作为中学地理教师，初中教授以自然地理知识为重点的区域地理课，高中教授以人地关系为线索的系统地理课。包括初、高中地理课，电大、函授等成人教育辅导，都需要"多面手"教师，小学

自然、社会，中学语文、历史、政治、生物等许多学科的课内外教学及社会实践活动，都需要教师求广、求博，而不可能求专、求深。这是基础教育的目的和任务所决定的，也是基础教育教学研究的需要。

地理学是文理兼备的综合性学科，高等学校地理系属理科，回想我在大学地理系学习期间，学过三十多门专业课，除普通自然地理气象、水文、地质、地貌、地图学等之外，还学过植物、动物、土壤、水化学等学科。17 年农村基层中学的教育教学管理工作，多学科的教育教学实践、特别是教研工作实践，使我感到中小学教研工作只有跨学科进行，才有利于中小学生综合素质的提高，才能为其打下终生发展的基础。我感触最深的是，天文学属前沿学科，天文学研究可能不需要地理知识基础，但地理学科的学习离不开天文学知识，小学自然课、地理课，都讲四季星空；初中地理讲地球，经纬网，地球的自转、公转；高中讲行星地球、天体和天体系统、地球的运动、昼夜长短和正午太阳高度的季节变化、四季不等长、地转偏向力等，都是普通天文学、地球天文学知识。正因为如此，中小学地理教师在钻研地理教学技能时，还要掌握天文知识基础，扩展知识面，培育全面发展的学生。

二、地理课内外实践活动天地广阔

地理学科具有综合性、区域性的特点，而乡土地理教材的编写、教学和研究还具有实践性的特点，需要通过多种途径、多种方式，组织多内容、多层次的课堂、校园内外的地理实践活动。活动包括地震测报、气象观测、物候观测记录、环境监测、野外观察考察、地理调查和天文观测等。

积 17 年农村基层中学多学科教育教学管理经验和近 30 年中学地理教研工作的经验，本人曾组织师生广泛开展天文、地理科普活动与实践活动，取得了一些成果。

1. 地震测报——增长防震抗震知识，提高防灾减灾意识

地震能在瞬间成灾，使人民的生命财产蒙受巨大损失，是对人类生存安

全危害最大的自然灾害。1679 年三河—平谷 8 级大地震严重波及北京通州，据文献记载，"通州房倒屋塌，城郭尽圮，死人万余"。1976 年 9 月 28 日唐山 7.8 级大地震使百万人口的煤铁之都顷刻瓦砾一片，死亡 24 万、重伤 16 万多人。唐山—丰南震中虽然远在 150 多千米之外，但通县的西集、郎府、马头地区，形成了一条北东向烈度异常带，它与夏垫—马坊断裂展布是一致的。西集、郎府一带 50 平方千米出现 8 度异常区，房倒屋塌，地面喷水冒沙，并有地裂缝和地面沉陷等现象。

唐山地震释放的地震波能量约等于 400 个广岛原子弹的总和，伤亡 40 多万人，还有火灾、疫病等次生灾害，财产损失难以计数，再也没人说"地动山摇，花子撂瓢"的傻话了。强烈地震唤醒了人们的防震抗震、防灾减灾意识，使民众充分认识到地震测报的重要性，必须投入人力物力，"群测群防"、"专群结合"、"土洋结合"，认真做好地震测报工作。

唐山大地震后，通县觅子店中学、潮县中学、大东各庄中学等都积极开展地震测报活动，群测群防，采用地应力、土地电、水氡等监测手段，定期向县地震办报告数据，也从地震办得到许多国内外地震信息。和通县一样，处在夏垫（燕郊）—（大兴）礼贤断裂带上的大兴采育中学，一直保留着"三土仪器"监测点。房山电业中学每天监测的数据都提供给多家地震研究机构，成为"堪与专业台站相媲美的监测站点"。大震后，中科院地球物理研究所特派专业队伍在北寺中学设站，监测到 16000 多次余震，包括宁河 6.9 级余震和通县马驹桥 4.7 级地震。

强烈的地震危害着人民生命财产和国民经济、国防建设的安全，如能预先知道地震的发生，及时采取防御措施，就能减少损失。从科学攻关的角度说，地震是可以预报的，因为事物的发展总是从量变到质变的，在地震爆发之前，推动岩层的力量不断集中和增强，地壳运动要显得剧烈得多。由于事物的运动又都是相互联系的，地壳运动发生急剧变化时，必然会引起自然界一系列的自然现象发生变化。近年来，我国地震工作者和群众相结合，在开展地震监测预报的研究方面取得了一定的成绩，1975 年 2 月 4 日在辽宁海城

发生的 7.3 级地震，我国科学家就成功做出了预报。但因地震孕育的复杂性，人类尚无法对地壳深部的震源做直接观测，地震又是小概率事件，一个人有生之年很难亲历，因而地震预测预报仍然是尚未攻克的世界科学难题，很难设想一下子攻克。一百多年以前，预报天气对人类来讲还是不可能的，而现在对天气的预报就有一定的了解与把握了。人类历史上，瘟疫、霍乱、鼠疫和多种疑难疾病夺去了亿万人的生命，才换来了防治方法或研制出特效药。

关于地震测报，国家有专门机构管理，有专业台站、专业人员和"专群结合"、"土洋结合"的监测手段，包括地应力、地形变、地磁、地电、地下水等的监测，临震前的地声、地光和观察许多动物的异常反应，人们有理由相信，地震是可以预测预报的。写到这里，我想起叶剑英主席的话："攻城不怕坚，攻书莫畏难。科学有险阻，苦战能过关。"我也坚信物质可以变精神，精神也可以变物质的道理。

2. 气象观测——学习知识、培训技能

一代杰出的科学家、教育家竺可桢先生，在《论祈雨禁屠与旱灾》一文中说"1922 年，中华教育改进社在济南开年会时，中央气象台曾有请各省于每县择一中学或小学担任报告雨量及暴风雨案，当经大会决议。并由教育部行文至各省教育厅，训令各县办理其事。计其所费仪器一项，不过五元之数，洵可谓轻而易举。乃各省县均置若罔闻，视为虚文，……在平时不讲求以科学之法，调查雨量，及至旱魃为灾，乃惟之祈雨，禁屠，求木偶，迎龙王"。

"文革"前，《中学 60 条》中地理教学大纲明文规定，每年组织一周时间的气象观测实习。1956 年前后通县建校的中学一般都配备有整套器材。改革开放后，通县在西集中学、北寺第一职业学校、北关小学、通县二中都建立了比较正规的气象观测点，为通县气候多年趋暖、偏旱提供了有力的佐证。通县二中的"六五攻关课题"《京津地区生态系统特征及污染防治研究》由中科院地理所小气候专家徐兆生主持，原想将 14 个观测站设在京、津各七所城市中心区中学内，我们通过努力争取到在北京市远郊区的通县二中设立观测点。国家装备到位，正式建站，刘宝堃等三名地理教师领导经过培训的初一、初

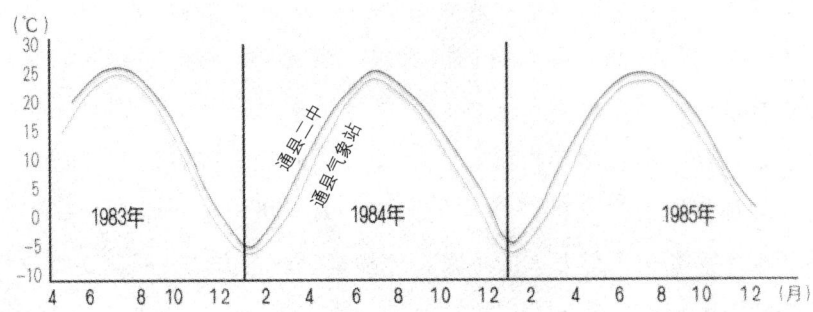

图 1　通县二中与通县气象站气温的比较

二学生参加观测。1983 年 5 月 10 日至 1985 年 12 月 31 日，共计 967 天，每天三次定时观测气温、降水等，将上万个数据与县气象站一一对比（见图 1），得出了"城市热岛"效应的相关数据。一个不完整年度（1983 年 5 月 10 日—12 月 31 日），两个完整年度（1984 年 1 月 1 日—1985 年 12 月 31 日），32 个月每月平均温度通县二中比气象站高 0.9—1.2℃，月平均温度最大差别 2.3℃，绝对最高气温出现在通县二中，最低在气象站。[资料收进《京津区域和城市生态气候因子图集》（见图 2、图 3①）]通县二中是典型的城镇环境，人口多，工商业集中，每日每时都在消耗着大量能源，县站是农村环境，下垫面状况也不同。通县二中的观测内容为北京城、郊气温，地面温度、降水、湿度的观测研究补充了数据资料。西以石景山、东以通县、南以南苑、北以清河为界，通县是距北京城区最近的远郊区县，各月气温，年均温，最高、最低气温及地面温度，无一不体现"城市热岛"效应。国家课题组也庆幸在通县二中设了站，因为未设专题观测站的相邻郊区县，如大兴、廊坊、武清等，都靠抄录当地气象站资料，难得通县气象站和二中观测站的对比资料。

中学气象观测实践活动，是素质教育的绝好形式，也为"京津地区生态系统特征及污染防治研究"课题进行了城市生态因子专题观测，为首都经济圈和环渤海区域经济发展，做出了具体的贡献。此外，通县第一职业学校（农业中

---

① 图 2、图 3 引自沈建柱等编著：《京津区域和城市生态气候因子图集》，北京：科学出版社，1986 年版。

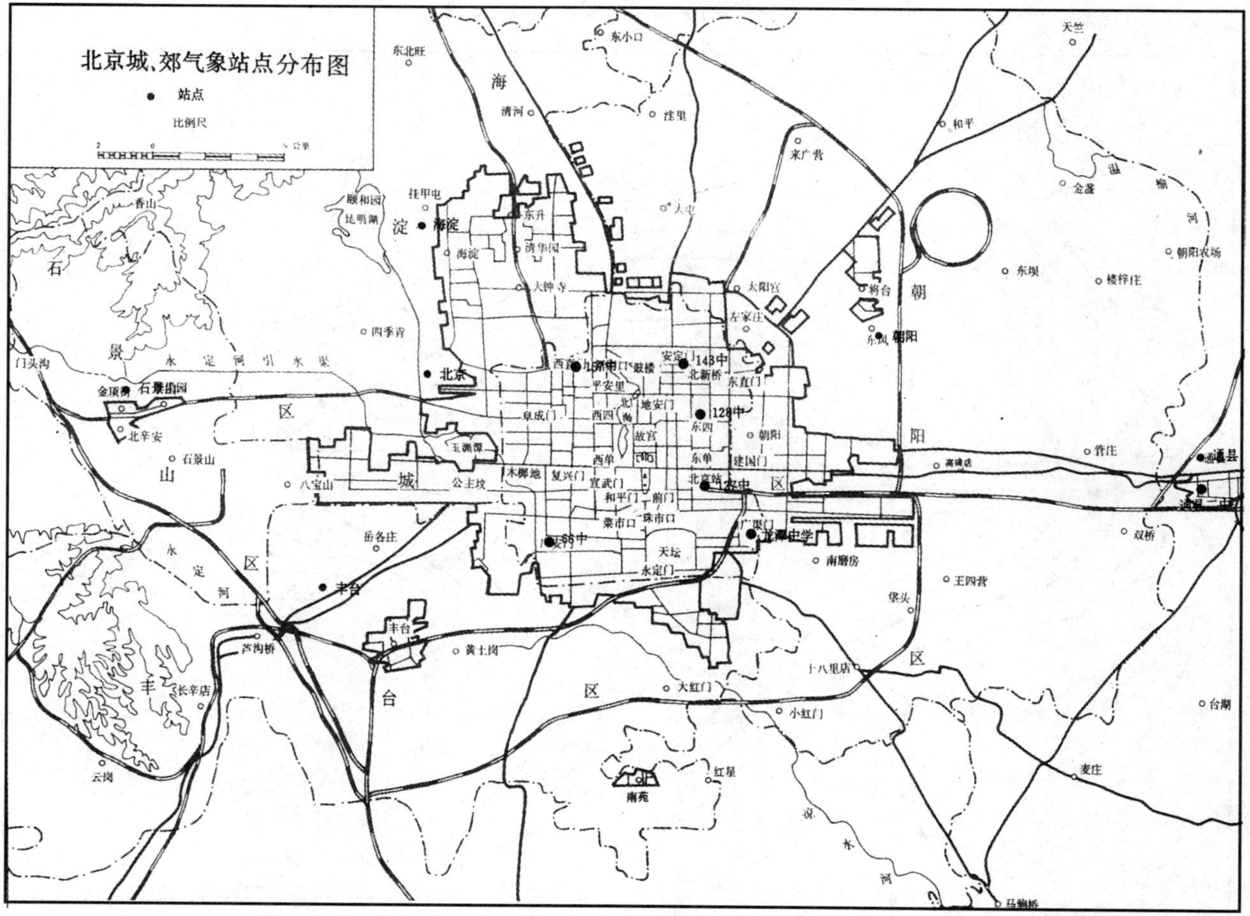

图 2　北京城、郊气象站点分布图

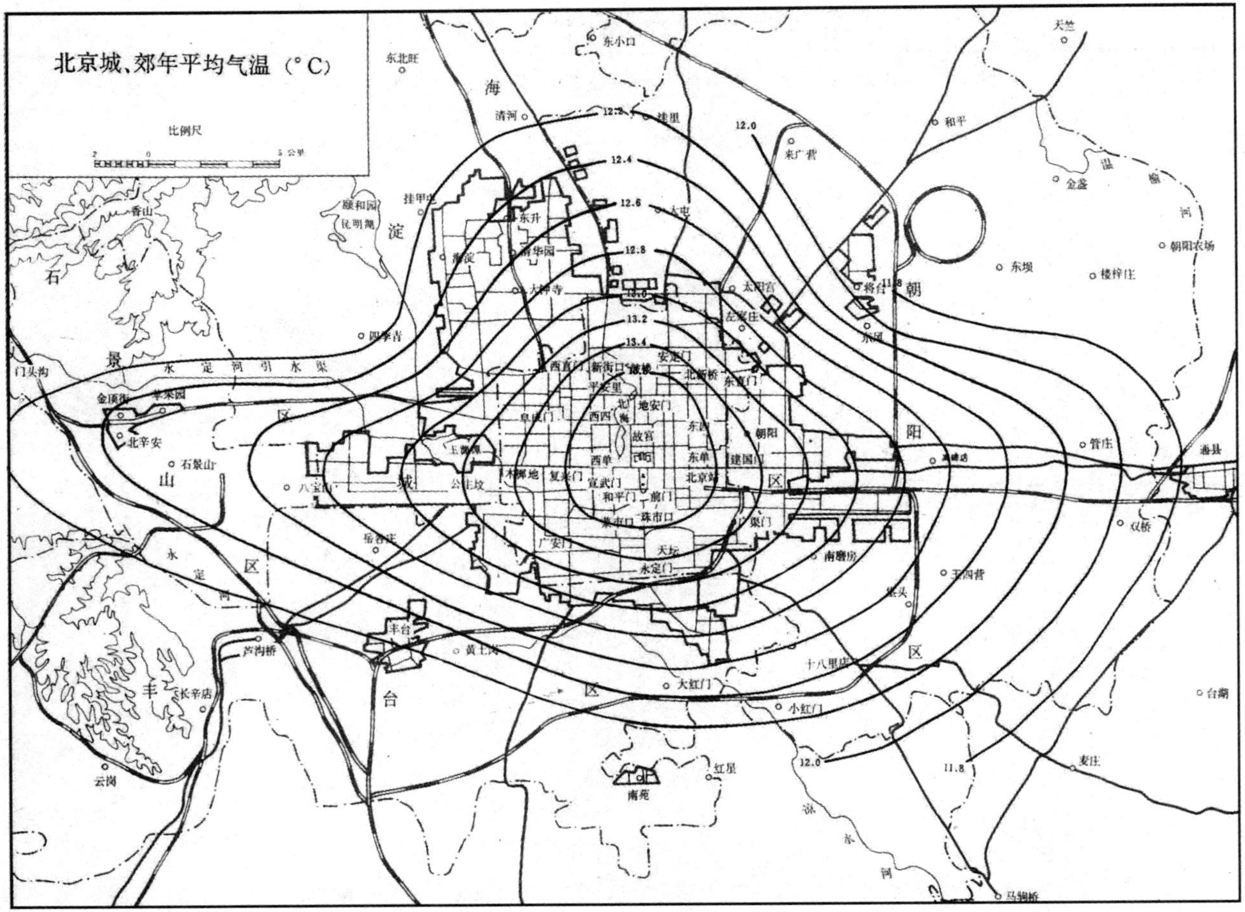

图 3 北京城、郊年平均气温分布图

专）、北关小学、西集中学等校都建立了气象观测园地，西集中学还试做了单站补充天气预报。一般学校自建园地只能因地制宜、因陋就简，而二中建站是国家装备，全校调整作息时间，但也只能保证每日三次观测。国家正规气象台站要求一昼夜观测八次，至少四次（北京时间 02 时、08 时、14 时、20 时），因夜间不好组织，二中免去 02 时的观测，每天只观测 08 时、14 时、20 时三次，但要科学地计算日平均气温值。气象观测要求严格遵守观测规范，可以培养学生守纪律、爱公物、对工作认真负责的精神，无论炎暑酷热、严冬寒冻，不顾刮风下雨的恶劣天气，都按时到校进行观测。距地面 1.5 米高的百叶箱中摆放着各种仪器，每次观测要提前到岗位，准时从北面打开百叶箱，温度观测视线应与水银柱顶端保持在同一水平面上，先读小数，后读整数……记录后迅速关闭百叶箱。每天用三次观测值、当天最低气温和前一天20 时的观测平均值，代替 02 时的气温值，算出日平均气温，进一步算出月均、年均值。此外，降水、气压、风、地温等也都有严格要求。

通过气象观测，学生不仅学到了知识，培训提高了技能，还使他们体验到科技工作的艰辛，培养了严谨治学的精神，也提高了学习地理知识的质量，加深了学生对家乡气候特征和天气变化的了解，使学生更加关心社会生产生活，提高了他们建设家乡的责任感。

3. 物候观测记录的重要性

在没有观测仪器以前，人们要知道一年中春生夏长，秋收冬藏，就用肉眼来看降霜下雪，河开河冻，树木抽芽发叶、开花结果，候鸟春来秋往等物候现象。"物候"是指自然界植物和动物随着季节的变化，而有草木的荣枯、候鸟的来去等一年一度的出现，这些现象就叫作物候。而"物候学"则是研究生物的生命现象与环境条件周期性变化之间相互关系的科学。因为植物的生长荣枯、动物的活动都与自然环境条件有密切关系；其中与气候的关系尤为显著，阳光、温度、水分等气象条件与植物的生长和动物的活动关系非常密切。物候现象能很准确地反映气候变化，所以物候学也称生物气候学。物候观测记录活动是小学自然、社会，中学地理、生物、历史等学科有益的课外

实践活动。即使处于高科技时代，有了各种精密仪器，物候观测记录，划分当地物候季，编制物候历，对于农业生产、农事安排仍然很有实用价值。

由北京师范学院（今首都师范大学）地理系组织，1978 年筹备组建了有 47 所中小学参加的"北京市中小学物候观测网"，通县一中（今潞河中学）、门头沟西辛房中学、23 中等单位通过观测取得了丰硕成果。学校物候观测记录活动，主要由生物、地理学科老师组织领导，一年四季，全靠师生眼看、耳听、手记，随时随地捕捉物候现象，春、秋季最紧张忙碌。固定种类，连续多年观测记录植物从萌动、展叶、开花、果熟到枝叶秋季变色、落叶的日期，一一记下最早、最晚日期并算出平均日期。并记下候鸟、昆虫观测记录始见、绝见、始鸣、终鸣；气象观测如初霜、终霜，初雪、末雪，河开、河冻等日期。通县一中和西辛房中学，共同观测记录了加拿大杨、小叶杨、山桃、榆、枣、杏、紫丁香、臭椿、洋槐、垂柳、旱柳等乔灌木树种；冬小麦、玉米、棉花等农作物；家燕、雨燕、楼燕，蛙、蝉、蜻蜓、蟋蟀等动物，以及雷、雨、霜、降雪、积雪、结冰、解冻等各种生物、天气现象，准确地划分了物候季，编制了完整的物候历。

从乡土地理研究角度看，通县、门头沟区及城市中心区几千平方千米范围内，经度差异、纬度差异都不明显，高下差异却很明显。门头沟西辛房一带为浅山区，同平原区比较，门头沟（城镇地区）比平原地区春季来得晚，而秋季来得早，时间相差两三天到半个月，门头沟植物生长期较短（见图 4）。23 中、北海（竺老和中科院地理所物候记录）和通县，虽在气象学分区上同属"平原一般区"，但由于"城市热岛"、"城市雨岛"效应等原因，也存在差异。（请看通县、门头沟中心城区物候历对照）。

1979—1989 年，每一种平均物候期，是由最少 3 次/年，一般六七年，最长连续十年观测记录得来的。每一种物候现象都需要反复观察才能记录到，不少物候现象出现的早、晚日期相差三四十天，最长达百天，可想捕捉记录之难。如银杏芽开放期、侧柏盛花期、核桃落叶末期都相差一个多月，终霜、初霜日期也相差近一个月，积雪终日相差 37 天，初雪日最早、最晚竟差

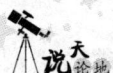

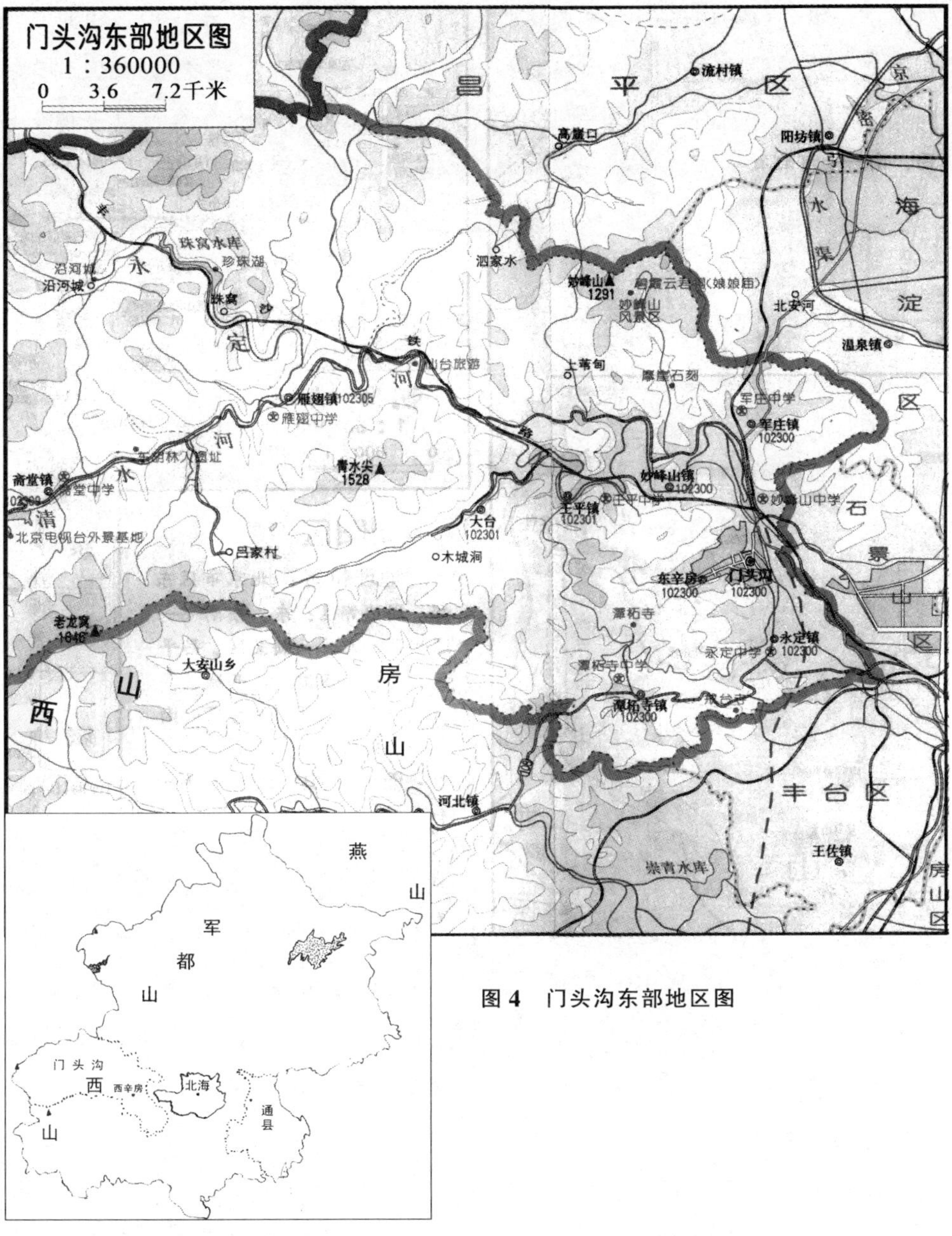
门头沟东部地区图
1：360000
0 3.6 7.2千米
昌平区
流村镇
高崖口
阳坊镇
京
密
引
水
渠
海淀区
北安河
温泉镇
珠窝水库
珍珠湖
沿河城
珠窝
永定河
泗家水
妙峰山
1291
妙峰山风景区
上苇甸
军庄中学
军庄镇
102300
雁翅镇
102305
雁翅中学
青水尖
1528
斋堂镇
清水河
北京电视台外景基地
妙峰山镇
王平镇
102301
大台
102301
吕家村
木城涧
石景山区
东辛房
102300
门头沟
102300
潭柘寺
永定镇
永定中学
老龙窝
大安山乡
潭柘寺中学
潭柘寺镇
102300
西山
房山
河北镇
丰台区
王佐镇
崇青水库
房山区
燕山
军都山
门头沟
西山
西辛房
北海
通县

图 4　门头沟东部地区图

百天。

北京气象分区分为：山区，川区，山前暖区，平原一般区，平原低洼区。西辛房一带属(浅)山区，与平原区比较，有明显的高下差异。北海和通县虽然同属平原一般区，但因城市热岛和海陆风效应等原因，城乡差异也较明显。通州镇与朝阳定福庄、红庙一带比较常可差一个节气，春→夏、夏→秋交替时期最明显。但见远郊村镇，炊烟缭绕，经久不散，尤以冬季早晨晴朗天气，逆温层产生时为甚。局部地区小地形变化，倒是山麓、山脚气温反低，丘陵、坡岗地区也是低洼地区霜害较重。

通县一中赵曙明先生进行的物候观测记录成果系统、科学可靠，为通州城镇约50平方千米区域编制了完整的物候历。这是任何现代精密仪器不可能替代的，成果对农、林、牧都有现实意义，为农业区划、环境保护都提供了宝贵的依据资料。

4. 水文观测调查——科学的(水)资源观

通县地处北京东南部，地势低平，"九河下梢，多河富水"。但其处于温带大陆性季风气候区，降水变率很大，河流变率也大，平原地区又无水库拦蓄，雨季地表水大部分流失。再加上通惠河、凉水河等污染严重，降低了水资源的质量，同时也殃及了地下水。因此，必须"开源、节流、水源保护并重"，大力提倡节约用水，科学用水，合理开发利用地下水。

通县注重水文观测调查，20世纪60年代中期，北京水文地质一大队，就在宋庄中学设了潜水位观测点。通县一中1965—1978年连续13年观测记录了通县潜水位下降趋势，同期县自来水厂潜水位也降了近5米。通县地下水位降落漏斗区，已与红庙工业用地下水集中开采区漏斗连通，发展到张辛庄、东方化工厂一带。徐辛庄也出现了季节性漏斗。师生观测记录的数据资料(地下水水位变化数据)，连同张家湾、马驹桥的资料，被许多水文专著引用，具有一定的参考价值。

通县地势低平，有大范围的平原低洼区，排水不畅，北运河下游地区，经常沥涝成灾，所以怕涝，"不怕旱"。故通县小麦过去曾经增产不增收，部

分原因是大水漫灌，明渠跑水、渗漏、蒸发，地又不平，水资源浪费严重。20世纪70年代中期前，每年通县三干会(县、乡、村三级干部会议)都喊亩产"跨黄河"、"滚着爬着过长江"。"天不下雨我打井"，"一百亩地一眼机井"，"井灌渠灌双保险"，"百日无雨浇三水以上"，都是错误的水资源观作祟，认为地下水"取之不尽，用之不竭"。到1979年年底，全县打有6271眼大口水泥管井，直接恶果是浅井报废，取水设备需不断更新，抽水耗电量增加，单井出水量衰减。现在，通县农作物已采取喷灌等多种灌溉方式，农作物增产又增收，可见科学发展观(包括科学的资源观、人口观、环境观)的可持续发展战略多么重要。

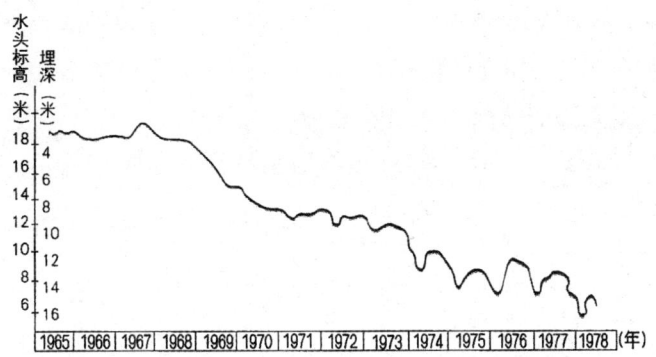

图5　通县一中承压水水头多年变动曲线图

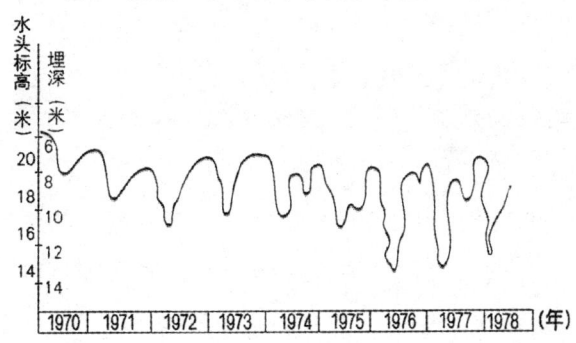

图6　徐辛庄承压水水头多年变动曲线图

注：引自《通州区地理》，北京：中国地图出版社，1999年版。

5. 乡土资源综合利用考察

1990 年 7 月 20 日—26 日，通县科协、地理学会、西集中学合办暑期夏令营，在西集中学组织地理、数学、生物、化学、历史五个学科，七名教师、初一至高二五个年级 26 名学生参加，对潮白河（废弃）河道撂荒地资源进行了综合考察。考察划分综合、测绘、水文、土壤植被四个组。通过七天的分工合作，考察组重点考察了牛牧屯潮白—北运引河河段（长 6 千米，面积 200 多公顷），转绘了 1/180000 潮白河段图；通过平板测量，测绘了引河段 1/10000 农田分布图，绘制 1/2000 引河道断面图，进行了土壤肥力速测，调查了野生植物分布，考察了凌家吴村水文站，并查阅相关水文资料，用日影竿法确定了子午线方向。考察组全体成员全线踏查了 41.7 千米的河道，取得宝贵的科学数据和图表资料，提出植树造林，发展养殖业，建设第一职业学校的学农基地，合作开发利用"插花地"等具体建议。

此外，通县师生还在旅游资源开发利用，城镇规划，城市街区的绿化美化，商业网点布局，人口、土地资源合理配置，乡镇企业发展，重要交通节点的车、客、货流量统计，水环境治理等方面做过许多工作。

三、基础教育中，中学生学习应文理并重

基础教育阶段，中小学生的学习应该文理并重，学好所设各门科学文化知识，奠定终生发展的基础。"学好数理化，走遍天下都不怕"的口号显然有失偏颇，重理轻文、重文轻理都不可取。

所谓文化，是指人类在社会历史发展过程中所创造的物质财富和精神财富的总和，特指精神财富。科学知识大体分为两类，自然科学知识和人文社会科学知识（以前常称生产斗争知识和阶级斗争知识），哲学则是两门知识的概括和总结，是人类知识的结晶。中小学设课的数学、物理、化学、生物、地理和语文、政治、历史以及自然、社会、思想品德等都应该学好。物理学家研究基本粒子，化学家研究高分子链烃，在实验室有了重大突破，但完整

话都说不出，写不出实验报告，怎样推动科技进步。中学教育中只有一门分量不很重要的地理课程，只在高一学点普通天文学、地球天文学、地球物理学知识，而涉足山川、湖海、探矿、测绘、探测，又使人感到是充满艰辛的职业，故常常不被重视。曾有几年普通高考科目文理分科取消了地理就是证明。当时有人解释是为了减轻学生负担，少考一门是一门，少考一点就减轻一点负担，此解释本身就是形而上学的，殊不知考一门也可以"考死人"。

四、天文地理方法辨方向

远古时代，人们就是通过观察星星来辨认方向的，古代航海也是通过观察星星，辨认方向，确定茫茫大海上自己所处的地理位置。现代修公路、建铁路、房屋居室建筑，为了采光采暖等需要也都要找准方向。用所学天文地理科普知识辨认方向，是实践基本技能的训练与能力培养，在野外辨方向也是一种生存、求生的手段，是每个公民应具备的基本能力。

野外的勘探队员，沙漠里的旅行者，远洋航行的船员，行军中的士兵，以及在杳无人烟的旷野荒郊迷失道路的人，都需要知道方向，以便顺利到达目的地。而日常学习和生产生活也常需要辨别方向，可见方向对人类的重要性。下面浅谈几种常用、便捷的分辨方向的方法：

1. 看星星辨方向

晴朗无月的夜晚，仰望星空，星斗满天，我们可以先找到北斗七星，根据它再找到北极星，而北极星的方向就是北方。北斗七星的天璇、天枢是两颗明亮的 2 等星，它们被称为"指极星"，沿天璇、天枢连线延长线方向约 5 倍远处就是北极星。在我国辽阔的国土上，都能

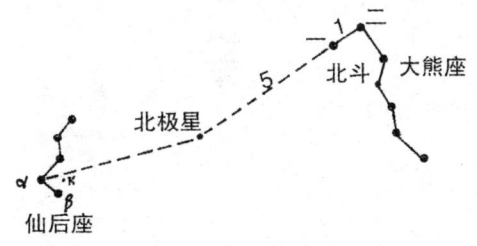

远古时代，人们就是通过观察星星来辨认方向，估计时刻，判断季节的。

图 7

看到北极星。并且北极星的地平高度等于观察点的地理纬度，用北极星来定方向最常用。

在秋冬的夜晚或我国南方低纬度地区，北斗七星的位置常常很低，易被地平线附近树木或房屋建筑遮挡。此时，可以借助仙后星座来找北极星。仙后星座位于北部天空的银河之中，由五颗亮星组成"W"字形状，很容易辨认。

用仙后星座找北极星有两种方法，一是在仙后 α、β 两颗 2 等亮星北面不远处找到一颗 4 等星 κ，因为周围都是 5 等、6 等暗星，一般视力的人很容易找到 κ，从 α 星通过 κ 星左侧向北延长线方向上就可找到北极星。二是从"W"字外侧的两边向南延伸的交点和"W"形中央的 γ 星的连线向北延伸大约 5 倍远，就和北极星相遇。以北极星为中心，仙后星座和大熊星座的北斗七星遥遥相对，因此，当北斗七星接近地平线而难以分辨时，根据仙后星座也可以找到北极星。

此外，御夫星座五车四、五车三也是"指极星"，也是秋冬黄昏后寻找北极星的标志。五车即五辆车，或五帝的车场，好像一个大风筝飘在夜空中。御夫座冬至日子夜中天，秋、冬季在北方地区总能见五车升起于东北方，落向西北方。五车二是 0 等星，全天第六大亮星，十分醒目，五车三、五车四也是较亮的 2、3 等星，也很好认。五车四到五车三连线，向北延伸约 6、7 倍远的距离处，就是北极星。

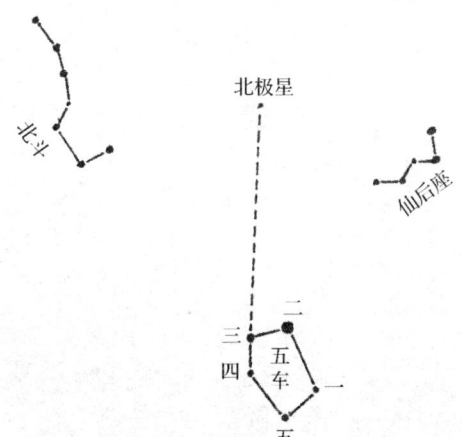

图 8　用御夫座五车四、五车三找北极星

除了北极星，其他的恒星有的也能确定方向。

夏天的夜晚，南方天空正中是巨大而引人注目的天蝎星座。天蝎星座最亮的 α 星叫心宿二，它的颜色火红，中文名称为"大火"。古书《尧典》记有"日永星火，以正仲夏"，就是说心宿二夜晚出现在南方时，正是仲夏时节（每年 6 月 3 日子夜，天蝎星座的

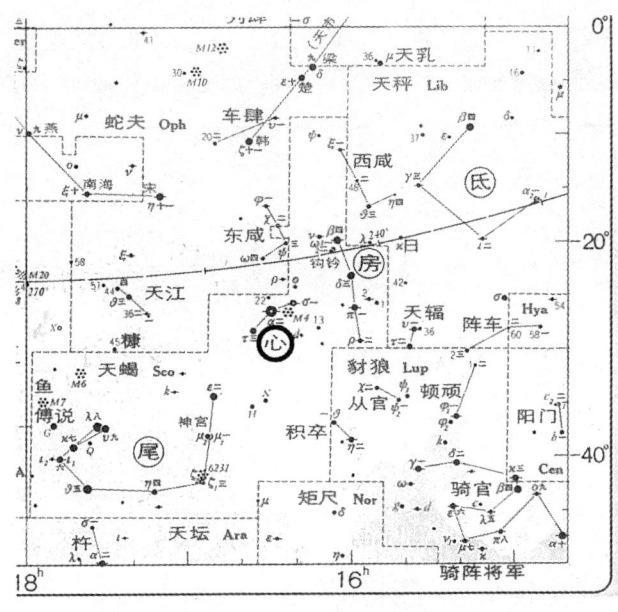

图9 天蝎座示意图

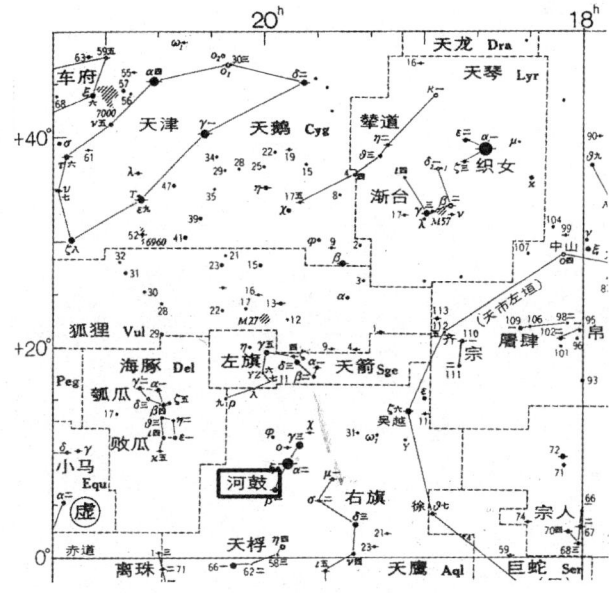

图10 牛郎星、织女星示意图

中心经过上中天）。反过来说，夏夜我们找到了心宿二，也就找到了南方。

夏夜，银河当空，银河两边的牛郎（河鼓二）、织女星隔河相望。通过牛郎三星判别方向，有一句顺口溜："五月晚上六点钟，牛郎星在正东方。六月晚上十点钟，牛郎三星照南窗。七月晚上八点钟，正南方向看牛郎。"（文中的五月、六月、七月都指阴历。每年阳历7月16日子夜，天鹰座的中心经过上中天。一般中文数码指阴历月、日；阿拉伯数码指阳历月、日。）

金牛星座里的昴星团也可以用来定方向。在我国，昴星团差不多出于东北，没于西北方，六七颗星聚在一堆，很好认。民间常用它来估计方向，说"七正、八歪、九偏西，十月七星落鸡啼"。就是阴历七月清晨，它正在南

方天空头顶附近；八月早晨看来，它已经歪斜，偏西边了；九月早晨，它已经偏西好多了；到了十月早晨天明鸡叫的时分，它已经西落到地平线附近了。

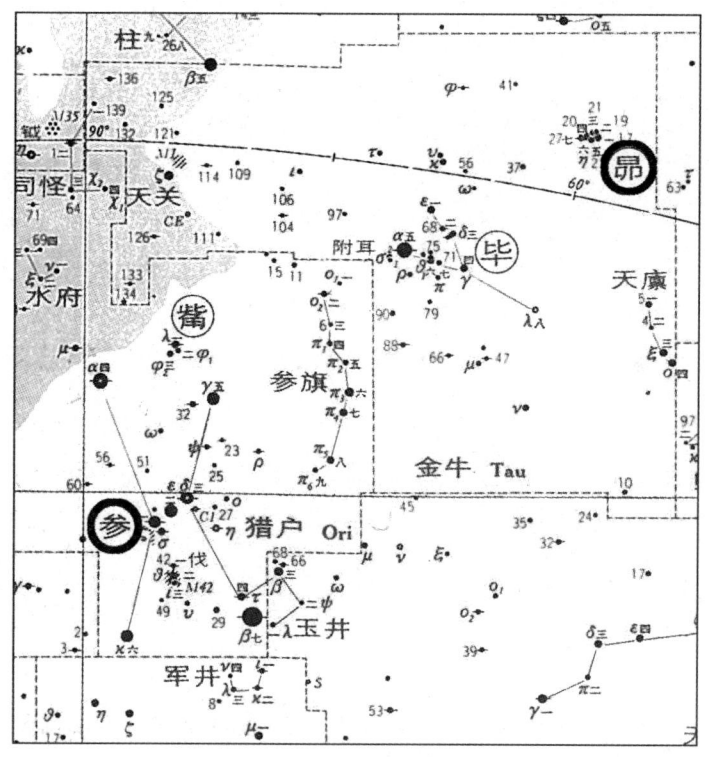

图 11 参、昴示意图

我国民间流传的谚语说"冬夜出了参，用它报时辰。"东汉曹植在《善哉》中说："月没参横，北斗阑干。"这里的"月没参横"是表示时间，指深夜或天将黎明，其中的"参"就是参宿（猎户座是冬夜南天最辉煌的星座，β 为 0 等，α 为 1 等，2 等以上亮星竟达七颗，"三星"也都是 2 等亮星。还有周围的天狼星是天空最亮的恒星，南河三、毕宿五等也是比较亮的恒星）。在冬夜傍晚时分，猎户星座在东方低空，三星是垂直于地平面的。夜深时猎户星座到了正南方，"三星歪了，夜已深了"。而天色将亮的时分，参宿三星就逐渐向西横过去了。

如上提到的心宿二、牛郎星、毕宿五都属航海九星。航海九星是中国古代的航海家依据长期的航海经验，确定的九颗恒星。通过观测这些恒星，来

判断方向。这九颗星的赤纬都不超过南北纬 30 度，而且每两颗星之间的赤经间隔都约为 3 小时左右，在全球两极外，各个大洋上都能观测到这九颗星。

用行星（如金星）也可以判别方向。古语说"东有启明，西有长庚"，都指的是地内行星——金星。出现在早晨东方天空的金星叫启明星，出现在傍晚西方天空的金星叫长庚星。

当一颗地内行星绕太阳（S）公转时，从地球（E）看它在轨道上有四个特殊位置：上合，下合，东大距，西大距。上合、下合时，太阳与行星在同一方位；上合时行星比太阳远，下合时行星比太阳近。东、西大距是行星与太阳角距离最大的位置。（见图 12）在一个会合周期中，视运动的规律是：

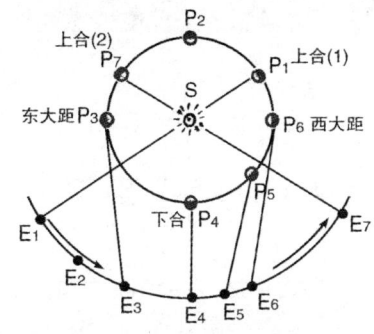

图 12　地内行星绕太阳运动示意图

上合→东大距→下合→西大距→上合

看不见→昏星→看不见→晨星→看不见

当地内行星在位置 P_1，地球在位置 E_1 时，从地球看 S 和看 P_1 方向相同，称为合，这时地内行星在 E_1S 连线的外侧，称为上合（地球—太阳—金星在一条直线上，冲着太阳看金星，绝对看不见）。上合后，地内行星和地球各走到 E_2 和 P_2 位置，对地球上北半球的观察者而言，看它的方向 E_2P_2 在看太阳 E_2S 之左，即在太阳之东，它是昏星。当地内行星和地球分别走到 E_3 和 P_3 位置时，如果 $\angle E_3P_3S$ 是直角，则由 E_3 看 P_3 和 S 的张角最大，称为东大距。（金星最亮。东大距指金星在太阳之东，傍晚，而西大距则是早晨。）此后 E_4P_4S 又在一条直线上，即又合，是下合，还是冲着太阳方向看，金星在地球和太阳中间，大白天同样看不着"星星"。）以后 P_5 是晨星，P_6 是西大距，P_7 又上合。（上合、下合前后都不好观测。在大距时观测条件好坏，还与天气、月相、环境以及行星赤纬高低、距地球远近等因素有关）。（会合周期的计算方法，类似小学算术四则运算中计算钟表的分针和时针重合周期的方法）。设金星和地

球的会合周期为 T，金星和地球的公转周期 $T_{金} = 224.68$ 天，$T_{地} = 365.26$ 天。则金星和地球每天各走 $1/T_{金}$ 和 $1/T_{地}$ 圈，两者相差 $1/T_{金} - 1/ T_{地}$ 圈，则两者相差一整圈的时间是：

$$\frac{1}{\dfrac{1}{T_{金}} - \dfrac{1}{T_{地}}} = \frac{T_{地} \times T_{金}}{T_{地} - T_{金}}$$

得出：$T = \dfrac{365.26 \times 224.68}{365.26 - 224.68} = 583.77$（天）

实际上，在这期间，金星走了 $\dfrac{583.77}{224.68} = 2.598$ 圈，地球走了 $\dfrac{583.77}{365.26} = 1.598$ 圈，也就是说，公转较快的金星，绕太阳两圈多后追上了地球，即会合了。

2. 根据月相判断方向

夜晚，明月当空，看月亮也能判定方向。仔细观察几天我们就会发现，月亮每天升起的时刻都比前一天晚 50 分钟。阴历每月月末，弯弯的残月在太阳升起后就跟着升起来了；每月十五、十六日的满月要到太阳落山的时候才升起；而新月总是月初傍晚出现在西方低空，很快随夕阳西下。因此，根据月相不仅可以大致估计时辰，判断阴历日期，还可以辨别方向。

根据月相判定方向，大概来说，黄昏时候看月亮，新月位于西方，上弦月位于南方，满月位于东方。清晨时候看月亮，残月位于东方，下弦月位于南方，满月位于西方。具体地说，若见一钩残月，清晨升起于东方（很快淹没在太阳光辉中看不见了）；一弯新月，黄昏出现在西方。南方高空从来不会有一钩弯月。下弦月清晨、上弦月黄昏都出现在南方。满月清晨在西方，黄昏在东方。（子夜时分，或月中满月当空，或月底、月初漆黑无月。）

上面所说的看月相判定方向的方法，都是在春、秋分前后才比较准确。

3. 看太阳定方向

晴朗的白天，根据太阳来估计方向是众所周知的方法。粗略地说，清晨（6 时前后）日出东方；黄昏（18 时前后）日落西方；中午，太阳当空，正在南方。因此，在白天，根据当时的时刻和太阳在天空中的位置，不难估计出大

概方向。比如说，上午 9 点看太阳，太阳所在的方向大致是东南，找到了一个方向，其余方向就较容易知道了。不过这种方法，也只是春、秋分前后才大致正确。实际上，夏至前后，太阳出没方向要偏北一些，出（没）时间也要早（迟）一些；冬至前后，太阳出没方向则要偏南一些，出（没）时间也要迟（早）一些。地理纬度越高，差别越大。因此，在利用太阳估计方向时，要根据季节不同、太阳出没方向的变化情况进行适当调整。比如，冬天下午 4 时看太阳已接近地平线了，因为冬天日落时间早，太阳出于东南，没于西南，于是很容易判断此时太阳的方向大致在西南方向。

如果戴着手表（有时针的机械表），那么借助手表也能根据太阳找出方向来。已知手表表面每小时的刻划相当于 $30°$，正南的方向就相当于观测时刻指向太阳的时针，与表示正午来到的表面时刻（如 12 点）之间的夹角之二等分线。

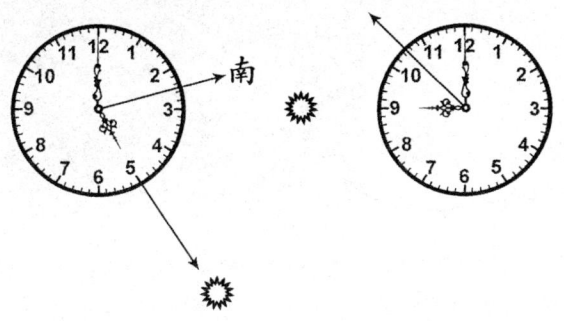

（太阳在中午已经走过的或是将到的那一面就是南方）

图 13　借助手表找方向示意图

不用手表，根据太阳阴影也可随时确定方位。在一平坦地面，竖直插上长约一米的木棍，并标出其阴影的端点 E，约过 15 分钟后，再标出其阴影的第二个端点 F。这时连接 EF 的线段便位于东西方向上。自木棍底部作 EF 的垂线，这条垂线即指示北方。

4. 地理方法辨别方向

依据树木年轮不仅可以推算树龄的大小和木质的优劣，当你迷途于莽林之中时，未移动原生态位置的放倒树墩年轮还能为你指示方向。近代科学研

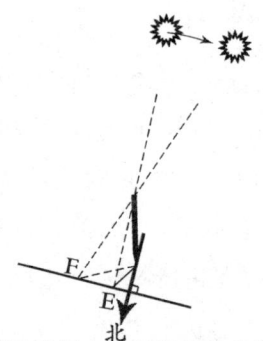

图 14　根据根据太阳阴影确定方位示意图①

究已揭示出在年轮那奇特的图案中，隐含着自然界千变万化的大量信息，因而年轮受到从事气候、地震、考古、环境变化和天文等研究的科学工作者的关注。

独立树通常是南面枝叶茂密、树皮光滑，北面枝叶较稀少、树皮粗糙。突出地面的物体，一般也是朝南地面干燥，

图 15　未移动原生态位置的树墩年轮示意图

春草早生，冬雪先化；北面地面潮湿，夏长青苔，冬存积雪（山北为阴，山南为阳，河流则是南岸为阴，北岸为阳）。我国北方的房屋建筑，为了采光、采暖的需要，多是直面南方的所谓"正房"或叫"上房"，两旁厢房则直面东西。南方楼房向外伸出在人行道上的"骑楼"都在南面。春夏季节，天气温暖，雨水充足，树木生长旺盛；秋后入冬，树木叶落枝枯，放缓生命活力，减少水分蒸腾和热量损失，"未雨绸缪"，严冬未至，早做准备，"休眠"、"沉睡"，

---

①　图 13 引自文湘北主编：《测绘天地纵横谈》，北京：测绘出版社，1999 年版。

蓄势越冬，练就一套"保护性反射本领"。年轮同树冠、枝叶向光、向上生长一样，也可指出阳光方向，通常是南面间隔大，北面间隔小。干旱多风的沙漠地区，沙丘的外部形态和沙丘链的排列方式，也可指示当地的常年风向，了解当地常年主风向，就不难辨别大概方向。迎风坡是上风向，背风坡是下风向。若某地区常年盛行西风，则迎风坡朝西，背风坡向东，上面是北，下面是南。

图 16　树木年轮示意图

在主风向作用下，常形成新月状沙丘。多个新月状沙丘连接起来，就构成新月形沙丘链。

图 17　根据沙丘的外部形态判断方向示意图

五、运河零点处的海拔高程标志

自 20 世纪 90 年代起，通州区的城市发展速度加快，从最初的"北京卫星城"，到后来的"北京重点新城"，2009 年 12 月北京市委十届七次全会做出了重大战略决策，集中力量聚焦通州，尽快形成与首都发展需求相适应的现代化国际新城，成为"首都城市副中心①"。

通州基本建设红红火火，但总觉有点缺陷，运河文化广场，奥体公园，运河公园，许多街道、社区的宣传公示栏内容，多为帝王将相、才子佳人、

---

① 此说法见《通州区地理》，北京：中国地图出版社，2013 年版。

风花雪月，到处吟诗作赋，自然科学的内容很少，地质、地貌、气象、水文、自然生态环境等几乎绝见，在这方面我总想为新城建设添砖加瓦，做点贡献。多年来，在乡土地理教材编著，大量的乡土地理研究，建立了中小学地理教育教学基地的基础上，争取立项，建立一个"海拔高程标志"。它是一个地理科普标志，讲述通州海陆变迁、沧海桑田的地质史，介绍通州的地貌特征、通州发展的优势和优越的地理区位条件。海拔高程标志的建立，对中小学师生会大有裨益，或可成为老百姓喜闻乐见的新景点。

本人从 2005 年 6 月开始四处奔走，2008 年 8 月终有着落，海拔高程标志地处东关大桥东、北运河东岸，占地 192 平方米，但因运河文化开发"大手笔"，南水北调来水，运河展宽，海拔高程标志基础工程旋被铲除。随着通州"首都城市副中心"的建设，新城基业公司要在北关桥、闸南面，再建两桥两闸，并要建立宏伟的"运河零点"地标性建筑，"海拔高程标志"的建立又被提及，故而本书续作《化石》一文，重递"报告"，铭刻"碑文"以志。

化 石
—— 地球（地层）地质史和（北京）人类的历史

几组地层，一块石头，可以传递地球演化历史，传达生态信息。

地球诞生大约有 46 亿年了，但开头 10 亿年并没有留下什么可靠的地质记录。就北京地区而言，全部地质记录经历了 30 多亿年。

在距今大约 20 亿年以前，北京地区和全球一样，到处是深浅多变的海洋。直到距今 6 亿年前，又几经海水进退、海陆变迁，随着中生代晚三叠纪全球性大海退，北京地区在距今 2.3 亿年时海水全面退出，形成广袤的"华北古陆"。距今大约两亿年前的北京地区，气候温暖潮湿，生长了裸子植物密林和蕨类植物。京西门头沟、房山等地有大范围、巨厚的石灰岩山体，现在大灰厂—坨里、城子等丰富的煤层都是证明。灰峪、军庄、房山石花洞等北方少见的石灰岩洞，也是古气候环境的写照。

1929 年在房山周口店发现了"北京猿人"头盖骨。北京猿人是生活在距今

约 50 万年前的早期人类。他们在"猿人洞"里断续居住了 20 多万年的时间，留下了大量的遗物、遗迹及他们自己的骨骼（化石）。"山顶洞人"（"新洞人"）年龄距今约 15 万年。以后又陆续发现了"田园洞人"（距今 2.5 万年），"东胡林人"（距今 1 万年）等。我国其他地方，如河姆渡文化、仰韶文化、半坡遗址等都有六七千或五六千年历史。在北京地区怀柔、平谷、房山、昌平等地发现的新石器时代的遗址，大都依山傍水。"北京人"从山洞中迁徙出来，选择依山傍水的地方定居，以后历朝历代，人类渐渐从山地、高原、草原到平原农耕区，传说中黄帝都邑涿鹿，颛顼曾到幽陵（幽州）祭祀，周武王灭商封"燕"，后来春秋五霸、战国七雄时"燕"都"蓟"，开始了北京三千多年的建城史。从公元 1153 年金中都成为首都，以后，元改中都为大都，明永乐皇帝也从南京迁都北京，清、民国、1949 年中华人民共和国定都北京，到今年，北京建都 860 多年。

关于建立"海拔高程"标志的报告

1. 目的

仿照埋石造标法长久地标示测量点位，长久地保存测量标志，在地表建立一个"海拔高程"标志，它是一个地理科普标志。

2. 古今中外已建有多处此类科普标志

（1）本初子午线标志。1884 年国际子午线会议确定：通过英国格林尼治天文台（旧址）的一条经线为 0°经线（51°28′36″N），又叫本初子午线，据此划分东西经度。

（2）赤道线标志。建在南美洲厄瓜多尔首都基多以北 24 千米处（78°27′08″W）赤道线是春、秋分日太阳直射点的纬度位置，用以划分南北半球。在赤道线标志线南、北很容易实验南北半球地转偏向力的不同偏转方向。

（3）北回归线标志塔。我国地处北半球中纬度地区，介于北温带与热带之间的北回归线是我国季节运行的重要标志。北回归线经过我国台湾、福建、广东、广西、云南五省（区）30 多个县市的广大地区，其中还应包括福建省最

南端诏安、东山等地的海域。1908—1998年已建有八座北回归线标志塔（海峡两岸北回归线学术交流会议纪要）。它们的共同特点是按其特殊的地理位置，设计建筑成模型实物，让每年夏至日正午太阳直射地面相应位置——北回归线上。使抽象的地球运转现象，在实地得到验证，使地理教育形象、生动化。是中小学教育的一项实验活教材，是当地乡土地理不可缺少的内容。既是当地特色旅游景点，也是普及地理科学知识的极好内容。

北回归线是太阳直射北半球的最北纬线。它是一条"漂移"的纬线，纬度数值每年不同。目前，北回归线正在由北向南缓慢移动。影响它漂移的天文因素有岁差、章动和极移等。一个完整的北回归线南北移动周期约为37170年，半个周期约为18585年。根据推算，上一次北回归线的极大值（最北）发生在公元前7283年前后，其纬度值为24°14′38″.67。下一次北回归线的极小值（最南）发生在11301年前后，其纬度值为22°37′56″.04。北回归线的平均值（中心位置）约为23°26′17″.35，发生在2008年8月21日前后。北回归线的南北变化值为1°36′42″.63，换成长度（南北距离）约为178.31千米。目前，北回归线每年平均向南移动约为0.46845秒，即每年平均向南移动约14.41米。

表1 中国8个北回归线标志的基本数据表①

地 点	纬 度	经 度	海拔高度（米）
台湾花莲	23°27′04″.97	121°29′46″.43	28
台湾嘉义	23°27′12″.38	120°24′57″.10	30
广东汕头	23°26′32″.42	116°35′19″.88	60
广东从化	23°26′30″.88	113°28′56″.35	26
广东封开	23°26′24″.90	111°29′39″.66	30
广西桂平	23°26′15″.61	110°08′37″.50	48
云南西畴	23°26′02″.92	104°39′48″.94	1482
云南墨江	23°26′03″.34	101°41′00″.67	1380

① 李建基：《海峡两岸的北回归线标志》，《天文爱好者》，2014年第6期。

台湾花莲北回归线标志有两个，一个在瑞穗乡，一个在丰滨乡。瑞穗乡标志始建于1933年，1986年因扩建铁路而拆迁，1987年在不远处建立第二代北回归线标志。图18是瑞穗乡舞鹤村旧标志照。

表1中的"台湾花莲"是指"台湾花莲县丰滨乡静浦村"的数据，它是中国最东的北回归线标志，也是在中国同一个县内有第二座的北回归线标志，东面可远眺一望无际的太平洋。

北回归线横穿云南墨江哈尼族自治县县城，1998年建成园区。园区沿北回归线中轴500米一线，东西建有："北回归线之门"、"太阳之路"、"夸父追日"、"石环（石阵）"、"超越"、"春夏秋冬"、"日晷广场"、"主标馆展示厅"八个景点。以此表达对自然、生命、阳光的理解，向人们陈述从悠悠亘古到现代文明的各个时代，人类对天体科学的探索和认识，以直观的形式向人们进行科普知识教育。

图18　台湾花莲北回归线标志图

表 2　云南省北回归线上各州县

所属州地	县名	线长（千米）	县城距北回归线距离（千米）	全县森林覆盖率%
文山壮族苗族自治州	富宁县	52	北 20	5.9
	麻栗坡县	31	南 36	8.2
	西畴县	21	0	5.2
	砚山县	36	北 20	19.3
	文山县	58	南 8	14.0
红河哈尼族彝族自治州	蒙自县	58	南 8	10.2
	个旧市	15	南 7	12.7
	建水县	51	北 21	29.6
	石屏县	27	北 30	34.9
玉溪地区	元江哈尼族彝族傣族自治县	55	北 18	28.0
思茅地区	墨江哈尼族自治县	51	0	30.2
	普洱哈尼族彝族自治县	23	南 44	32.6
	景谷傣族彝族自治县	98	北 8	44.2
临沧地区	双江拉祜族佤族布朗族傣族自治县	56	北 4	32.6
	耿马傣族佤族自治县	53	北 11	12.9
	沧原佤族自治县	17	南 38	10.7

　　(4)海拔高程标志。我国现存的最古老的测量标石——陕西咸阳西汉景帝（公元前 153 年）阳陵罗经石，是我国测绘和文物管理部门的重点文物保护标志。

我国的大地原点位于陕西泾阳。"1980 西安坐标系"起算点高程 414.2 米。

我国的水准原点位于青岛观象山。在"1985 国家高程基准"中水准原点的高程为 72.26 米。

3. 现实意义

(1)国民素质教育的需要。有利于提高国民的科学文化素质。

(2)基础教育的需要。是中小学地理教育教学的实践基地,不仅教学地理科普知识,还可以培养师生实践活动能力,又可以进行爱祖国、爱家乡、努力建设美好家乡的思想教育。社会实践活动也普遍适用于历史、政治、社会等学科的教育教学。

(3)是师生、青少年、广大群众喜闻乐见的一个新景点。服务于改革开放和北京新城区建设,从而也丰富了运河文化的科学内涵。

4. 实施

(1)选点。在视野开阔的自然地表面。

(2)水泥浇铸一个稳定的平台,设高程点(请专业测量队伍实测高程,量算地理坐标)。

(3)大理石碑,铭刻碑文。

(4)场地、碑体大小及字体、字号等都以便于游人驻足参观和几十名学生席地而坐听课为度。

海拔高程标志(碑正面)

古城通州,始建于北齐(公元 550—577 年),历史悠久,京畿重地,位于首都百里长街东段,京东五河交汇处。

通州区是北京市地势低平的纯平原区县,全区平均海拔 20 米左右。海拔最高点是 27.6 米,在宋庄镇管头村。海拔最低点只有 8.2 米,在永乐店镇兴隆庄。全区自西北向东南坡降 0.4‰。

本平台标志点海拔高程 20.20 米。

地理坐标 116°40.4′E,39°54.5′N。

地理科普知识（碑背面）

1. 本初子午线标志。1884 年国际子午线会议确定：通过英国格林尼治天文台（旧址）的一条线为 0°经线（51°28′36″N），又叫本初子午线，据此划分东西经度。

2. 赤道线标志。建在南美洲厄瓜多尔首都基多以北 24 千米处（78°27′08″W）赤道线是春、秋分日太阳直射点的纬度位置，用以划分南北半球。在赤道线标志线南、北很容易实验南北半球地转偏向力的不同偏转方向。

3. 北回归线标志塔。我国地处北半球中纬度地区，介于北温带与热带之间的北回归线是我国季节运行的重要标志。北回归线经过我国台湾、福建、广东、广西、云南五省（区）30 多个县市的广大地区。1908—1998 年已建有八座北回归线标志塔。他们的共同特点是按其特殊的地理位置，设计建筑成模型实物，让每年夏至日正午太阳直射地面相应位置——北回归线上。使抽象的地球运转现象，在实地得到验证。

4. 海拔高程点。我国现存的最古老的测量标石——陕西咸阳西汉景帝（公元前 153 年）阳陵罗经石，是我国测绘和文物管理部门的重点文物保护标志。

我国的大地原点位于陕西泾阳。"1980 西安坐标系"起算点高程 414.2 米。

我国的水准原点位于青岛观象山。在"1985 国家高程基准"中水准原点的高程为 72.26 米。

　　地势低平的通州区水秀、林丰、土肥，土地资源丰富，且劳动力充足，适合规模化开发经营。

　　通州区是北京市东部地区的交通枢纽，人流、物流汇聚地，是北京市新城区。它在京、津、冀北大北京规划空间战略发展中处于重要的节点位置。

《北京城市总体规划（2004—2020 年）》确定通州为首都东部发展带的重要节点，北京重点发展的新城之一，也是北京未来发展的新城区和城市综合服务中心。

主要参考图书目录

1.《中国地图集》，北京：中国地图出版社，2004 年版。

2.《世界地图集》，北京：中国地图出版社，2004 年版。

3. 刘勇民主编：《谈天说地：点击生活知识地图册》，北京：中国地图出版社，2011 年版。

4. 南京大学地理系编写组：《自然地理基础》，北京：商务印书馆，1981 年版。

5. 沈建柱等编著：《京津区域和城市生态气候因子图集》，北京：科学出版社，1986 年版。

6.《中国大百科全书·天文学》，北京：中国大百科全书出版社，1980 年版。

7. 周桂钿著：《中国古人论天》，北京：中央编译出版社，2008 年版。

8. 竺可桢、宛敏渭著：《物候学》，北京：科学出版社，1973 年版。

9. 张景中主编：《好玩的数学丛书》，北京：科学出版社，2008 年版。

10. 张斌著：《丰子恺诗画》，北京：文化艺术出版社，2007 年版。

11. 陈星著：《丰子恺漫画研究》，杭州：西泠印社，2004 年版。

12. 葛剑雄著：《人在时空之间》，北京：中华书局，2010 年版。

13. 顾岩著：《16 岁在美国》，北京：北京少年儿童出版社，2006 年版。

14.《中国综合自然区划》，北京：科学出版社，1959 年版。

15. 中国地理学会、中国科学院国家计划委员会地理研究所编：《地理知识》。

16. 中国科学技术协会主管、中国天文学会、北京天文馆主办：《天文爱好者》。

后　记

本人祖籍河北丰润，那里是冀东抗日游击区，也是解放战争时期残酷的拉锯战争夺地区。我是贫苦农民出身，新中国成立后，1951年才有机会外出求学，是北京师范学院第一届地理系毕业生。1961年我被分配到通县宋庄中学任教，从此扎根首都农村，服务于基础教育事业40余年，把青春献给了第二故乡。曾有17年时间我学非所用、用非所学，初为人师、初登讲台就改行教授物理，此后，初、高中文、理科共教过七八门课，主管过教学、后勤、工会工作，做过党政一把手，但从未离开过教学第一线。利用课堂学科教学、师、生各种集会或下村、队等多种形式，进行科普宣传教育，17年并非虚度。

1977年秋，为编写中学乡土地理教材，我被蔡甫茂、郑德裕两位教育局副局长从宋庄公社商调到通县县城。此前，学校实行行政"革委会"制，我担任宋庄中学革委会副主任、综合教研组（包括理、化、生、史、地几科）组长，后又被调至翟里中学一年。1974年，北寺庄筹办中学，我又与副校长张秀珍组建班子，当支部书记。从宋庄中学"拉"两个班，后招生到17个班，1977年中考录取8人（转户口）曾轰动一时。1977年10月恢复高考，此后学校逐渐恢复了正常教学秩序。

当时的教师业务进修，县里只管小学，中学归北京市管。北京市教师进修学院管中学学科进修。1978年后，区、县教师进修学校也负责中学教师进修工作，并建立了学科教研制度。通县教师进修学校（原称"教研室"）分教研、进修两部分，后来市里教育学院和教研部分了家，区、县也分"一进"、"二进"，后又合二为一，称教育学院分院和教师研修中心。1977年本人主编《通县地理》教材，1978年3月正式奉调到教师进修学校，做了第一代中学地理教研员（中学教研部主任），回到了本专业。

做了中学地理教研员后，我曾组织中小学师生开展了大量的课内外实践活动，如地震测报、气象观测、物候观测记录、水文观测调查、综合观察、

考察、社会调查，还组织过天文地理知识讲座、竞赛、观星、哈雷彗星跟踪观测等活动。同期，北京地理学会、地理教学研究会、通县地理学会、理科学会等地理学术团体也恢复了正常活动，在通县组织过多次全市性的年会、教材评审交流及基教、科普大会。

1995 年退休后，直至 2011 年，本人一直在通县商业局中专技校、朝阳劲松职业高中、翔实培训学校复读班、第二外国语学院（高起本）等校做中专、普通高考、成人高考辅导，送走了 30 多届毕业生升入高一级学校深造。

积四十多年为基础教育服务的经验，积 30 年中学地理教研工作经验，我深深感受到基础教育阶段，要为中小学生奠定终身发展的基础，打好坚实的文化基础，青少年提高综合素质，学习应该文理并重。中小学各学科教研员也应该适应这种青少年素质教育的需要，做到一专多能。作为一名地理教师、普通地理工作者，我永远是一名小卒，我愿摇旗呐喊，为基础教育，为提高全民族的科学文化素质服务，鞠躬尽瘁，死而后已。

本书"说天"漫无边际，但因未学过天文专业，总觉缺乏底气。多年来，初中语文教材就有《两小儿辩日》等文章，但我未找到一篇科普文章就其内容系统说明道理。丰子恺是漫画大家，但白璧微瑕，我也说三道四。荧惑守虚、在心从未被选入语文教材。火星近于妖星，但春秋景公之时（公元前 5 世纪中叶），普天之下都见到了"荧惑守虚"，当代 2009 年 7 月 15 日—2014 年 9 月 28 日，前后 6 年，共 63 个月 1902 天，有三次"荧惑在心"。"守虚"、"在心"，古人晏子、子韦心中有数，今天迷信遥言也不攻自破。凡此种种，都不揣冒昧，写了出来，通篇意在在科学工作者和中小学师生、普通读者之间架起一座天文、地理科普之桥，提高中小学生综合素质，提高民族科学文化素质。

"论地"虽是本行专业，但也难免瑕疵。

拙作奉献给社会，敬请各位专家、学者、同好、同道审阅指正，本人感谢之至。

2014 年 12 月 3 日